◈ 国家社科基金项目研究成果（编号：13XDJ001）

◈ 甘肃省高等学校人文社科重点研究基地

◈ 西部农村发展与社会保障研究中心系列研究成果

◈ 甘肃省现代农业和农村社会融合发展研究中心系列研究成果

中国“三农”政策40年

（1979—2018）

司睿　著

A SURVEY OF FORTY-YEAR POLICIES ON AGRICULTURE，RURAL AREAS AND FARMERS IN CHINA（1979-2018）

中国社会科学出版社

图书在版编目（CIP）数据

中国“三农”政策40年：1979—2018/司睿著.—北京：中国社会科学出版社，2021.5

ISBN 978－7－5203－8556－5

Ⅰ.①中…　Ⅱ.①司…　Ⅲ.①三农政策—研究—中国—1979－2018　Ⅳ.①F320

中国版本图书馆CIP数据核字(2021)第106717号

出 版 人　赵剑英
责任编辑　刘晓红
责任校对　周晓东
责任印制　戴　宽

出　　版　中国社会科学出版社
社　　址　北京鼓楼西大街甲158号
邮　　编　100720
网　　址　http：//www.csspw.cn
发 行 部　010－84083685
门 市 部　010－84029450
经　　销　新华书店及其他书店

印　　刷　北京君升印刷有限公司
装　　订　廊坊市广阳区广增装订厂
版　　次　2021年5月第1版
印　　次　2021年5月第1次印刷

开　　本　710×1000　1/16
印　　张　21
插　　页　2
字　　数　335千字
定　　价　118.00元

目　录

第一章

导　论

“三农”问题是当前我国面对的现实问题，表现为农业落后脆弱，农民贫穷，农村衰落。无论是农民的就业、增收、社会保障问题，还是农业土地制度深化改革、农村市场体系建设、农村城镇化、农业现代化等一系列问题，都日益成为我国实现社会经济快速发展的“瓶颈”，中国现代化建设最繁重、最艰巨的任务在农村。

第一节　“三农”问题的研究范畴

改革开放以来，特别是进入21世纪以来，中国共产党始终把农业、农村与农民问题放在首位，“三农”问题始终是中国社会的头等大事，学者从不同角度、不同学科审视“三农”问题，研究视角涵盖了经济学、社会学、管理学、人口学、政治学和法学等多学科领域。“三农”问题是理论研究的热点，研究成果不断推陈出新。

考察改革开放以来，国内“三农”问题的研究成果，“三农”问题的提出和概念界定主要有以下几种思路：

一　“三农”说

多数学者和多数观点认为“三农”问题即农民问题、农业问题和农村问题。这三者侧重点不一，但是需要一体考虑、整体谋划。

在我国，“三农”问题作为一个概念提出来是在20世纪90年代中期。1996年，温铁军在《战略与管理》第3期发表的《第二步农村改革面临的两个基本矛盾》中提出了制约中国“三农”问题的主要矛盾。[①] 1999年，温铁军认为“三农”问题基本上是“一个人口膨胀而资源短缺的农业国家追求工业化的发展问题。”[②]

2000年年初，一位乡党委书记李昌平给时任国务院总理朱镕基写信反映湖北农村面临的突出问题，形象地概括了“三农”问题：“农民真苦，农村真穷，农业真危险。”经新闻媒体报道后引发了全社会对“三农”问题的高度关注。

2012年，温铁军再次阐释了“老三农”和“新三农”。温铁军认为，以往“三农”问题关注农民增收、农村发展和农业增产三大问题，自彻底取消农业税，全面推行新农村建设以来，时过境迁，新时期的“新三农”问题是农村组织权益、农村社会可持续和农业生态安全。[③] 其他学者也认同并采用了“新三农”问题这样的表述，但是其研究内容和讨论重心有所不同。李培林认为，全球化和中国社会快速变迁，衍生出“农民工、失地农民和农业村落终结”的“新三农”问题。必须把解决“老三农”问题与解决“新三农”问题结合起来，千方百计提高农民收入，大量转移农村劳动力，加快农民市民化速度，最终建设好社会主义新农村。[④] 华生认为，由工业化和城市化引发“新三农”问题。“新三农”包括农民进城务工、土地流转及土地非农化使用三个问题，其中农地非农化使用是核心问题。[⑤] 华生认为，“新三农”和“老三农”的根本区别，与农业无关，而与工业化、城市化有关。由城市化、工业化引发了新的土地问题，而且新问题越来越大。[⑥]

程必定认为，中国存在新老两类“三农”问题，农业、农村、农民是中国“老三农”问题，“老三农”问题尚未解决，又出现了“新三农”问题，即农民工、“老人农业”和“空心村”。农民工是进城务工的农民，数量逐年增长，总量庞大。具有劳动技能且年轻力壮的农民大

① 温铁军：《第二个农村改革面临的两个基本矛盾》，《战略与管理》1996年第3期。

② 温铁军：《中国的问题根本上是农民问题》，《中国新闻周刊》2001年第8期。

③ 温铁军：《老三农vs新三农》，《时代文学》2014年第7期。

④ 李培林：《全球化与中国“新三农”问题》，《福建行政学院福建经济管理干部学院学报》2006年第2期。

⑤ 华生：《中国土地制度改革何处去?》，《国家行政学院学报》2014年第2期。

⑥ 华生：《中国土地制度改革何处去?》，《国家行政学院学报》2014年第2期。

多进入城市或者城镇务工，农业种植主要依靠老人，农村人口持续减少，甚至一些农民举家搬迁，农村人去屋空，土地无人耕种，农业衰落，村庄衰败。中国两类“三农”问题中，“新三农”问题更加复杂，“老人农业”和“空心村”叠加，使中国的“三农”问题不断加剧，风险放大。新老“三农”问题有所区别，但是没有割裂，存在内在联系和逻辑。市场竞争导致农业比较效益下降，产生“老三农”问题。“新三农”问题加重了“老三农”问题，新老“三农”问题需要统筹解决。①

在批评者看来，“三农”问题的说法本身值得商榷，把农民、农业、农村放在一个层面上，意味着农民客体化。“三农”问题实际是“一农”问题，农村和农业两个问题是假问题，或者说这两个问题是农民自己的问题。② 不过，这种批评的声音并未广泛传播，也不被主流观点所接受。

二 “四农”说

2005 年，胡鞍钢接受记者采访时认为，中国其实存在“四农”问题。在“三农”问题之外，加上农民工问题，就是中国“四农”问题。中国“四农”问题的本质是“一国两制”问题，即从 20 世纪 50 年代起，中国的社会管理中城乡分治。胡鞍钢表示，解决“四农”问题的最终目的就是农民工完成身份置换，转化为城市（镇）居民，成为非农业人口。这个转化过程对中国农民而言，可能成为继土地改革、“大包干”之后的“第三次解放”，这个转化过程必将加速中国发展，推动构建和谐社会。③ 胡鞍钢的言论引起了理论界与实践界的回应和认同，任中平、刘刚的《论构建和谐社会进程中农民工政治参与问题——不

---

① 程必定：《中国的两类“三农”问题及新农村建设的一种思路》，《中国农村经济》2011 年第 8 期。

② 任不寐：《“三农”问题的出路：从强制农业化到自愿农业化》，http：//www. usc. cuhk. edu. hk/PaperCollection/Details. aspx? id = 3955。

③ 胡鞍钢：《中国存在“四农”问题农民工问题是核心》，http：//news. xinhuanet. com/fortune/2005 - 03/02/content_ 2639163. htm。

可忽视的“四农”问题》①、刘维佳的《中国“四农”问题数据解析》②等就是很好的例证。一些基层政府在认可“四农”的前提下，提出“四农一村”问题，“四农”指农村、农民、农业和农民工，“一村”指“城中村”。③ 胡鞍钢为了刻意强调农民工问题，将其与农民、农业和农村并列，并称为“四农”问题，但是人们更习惯将农民工问题置于“三农”问题之中进行思考。

2003 年，“三农”问题正式引入政府工作报告，并随之迅速成为中国政府需要解决的头号问题。决策者、理论界与实践界接受“三农”问题的提法，以此为概念，作为研究的起点和基本使用术语，建立相应的问题体系，进行对话与交流。

三　“三农”问题的范畴

改革开放之初，中国农村建立了双层经营体制，这种体制以家庭承包经营为基础、统分结合。这种体制明确了农户的生产经营主体地位；废除了统购统销制度，形成了农产品流通体系和农村市场体系；传统计划经济体制的高度集中已经被打破，市场机制在资源配置中的基础性作用日益明显；人民公社体制终结，农村基层民主政治制度正在不断完善；实行统筹城乡发展方略，改变城乡分割的二元经济社会结构。考察改革开放以来 40 多年的发展，下列这些问题都曾经属于“三农”问题的范畴：家庭承包经营制度、乡镇企业、村民自治、农村劳动力转移、农村土地制度、农村税费制度、粮棉流通体制改革、农业补贴制度和新农村建设。这也是本课题研究“三农”问题的重点内容。

理论界与决策者已经能够达成的共识基本可以认为，今天讨论的中国“三农”问题，是以 2008 年 10 月中国共产党十七届三中全会审议通过的报告——《中共中央关于推进农村改革发展若干重大问题的决定》为基点的，主要包括下列问题：城乡经济社会发展一体化体制机制、农业综合生产能力、国家粮食安全、主要农产品供给、农民增收、

---

① 任中平、刘刚：《论构建和谐社会进程中农民工政治参与问题——不可忽视的“四农”问题》，《云南社会科学》2006 年第 2 期。

② 刘维佳：《中国“四农”问题数据解析》，《农村工作通讯》2005 年第 8 期。

③ 翁若川：《我市着力解决“四农一村”问题》，http：//news. sohu. com/20060211/n241772825. shtml。

农村扶贫、村民自治、农村文化、农民教育、农村社会保障、农村社会管理、农业生产体系和农村生态环境。

在郑有贵看来，“三农”问题来源于传统农业社会向工业社会的转型历程。① 从世界上大多数发展中国家的进程看，“三农”问题的解决极其艰难而非常复杂。

郑有贵认为，进城农民工职业为工，户籍为农，这些中国特有的现象使得研究中国农业、农村和农民的内涵和边界容易产生争议。在不同时期，农业、农村、农民问题的核心问题和表现方式有所不同且不断变化。中国的“三农”及其相关问题，具有非常独特的研究价值。②

当然，中国“三农”问题涵盖了上述所列问题，但是不仅仅包括上述问题。随着社会的发展，这些问题可能会部分或者全部解决，发展的进程中依然会产生新的问题，某些结构性的问题可能会发生重大变化，一些“三农”领域的问题和其他问题如民族、宗教、生态建设、环境保护、污染治理、产业升级、结构调整等问题交织在一起，形成新的实践难题，“三农”问题在中国，没有完成时，只有进行时，永远在路上。

第二节 改革开放以来历年中央一号文件中的“三农”政策

梳理1978年我国改革开放以来中国共产党“三农”政策的发展历程，大体可以分为两个阶段，第一个阶段，从1978年12月党的十一届三中全会到2002年11月党的十六大，基本确立农村家庭承包基本经营制度。第二个阶段，从2002年11月党的十六大以来，中国的“三农”事业进入统筹城乡经济社会发展阶段。

一 1978年12月党的十一届三中全会—2002年11月党的十六大

从1949年12月中华人民共和国成立到1978年12月，中国基本建

① 郑有贵：《新中国“三农”政策的四次重大选择》，《中国经济史研究》2009年第3期。

② 郑有贵：《新中国“三农”政策的四次重大选择》，《中国经济史研究》2009年第3期。

立了相对独立的工业体系，但是，中国“三农”领域的发展远远落后于同期中国工业化的发展，“三农”问题是国民经济发展的最主要制约因素。

从1978年12月中国共产党第十一届中央委员会第三次全体会议开始到2002年11月中国共产党第十六次全国代表大会，中国共产党继续强调农业增产、农民增收。中国共产党坚持第一、第二、第三产业全面发展，强调农产品数量的增长，积极开展多种经营。1979—2001年，国家的政策目标是粮食和其他农产品增产、农民增收。国家通过提高农产品收购价格，以及改国家统购制为合同定购制等一系列农产品收购制度，市场在资源配置上充分发挥了基础性作用。实行家庭承包制、选择包干到户成为农村基本经营制度。这些改革措施获得了良好的社会效果，农业生产迅速恢复，农民温饱问题得到解决，农产品供应能力增强。农业劳动效率也提高了，农村地区出现了大量农业剩余劳动力，这些劳动力逐步转移到第二、第三产业中。这一时期，乡镇企业从无到有，蓬勃发展，异军突起。

中共中央在1982—1986年连续发布五个一号文件。五个一号文件的基本情况分别如下：

1982年1月1日，中共中央批转《全国农村工作会议纪要》（1982年中央一号文件），第一个一号文件进一步放宽了农村政策，肯定了联产承包责任制的重要作用和其社会主义性质，具有划时代的意义。同时，还提出改革统购统销制度。

1983年1月2日，中共中央下发第二个一号文件，重点是人民公社体制改革问题，实行政社分开。1983年中央一号文件的伟大意义在于，在党的重大文献中理论论证并正式确认了家庭联产承包责任制。基于我国国情，要不断推进改革，走农工商综合经营的道路，逐步实现农业经济结构优化，形成具有中国特色的社会主义农业发展道路。

1984年1月1日，中共中央下发改革开放以来第三个一号文件《中共中央关于一九八四年农村工作的通知》。1984年中央一号文件确认联产承包责任制取得明显成效，今后继续贯彻执行基本目标和方针政策，为鼓励农民长效投入，强调土地承包期延长到十五年以上。1984年中央一号文件重点解决促进农村商品生产发展问题，实现农村富裕繁荣。

1985 年 1 月 1 日，中共中央、国务院下发了《关于进一步活跃农村经济的十项政策》（1985 年中央一号文件），这是改革开放以来中共中央国务院发出的第四个一号文件。1985 年中央一号文件重点改革农产品统购派购制度，进一步放开农产品市场，建立了粮、棉等重要农产品国家计划合同收购新制度。要求扩大市场调节，适应市场需求。肯定了中国农村五年改革的成功经验，肯定了联产承包责任制。文件指出了搞活农村经济，优化农村产业结构的相关政策。

1986 年 1 月 1 日，中共中央、国务院下发了 1986 年中央一号文件，这是改革开放以来中共中央国务院发出的第五个一号文件。1986 年中央一号文件强调农业是国民经济的基础，要发展农业科学，增加农业生产投入，深化改革。文件认为，中国农村经济已经搞活，农业增长速度罕见，积极肯定了农村改革的方针政策。文件指出，应该允许个体经济存在和发展。

二 2002 年 11 月党的十六大以来

2002 年 11 月，中国共产党第十六次全国代表大会以来，中国进入农业发展新阶段。农业和农村经济发展环境的变化集中表现在三个方面：一是农民增收困难。二是粮食供求关系发生新的变化。从整体上看，粮食供求关系由供大于求向供求趋紧转变。三是耕地面积大量减少。2004 年 9 月召开的党的十六届四中全会，12 月召开的中央经济工作会议，首次提出工业“反哺”农业，以城带乡，城乡协调发展。这表明，在农业发展阶段，我国已进入工业“反哺”农业、城市支持农村的新发展阶段。

这一时期国家政策的核心目标是农民增收。2003 年 12 月，胡锦涛在山东、河南考察工作时指出，解决“三农”问题的中心任务是增加农民收入，要切实采取有效措施真正实现农民收入增长。

自党的十六大以来，中国进入调整城乡关系的全面改革阶段。在党的十六届五中全会上胡锦涛提出“建设社会主义新农村”的总体要求，“生产发展、生活宽裕、乡风文明、村容整洁、管理民主”。在这个目标的发展进程中，公共财政、基础设施建设继续向农村倾斜，统筹城乡就业稳定推进，农村社会保障迅速发展。国家取消了过去实行长达

2600多年的农业税，农村实行了免费义务教育。农民工进城居住和工作的法治与政策环境不断优化，对农业、农村、农民实行“多予少取”政策，这些政策的实施改变着城乡关系格局。

2003年以来，中共中央、国务院又连续出台了一批有关“三农”工作的一号文件，这些一号文件的基本情况分别如下：

2004年中央一号文件核心内容是促进农民增收的政策部署。要采取多种措施，对农民实行直接补贴、良种补贴、农机具购置补贴。加大对粮食增产和农民增收的支持力度，加大耕地保护力度，加大农民减负和权益保障力度，促进农业和农村发展。

2005年中央一号文件重点提出，加强农业基础设施建设，推进农业科技进步，采取各项稳定的支农政策，提高农业综合生产能力。

2006年中央一号文件主要围绕社会主义新农村建设，提出八项政策。

2007年中央一号文件重点提出，发展现代农业是建设社会主义新农村的首要任务。农业发展要充分运用现代物质条件、现代科学技术、现代产业体系、现代经营形式和现代发展理念。党的十七大报告则进一步指出：“以促进农民增收为核心，发展乡镇企业，壮大县域经济，多渠道转移农民就业。”

2008年中央一号文件提出，扎实推进社会主义新农村建设，加大“三农”投入，抓好农业基础设施建设，强调指出，全党工作的重中之重是解决好“三农”问题。

2009年中央一号文件提出，扩大国内需求的最大潜力和最大市场在农村。要加大农业生产支持保护力度，稳定发展农业生产，保证农产品的有效供给，支撑中国经济平稳较快发展。运用各种方式和手段实现农民收入稳定增长。

2010年中央一号文件要求继续抓好“三农”工作，落实科学发展观，统筹城乡发展，改善农村民生。

2011年中央一号文件提出，加快水利改革，强调水利在现代农业建设中的重要地位。这是中共中央、国务院第一次联合发文全面安排部署水利工作。

2012年中央一号文件强调，推进农业科技创新是“三农”工作的重点，提出部署农业科技创新，解放和发展农村社会生产力，促进农民增收。

2013 年中央一号文件重点指出，强化现代农业的基础支撑，进一步增强农村发展活力。

2014 年中央一号文件强调指出，要建设现代化农业，全面深化农村改革，实现城乡发展一体化。

2015 年中央一号文件指出，我国经济发展进入新常态，要继续全面深化农村改革，以建设现代农业为目标，实现农业发展方式转变；坚持和完善惠农政策，实现农民稳定增收；不断推进新农村建设，实现城乡一体发展；实现“三农”工作法治化。

2016 年中央一号文件强调指出，农村工作旨在坚持农民主体地位，增进农民福祉，破解“三农”新难题需要新的发展理念，推进农业供给侧结构性改革。

2017 年中央一号文件提出，深入推进农业供给侧结构性改革，要确保国家粮食安全这个基础，坚持市场主导，实现增加农民收入和保障有效供给两大主要目标。不断提高土地产出率、资源利用率、劳动生产率，实现农业农村发展由量的需求向质的需求转变。

2018 年中央一号文件主要部署了乡村振兴战略，并围绕实施乡村振兴战略，提出了一系列重大举措。

第三节 改革开放以来中国共产党“三农”政策的发展历程

学界普遍认为从 1978 年 12 月开始，中国走上对内改革、对外开放的改革开放道路。

一 1978—1984 年，启动农村改革

这个阶段，农村改革启动，农户家庭联产承包经营和乡镇企业使中国充满生机和活力，家庭联产承包责任制和乡镇企业带来了农村面貌的深刻变化。

1. 加快农业发展

1978 年 12 月，党的十一届三中全会下发了加快农业发展决定，号

召全党集中精力尽快把农业搞上去，调整工农关系，国民收入分配向农业倾斜。关心农民的物质利益获得，认真执行按劳分配，增加农业投入，1979年国家投入农业基本建设资金达57.9亿元，占当年国家基本建设总额的11.1%左右。①

从1979年3月起，国家大幅度提高了粮食、棉花、生猪、油料、禽蛋等农产品收购价格，粮食征购指标减少了，农业生产资料价格也降低了②，这些改革措施调动了农民的生产积极性。

党的十一届三中全会还要求全国投资建设一批农产品商品基地。1978—1984年国家信贷支农资金也增加了2倍多，1984年达到368.1亿元。③

2. 实行联产承包制

党的十一届三中全会决定实行农业生产责任制，可以按定额、按时记工分，生产队也可以包工到作业组。实行责任制是历史性进步。1981年，中央肯定了包产到户。1982年1月，中共中央批转《全国农村工作会议纪要》（以下简称《纪要》），第一次明确指出包干到户、包产到户是社会主义性质的经营制度，肯定其是社会主义农业经济的组成部分。④《纪要》指出，必须坚持土地集体所有制，合理保护利用耕地，可以根据当地的实际情况采取多种形式的承包，完善生产责任制。1983年的中央一号文件中，家庭联产承包责任制得到了党中央的全面肯定和高度评价。1984年1月，中央将土地承包期由3年延长到15年，至此，家庭联产承包责任制在全国如火如荼地实行起来。

3. 发展乡镇企业

联产承包责任制解放了农村生产力，除了全面发展农林牧副渔，国家也极其重视农村工商业。1981年，国家农委在《关于积极发展农村多种经营的报告》中强调，调整农业内部生产结构，要求生产队要积

① 郑有贵：《一号文件与中国农村改革》，安徽人民出版社2008年版，第206页。

② 张新华：《新中国探索“三农”问题的历史经验》，中共党史出版社2007年版，第119页。

③ 张新华：《新中国探索“三农”问题的历史经验》，中共党史出版社2007年版，第121页。

④ 中共中央文献研究室编：《三中全会以来重要文献选编》（下），人民出版社1982年版，第1063—1064页。

极鼓励和支持农民发展服务业、手工艺、养殖业等农村多种经营，鼓励农民个人经营或合伙经营。[①] 乡镇企业的发展是我国农村产业结构调整、妥善安排农村剩余劳动力的一个重大成果。1979—1983 年，国家采取一系列的政策措施，银行共发放了 672 亿元的贷款支持社队企业发展。[②]

1984 中央一号文件再次提出鼓励农民兴办各类企业。国务院转发开创社队企业新局面的报告，指出乡镇企业是多种经营的重要组成部分，既是农民致富的重要途径，也是国家财政收入的重要来源。要求将乡镇企业和国营企业同等对待，并给予必要扶持。党的十一届三中全会以后，乡镇企业迅猛发展起来，开创了“异军突起”的奇迹。乡镇企业丰富了市场供应，拓宽了农业剩余劳动力转移的路径，为国家上缴了越来越多的税金，带动了中国农村经济大发展。

二　1985—1991 年，探索农村市场化改革

1. 疏通农产品流通渠道

为推动农村经济体制深入改革，加快农村发展，1985 年、1986 年、1987 年中央接连出台了关于活跃农村经济，深化农村改革，指导农村工作的文件。1991 年党的十三届八中全会通过了加强农业和农村工作的决定。

在此阶段，农产品生产连年增长，但是，农村商品流通存在障碍，为了活跃农村经济，1985 年中央一号文件文件提出全面改革农产品统购派购制度，生猪、水产品、蔬菜等随行就市，逐步按市场价收购。[③] 取消统购派购推动了农村经济向商品经济转化，加快了农村经济的市场化进程，是继家庭承包经营后的又一重大改革。

1986 年 5 月，国家物价局等部门联合发布了《关于改进农产品价格管理的若干规定》，规定农产品价格管理实行国家定价、国家指导

---

① 中共中央党史研究室、中共中央政策研究室、中华人民共和国农业部编：《中国新时期农村的变革》（中央卷），中央文献出版社 1992 年版，第 149 页。

② 张新华：《新中国探索“三农”问题的历史经验》，中共党史出版社 2007 年版，第 149 页。

③ 中共中央党史研究室、中共中央政策研究室、中华人民共和国农业部编：《中国新时期农村的变革》（中央卷），中央文献出版社 1998 年版，第 363 页。

价、市场调节价三种。1985 年以后，除少数重要农产品国家定价外，绝大多数农产品由市场自行调节价格。1987 年 1 月，中共中央出台文件强调凡是放开的品种，应该坚决实行自由经营。1990 年后，国家对议购议销粮采取了最低保护价和最高限价政策，以保证粮食市场价格平稳。

为解决农产品流通难问题，国家逐步疏通流通渠道，改革农村供销社，恢复农村集市贸易，开放城乡之间商品流通，兴建仓库、交通等商品流通基础设施，鼓励农民进入流通领域。

2. 扶持乡镇企业快速发展

国家在发展多种经营的基础上，继续调整农村产业结构，鼓励农民开办乡镇企业，发展中国特色的农村工业。为了促进乡镇企业的发展，1985 年 1 月，国务院提出十项进一步活跃农村经济的政策，提出扶持乡镇企业发展是着眼点。9 月，中央制定第七个“五年计划”的建议，明确提出积极扶持、合理规划乡镇企业的发展，要求对乡镇企业实行税收、信贷优惠。国家实施“星火计划”，建立技术开发示范点、开发适合乡镇企业的成套技术装备，培训农村知识青年①，推动了乡镇企业的技术进步，乡镇企业已成为农村经济的支柱。

1988 年 9 月，党的十三届三中全会后，中央治理、整顿经济秩序，全面深化改革，一定程度上优化了乡镇企业的产业和产品。但是，整顿治理政策下，对乡镇企业的税收和贷款优惠也减少了，乡镇企业发展步伐放缓。

3. 农村城镇化建设

改革开放后，越来越多的农民脱离了农业，转入工业和服务业，1984 年中央一号文件要求各省选择试点，允许经商、务工农民自理口粮到集镇落户，1985 年中央一号文件允许农民进入城市兴办服务业和提供劳务，打破了城乡分割，推动了农村城镇化。1988 年 7 月，国家出台了《关于加强贫困地区劳动力资源开发工作的通知》，要求各地有关部门组织贫困地区劳动力到沿海经济发达地区、大城市就业。1990

① 张新华：《新中国探索“三农”问题的历史经验》，中共党史出版社 2007 年版，第 167 页。

年 4 月，国务院发出通知，要求合理控制和积极疏导农村劳动力流动，引导其“离土不离乡”，就地转移农村剩余劳动力。

为了促进农村小城镇建设，国家调整了建制镇标准，多方筹资建设小城镇，鼓励集体和个人投资经营小城镇基础设施，推动了农村城镇化进程。

4. 增加农业科技投入

国家在农村实行的政策是成功的，但是，却忽视了对农业的投资。1988 年，邓小平指出，农业的出路最终要靠科技。1989—1991 年，我国调整了农业政策，增加农业投入，调整了农业种植结构，粮、棉、油等主要农产品产量大幅增加。1986 年，开始实施农业科研体制改革，1991 年 11 月，党的十三届八中全会要求依靠科学技术进步和提高劳动者素质来推进农业发展。各级政府纷纷采取措施增加农业科技投入，改造农田，建设农业基础设施。

5. 探索建立农村社会保障制度

农村改革初期，我国农村社会保障仅为社会救济。1985 年 9 月，中共中央第七个“五年计划”的建议提出逐步建立新的社会保障制度。1986 年，国务院决定由民政部负责建立农村基层社会保障制度试点。1987 年 5 月、11 月，民政部又召开两次农村基层社会保障研讨会、座谈会，探讨了建立农村社会保障制度的理论与实践。民政部提出办好最低生活保障、合作医疗和社会养老保险，“五保户”的供养实行乡镇统筹。1991 年，民政部开展县级农村社会养老保险试点，条件较好的山东省最早试点。随后农村社会养老保险方案政策出台。

1985 年以前，农村社会救助主要是发放救灾救济款，这种临时性的救助不能保障农村贫困户维持生活，1985 年以后，国家把救济和扶贫结合起来，重点扶持“老少边穷”地区。以项目和工程为贫困地区造血，逐步缩小救济款的无偿使用范围。通过大规模扶贫，贫困人口从 1985 年的 1.25 亿人下降到 1993 年的 8000 万人，平均每年减少 562.5 万人。[①] 但是，此时，国家主要以贫困县或贫困地区为主开展扶贫工

① 张磊：《中国扶贫开发政策演变（1949—2005 年）》，中国财政经济出版社 2007 年版，第 139 页。

作，忽视了瞄准贫困户。

三　1992—2001年，建立市场经济

1992年，中国共产党第十四次全国代表大会明确提出建立社会主义市场经济体制，党的十五届三中全会提出了农村经济体制改革的目标，对农村和农业工作进行了战略部署。这个阶段，国家主要进行了以下改革。

1. 发展农村基本经营制度

1991年11月，党的十三届八中全会规定家庭联产承包责任制是党在农村的基本政策之一，一定要长期坚持。1993年3月，这一基本制度载入《中华人民共和国宪法》，7月，又将其载入《中华人民共和国农业法》。1998年，党的十五届三中全会要求农村探索和完善公有制的有效形式。随着农村商品经济发展，在坚持双层经营体制的同时，农村还涌现出了股份制、合作制、租赁制等多种经营方式。2001年12月，中共中央发出《中共中央关于做好农户承包地使用权流转工作的通知》，并提出一系列方针政策。2002年8月，《中华人民共和国农村土地承包法》通过，为农村双层经营体制提供了法律保障。

2. 深化粮食流通体制改革

1992年，各地开始社会主义市场经济体制改革，粮食购销体制也发生了变革，到1993年，全国绝大多数地区都放开了对城镇居民的粮食销售价格。同时，为了深化粮食流通体制改革，国务院于1998年6月颁布《粮食收购条例》，完善了粮食价格机制，将粮食储备和经营分开，按保护价收购，加快粮食企业自身改革。2000年6月，国务院又发通知要求完善粮食生产和流通相关政策，2001年7月，深化粮食流通体制改革意见公布，要求在国家宏观调控下，发挥市场机制对粮食购销价格的作用，建立完善的粮食市场和国家粮食储备体系，明确了粮食流通体制市场化目标。

3. 探索农业支持和保护制度

1993年7月，国家公布《中华人民共和国农业法》，其中第42、47条规定国家逐年提高农业投入总水平。11月，全国农村工作会议上，江泽民讲话提出重视农业、加强和保护农业。1996年，江泽民在河南考察农业和农村工作时指出，我国农业支持和保护体系缺乏力度，还不健全，要逐步探索农业支持和保护体系制度化、法律化。① 2000 年 10 月，在党的十五届五中全会上，江泽民再次强调加大农业支持保护力度，增加对农业、农村的投入，改善农业生产条件，支持农田水利建设，加大农业科技推广。

4. 减轻农民负担，增加农民收入

改革开放初期，农民收入迅猛增长，但从 1985 年开始，农民收入增长速度放慢，为增加农民收入，1991 年年底，国务院发布了《农民承担费用和劳务管理条例》，标志着国家开始法制化规范农民负担。1992 年 7 月，国务院办公厅发出做好监督管理农民承担费用和劳务的通知，提出坚决减轻农民负担。1993 年 3 月和 7 月，中央发布紧急通知，取消了中央和国家机关的几十项集资、收费项目，纠正了数十种错误收费项目，大大减轻了农民负担。1995 年 8 月，中央规定提留统筹费不超过上年农民人均纯收入的 5%，禁止一切需要农民负担钱、物的达标升级活动，这些措施遏制了农民负担过重问题。

5. 实施“八七”扶贫攻坚计划

1994 年 3 月，国家为减贫，特别是减少绝对贫困人口，制定了《“八七”扶贫攻坚计划》，计划用七年时间，逐步改善农村基础设施和文教卫生条件，为脱贫创造基础条件，基本解决 800 多万贫困人口的温饱问题。具体目标是通过扶贫攻坚，使 592 个贫困县的贫困户人均收入达到 500 元以上。1996 年，国家出台加快解决农村贫困人口温饱问题的决定，确定了改革扶贫资金管理，增加扶贫投入；扶贫工作到村到户；扶贫工作党政一把手责任制等重大政策。此后，国家每年增加扶贫资金投入，仅 1998 年就增加至 183 亿元。1999 年 7 月，中央扶贫工作会议指出，农村贫困人口的温饱问题基本解决，这表明“八七”扶贫攻坚计划基本实现。

6. 发展优质高效农业

20 世纪 90 年代，农村种植业生产不稳定，经济效益下降，发展缓慢。1992 年 9 月，国务院发布发展优质高效农业的决定，包含依靠科

---

① 张新华：《新中国探索“三农”问题的历史经验》，中共党史出版社 2007 年版，第 212 页。

技进步等九项措施。1993 年 1 月，党的十四届三中全会指出农村经济发展进入调整结构、提高效益的新阶段，要求优化品种结构，发展高效农业。同年，国家又制定政策措施，有计划地在各地建立一批有特色的高产、优质、高效农业示范区，连续五年，每年以 10 亿元专项贷款予以支持。1998 年党的十五届三中全会再次提出调整和优化农业产业结构政策措施。2001 年 1 月，中央农村工作会议提出培育市场，建立健全农业质量标准体系、农产品质量检测检验体系、市场信息体系，推进农业结构战略性调整。

7. 促进乡镇企业发展

20 世纪 80 年代末，乡镇企业发展速度减缓，经济效益下降。1992 年 10 月，党的十四大报告要求采取有力措施促进乡镇企业发展，重点扶持中西部地区、少数民族地区乡镇企业发展。1994 年，《国务院关于农业和农村工作的意见》中提出要组织实施乡镇企业东西合作示范工程，推动地区间经济合作。农业部制定了乡镇企业东西合作示范工程方案。1996 年，国家制订“九五”计划和 2010 年远景目标，1996 年 10 月，《中华人民共和国乡镇企业法》颁布。1996—2000 年，国务院每年拨付 100 亿元专项贷款，积极引导开展乡镇企业东西合作示范工程，加快发展中西部地区乡镇企业。1997 年，国务院批转《关于乡镇企业的情况和今后改革与发展的意见》报告，要求乡镇企业要采取多种措施深化改革，提高企业效益和竞争能力。这些重大改革举措，使乡镇企业获得了新的发展。

8. 发展小城镇

早在 1984 年，社会学家费孝通先生就提出“发展小城镇”理论。1992 年以后，乡镇企业的迅速发展加快了农村劳动力流动，也带动了小城镇建设。1994 年 9 月，建设部、国家计委等六部委印发《关于加强小城镇建设的若干意见》，1995 年，国家决定试点综合改革一批小城镇。1998 年党的十五届三中全会通过决定，要求科学规划、合理布局小城镇建设。同时，指出要进一步改革小城镇户籍管理制度。2000 年 6 月，国家出台《关于促进小城镇健康发展的若干意见》，将少部分具备条件的小城镇发展成为小城市。同时明确指出，改革小城镇户籍管理制度，全国选择 100 个镇进行试点，这些镇示范作用明显。

9. 探索农业现代化

改革开放以来，国家一直重视农业现代化建设，20 世纪 90 年代中期，一些乡镇企业集中、经济实力较强的地区，进行了以改善农业基础设施条件和农产品加工生产装备为主的农业现代化实践与探索。1998 年，江泽民在江苏等地考察时指出，沿海地区要建设发达农业，有条件的地方率先基本实现农业现代化。

10. 保护环境，发展生态农业

1992 年以来，国家陆续颁布了《中华人民共和国农业法》《基本农田保护条例》《中华人民共和国水土保持法》《中华人民共和国防沙治沙法》等促进农业可持续发展的法规，同时，国务院确立了发展生态农业、保护环境的对策，在全国开展了生态农业示范县建设和乡、村试点工作。1996 年 3 月，国家“九五”计划、2010 年远景目标纲要提出实施“可持续发展战略”，要求发展生态农业、加快治理水土流失、恢复森林植被、控制农田水土污染。1997 年，中央决定实施西部大开发战略，重点是生态建设，再造一个山川秀美的西北地区。

11. 推行村民自治

从党的十一届三中全会以来，随着农村改革开始，现代意义的村民自治也开始逐步形成。1988 年，《中华人民共和国村委会组织法》正式试行，标志着农村基层民主建设进入法制化、制度化阶段。1990 年，中组部、民政部等五部门召开全国村级组织建设工作座谈会，要求每个县选择一些村开展村民自治示范活动，探索总结经验。1998 年 11 月，村委会组织法正式颁布，意味着村民自治框架初步建立。2000 年 12 月，国务院办公厅发出通知，要求在全国乡镇机关全面推行政务公开制度。

四 2002—2007 年，建设小康社会

2002 年，第十六次全国代表大会召开，会议对全面建设小康社会等农业和农村工作做出了明确要求和部署。这个阶段，国家重点在以下方面开展了工作。

1. 调整农业经济结构

2004—2007 年的中央一号文件，连续四年要求推进农业、农村经济结构战略性调整。2004 年、2005 年中央一号文件，提出推行农产品原产地标记制度，鼓励注册地理标志农产品，建设优势农产品产业带，保护各地特色农产品，全面提高农产品质量水平。2005年中央一号文件指出稳定和增加粮食播种面积，优化区域布局，提高单产，实现粮食基本自足。为保护生态环境，国家提倡发展循环农业，开发可再生能源，利用科学技术，综合循环利用农业废弃物。为发展畜牧业，国家扩大了畜禽良种补贴规模，通过小额信贷、财政贴息的方式，引导发展地方养殖。

2. 发展农业产业化经营

2007年中央一号文件指出，推进现代农业建设。在农业改革和发展实践中，“公司+农户”成为农业产业化经营的主要模式。这种模式要求各地确立主导产业，创办和扶持一批龙头企业，带动辐射农户。国家支持发展农民专业合作组织，对专业合作组织及其实体适当减免税费。发展农业产业化经营需要增强农业科技创新能力，增加农业科技成果转化资金，建立与农业产业带相适应的新型专业农业科技推广服务组织。

3. 深化改革重点农产品流通体制

2004年中央一号文件提出全面改革粮食流通体制。5月，国务院公布了《粮食流通管理条例》。改革后，粮食价格由市场供求调解，国家在市场机制基础上实行宏观调控，实行购销多渠道经营。为保护粮农利益，保障国家粮食安全，国家全面实行种粮直补，激发农民种粮积极性。2001年，国务院下发深化棉花流通体制改革的意见，放开棉花购销渠道。这些政策促进了我国重点农产品的市场流通。

4. 发展农民专业合作组织

2004年中央一号文件鼓励发展各类农产品专业合作组织、培育购销大户和农民经纪人等农产品营销主体。从2004年起，国家拨出专项资金，从技术、市场、质量认证等方面支持农民专业合作社发展，发挥其带动农民进入市场的作用。

5. 促进农村商品流通

2005年，为提高农村流通商品质量，商务部根据国务院转发的做好农村商品流通工作的通知，决定选择部分县市开展“万村千乡”市场工程试点，培育“农家店”，形成农村消费经营网络，逐步缩小城乡消费差距。2006年，全国鲜活农产品“绿色通道”网络实现省际互通。为解决农产品“卖难”问题，商务部启动“双百市场工程”，重点改造100家大型农产品批发市场，培育100家大型农产品流通企业。为促进优势农产品出口，国家要求外贸发展基金向农产品出口倾斜，为农产品出口企业提供国内外市场需求、检验检疫标准等信息服务，重点建立出口农产品行业协会。

6. 取消农业税

2000年3月，国务院决定在安徽省进行农村税费改革试点，规范农村税费制度，减轻农民负担。2002年3月，国家决定增加河北、内蒙古等16个省作为农村税费改革试点，2003年，农村税费改革全面推开。为填补税费改革带来的乡镇财政空缺，中央财政拨出305亿元专项转移支付。[①] 从2004年开始，国家逐步降低了农业税和农业特产税，在牧区开展取消牧业税试点。2006年，全国取消农业税。

7. 加大对农业、农村的转移支付

自2003年以来，中央把粮食安全问题提到了重要议程，国家加大了对粮食生产的补贴和扶持力度。2004年党的十六届四中全会上，胡锦涛提出我国总体上已经到了以工促农、以城带乡的发展阶段，应当积极支持“三农”发展。

自2004年以来，国家逐年提高农业补贴标准，逐步形成稳定规范的奖励补助政策，向重要产区倾斜，继续实行重点地区、重点粮食品种最低收购价政策。国家在全面放开粮食收购市场的同时，全面推行对种粮农民的直接补贴，2005年中央一号文件要求继续加大补贴力度，对部分地区农民实行良种和农机具购置补贴。2006年中央一号文件又提出坚持和完善重点粮食品种最低收购价政策，保护粮农利益。2007年，良种补贴品种扩大到水稻、小麦、玉米、棉花、油菜、大豆六个品种。[②] 2008年，中央全面落实了重要农产品补贴政策，鼓励地方政府根据财力和农业发展实际安排相应补贴资金。

---

① 张新华：《新中国探索“三农”问题的历史经验》，中共党史出版社2007年版，第269页。

② 武力、郑有贵：《中国共产党“三农”思想政策史（1921—2013）》，中国时代经济出版社2013年版，第529页。

由于财力限制，以往国家为农村教育、卫生、文化等公共事业投入和服务不足。2002 年 10 月，国家决定加强农村卫生工作，中央和地方财政支持完善新型农村合作医疗制度、医疗救助制度，开展新型农村合作医疗试点工作。2008 年，全国农村基本普及新型农村合作医疗制度。2003 年年初，中央提出今后每年新增事业经费主要用于农村。2005 年开始，国家对 592 个国家扶贫开发重点县实行农村义务教育“两免一补”（免去学杂费、课本费，补助寄宿生生活费）政策，要求“十一五”期间，所有农村义务教育阶段贫困生都能覆盖到“两免一补”政策。国家还加大了农村道路、饮水、电网等基础设施建设投入，发展沼气等清洁能源，加快统筹城乡发展。

8. 保护农民合法权益

政府历来重视农民的合法权益，以家庭联产承包为主的责任制，统分结合的双层经营体制这一农业基本制度载入国家根本大法《中华人民共和国宪法》和《中华人民共和国农业法》。2002 年 8 月，中央通过了《中华人民共和国农村土地承包法》，这些法律从根本上保护了农民的土地承包经营权。随着国家建设开发速度加快，征用农村集体土地增多，《中华人民共和国土地管理法》对征用土地面积、审批流程做出了详细规定，征地要按照相关法律规定补偿农民费用。同时，新《中华人民共和国农业法》规定，任何单位和个人不得截留、挪用征地补偿费用，损害农民的合法权益。

随着大量农民工进城务工，为了解决农民工工资偏低，被拖欠工资，劳动环境条件差，缺乏工伤保险等社会保障问题，2006 年 3 月，国务院发布了《关于解决农民工问题的若干意见》，意见规定确保农民工工资支付制度，严格执行最低工资制度、休息休假和支付加班工资制度；农民工依法签订劳动合同制度；严格执行国家职业安全和劳动保护标准；保护女工在孕期、产期、哺乳期的权益；建立服务农民工劳动就业、治安管理工作的机制，经费纳入各级财政预算支出范围；建立农民工工作联席会议制度，落实农民工各项政策。

9. 加大农村基础设施建设

农村基础设施建设主要包括“六小工程”以及小流域治理、秸秆气化、改水改厕、河渠整治、干旱地区雨水集蓄等项目。2003 年，《中共中央、国务院关于做好农业和农村工作的意见》指出，要扩大农村节水灌溉等“六小工程”投资规模，充实建设内容。同年，水利部出台了《小型农村水利工程管理体制改革实施意见》。2004年、2005年中央一号文件提出逐步提高农村中小型基础设施建设投入，扩大基础设施建设范围，重点解决特殊地区饮水安全问题。改善农村公路、清洁能源建设、电网改造等基础设施扶贫建设。温家宝在2010年政府工作报告中讲到加强农村基础设施建设的重点任务和主要措施的具体部署。

10. 加强农村基层组织建设

农村的一切工作要靠以党组织为核心的农村基层组织团结和带领农民群众去落实。因此，农村工作的关键是抓好基层组织建设。2003年9月，中共中央办公厅印发了《关于深入开展农村党的建设“三级联创”活动的意见》。2004年年底，中央经济工作会议和中央农村工作会议召开，会议强调加强农村基层党组织建设，发挥领导核心作用，为建设社会主义新农村提供政治和组织保障。党的十六届五中全会围绕新农村建设，提出对党员开展正面教育，有针对性地解决党组织中存在的突出问题。2006年中央一号文件提出在全国农村深入开展保持共产党员先进性教育活动，务求取得实效。党的十七大强调加强基层党的建设，从根本上解决城乡党建工作不适应城乡统筹发展要求的问题。2008年，全国农村基层组织建设工作座谈会上要求抓好村党支部书记队伍建设，为推进农村改革发展提供坚强的组织保证。2012年，党中央把该年定为基础组织建设年，着力完善基层党组织建设的体制机制。这些活动的开展使农村基层党建整体水平不断提升。

2003年，为落实依法治国基本方略，司法部、民政部出台意见，提出了加强农村基层民主法制建设的目标。2005年后，中央要求落实好农村民主法制建设，加强农村民主法制建设、基层组织建设和社会管理。2004年、2005年6月，中共中央办公厅、国务院办公厅出台意见要求健全村务公开制度，在全国范围内开展村务公开民主管理示范单位创建活动，2010年，新修订的《中华人民共和国村民委员会组织法》明确指出，村民委员会应当及时公布五个规定事项，接受村民监督。同时，该法还进一步明确了村级民主议事制度，完善了村民委员会成员的选举和罢免程序。

11. 建立农村社会保障制度

改革开放以来，人民生活水平有了很大提高，农村发生了深刻变化。但是，由于社会保障制度不健全，出现了农民“因病致贫”问题。2002年10月，中共中央国务院决定建立新型农村合作医疗制度，农村合作医疗制度以大病统筹为主。2006年12月，中央农村工作会议强调建立全国范围的农村低保制度，中央财政对财政困难地区给予适当补助。2007年7月11日，国务院发布通知，正式建立农村低保制度。

农村税费改革后，“五保”供养工作遇到新困难，2006年1月，国务院公布最新《农村五保供养工作条例》，确定地方人民政府财政预算要安排“五保”供养所需资金。中央财政给予困难地区适当补助。3月，国家“十一五”规划纲要提出完善“五保”供养、灾害救助等农村社会救助体系。2007年6月，民政事业发展第十一个五年规划提出贯彻落实《农村五保供养工作条例》，将符合条件的人员全部纳入“五保”供养范围，坚持集中供养和分散供养相结合，加强农村敬老院建设。

2002年10月，中共中央国务院提出农村医疗救助政策。2003年11月，民政部、卫生部、财政部下发关于实施农村医疗救助的意见。2004年，民政部、财政部下发了《农村医疗救助基金管理试行办法》，对救助基金管理制度做了具体规定。

12. 培育新型农民

农民的素质影响农村经济社会发展速度，培育有文化、懂技术的新型农民是建设新农村的重要途径。

从2004年起，民政部、农业部、劳动和社会保障部、教育部等部门共同组织实施农村劳动力转移培训阳光工程。2004—2005年，重点开展针对粮食主产区、贫困地区和革命老区等劳动力主要输出地的短期职业技能培训。2006—2010年，国家大规模开展职业技能培训，加强农村人力资源开发工作。2006年的中央一号文件指出扩大新型农民科技培训工程，把农户培养成现代农业经营者。从2006年开始，农业部、财政部开始组织实施新型农民科技培训工程，各省根据农产品区域布局和发展地方特色农业要求选择培训项目。2007年，中共中央办公厅、国务院办公厅发出意见，要求大力推进农村教育培训工作，培养造就大批农村实用人才。

13. 启动社会主义新农村建设

长期以来，我国一直存在城乡二元结构体制矛盾，在此背景下，党的十六届五中全会提出建设社会主义新农村，2006 年 3 月，十届人大四次会议批准第十一个五年规划纲要，这两个文件对社会主义新农村建设做出了详细具体的规定。对于实现统筹城乡发展，推进农村现代化建设，全面建设小康社会意义重大。

五 2008—2012 年，全面建设社会主义新农村

2009 年 1 月，中共中央政治局第十一次集体学习强调把解决“三农”问题作为全党工作重中之重，走中国特色农业现代化道路，加快推进社会主义新农村建设。2010 年，十一届全国人大三次会议上，温家宝做《政府工作报告》时又强调，把解决“三农”问题作为全党工作重中之重。在此期间，中央推进了如下工作：

1. 深化土地经营制度改革

2008 年 10 月，党的十七届三中全会强调把建设社会主义新农村作为战略任务，并提出加强土地流转和服务。2009 年中央一号文件提出要稳定农村土地承包关系，开展集体土地所有权确权登记颁证，农村土地承包经营权登记试点。在此基础上，2010 年中央一号文件要求建立基本农田保护补偿机制，实行永久保护。2012 年中央一号文件要求加快推进农村地籍调查，基本完成农村集体各类土地所有权确权登记颁证，加快修改土地管理法，健全农村土地管理制度。

同时，2008 年中央一号文件明确提出改革集体林权制度，在集体林地所有权不变，不改变林地用途，承包人可依法自主经营商品林。6 月，中共中央、国务院出台了《全面推进集体林权制度改革的意见》。2009 年中央一号文件再次强调全面推进集体林权制度改革，已改革地区，要尽快建立产权交易平台，加快林地流转制度建设。2010 年中央一号文件提出发展林业合作社，启动国有林场改革。2012 年中央一号文件提出推进牧区草原承包工作。

2. 加强公益性农业技术推广服务

2008 年、2009 年中央一号文件要求加强公益性农业技术推广服务，采取委托、招标等形式，调动各方力量参与农业技术推广，引导农民专业技术协会等开展公益性农业技术推广服务，并在三年内，在全国健全农业技术推广、疫病防控等农业公共服务机构，增强农业科技服务能力。2010年中央一号文件又提出增加农技推广特设岗位计划，鼓励高校农业人才从事农技推广工作。2012年中央一号文件指出强化基层公益性农技推广服务，引导高校、科研院所积极开展农技服务，推动家庭经营向先进科技、先进生产手段转变。

3. 大力发展农业专业合作社

党的十七大报告提出，发展农民专业合作组织，支持农业产业化经营和龙头企业发展，2008年7月，财政部、国家税务总局出台对农民专业合作组织的税收优惠政策。12月，两部门联合发布《享受企业所得税优惠政策的农产品初加工范围（试行）通知》，明确规定了农林牧渔企业所得税优惠政策。2009年中央一号文件提出，建设一批示范社，给予人员培训、税务登记、金融服务支持。随后，中国银监会和农业部发布了《关于做好农民专业合作社金融服务工作的意见》，农业部、发改委、财政部等11部门联合印发意见，开展落实农民专业合作社示范社建设行动。2010年中央一号文件提出，大力发展农业专业合作社，补助示范合作社，政府扶持、鼓励合作社开办农产品加工企业和兴办农村资金互助社。2011年，十一届全国人代会四次会议再次强调加快发展农民专业合作组织、农业社会化服务体系，提高农业组织化程度。

4. 支持农业产业化经营

积极发展现代农业离不开农业产业化，2008年、2009年，中央和地方财政支持培育壮大一批带动力强的农业产业龙头企业，鼓励发展农产品加工，发展“一村一品”，支持农业产业化经营。2010年，中央提出发展农户联合与合作，推进“一村一品”工程和专业示范村建设，建立农业产业化示范区。这些措施对农业现代化建设和农民增收产生了重大影响。

5. 推进农业科技创新体系建设

中央一直重视农业科技进步和创新，2004年提出不断提高农业科技创新能力，促进粮食增产、农民增收。2007年中央一号文件提出建设农业科技创新体系。启动专项农业科研项目，推进农业技术创新和成果转化。2008年中央一号文件又强调提高农业科技创新和推广能力，广泛建立现代农业示范区。党的十七届三中全会后，有关部门制定了《国家农业科技创新体系建设方案》，争取在重点领域、关键环节实现农业科技创新能力整体提升。2009 年中央一号文件要求加大农业科技投入，设立创新基金，重点支持关键、核心农业技术科学研究，促进农业新品种产业化。2012 年中央一号文件强调把农业科技的重点放在具有重要应用价值、自主知识产权的新良种培育上，加强农业重点实验室等农业科技平台建设。依靠科技创新，突破农业重大关键技术，保障粮食安全，发展优质高效生态农业；加大国家农业科技投入，整合科技资源，建设现代农业产业技术体系。

6. 加大农业补贴力度，稳定粮食生产

2008 年，国家实行了能繁母猪饲养补贴、农资综合直补、油菜种植补贴、粮食直补、水稻良种补贴。2009 年 4 月，国务院审议通过了《2009—2020 年全国粮食生产能力规划》，确保国家粮食安全。此后，国务院每年召开的相关会议都强调促进粮食生产的政策措施和生产能力规划，确保国家粮食安全和重要农产品供给。

7. 调整农产品流通政策

2009 年，国家出台搞好农产品流通的意见，继续支持“双百市场工程”，开展“农超对接”，加快培育农产品经纪人，提高农产品流通组织化程度，解决农产品“卖难”问题，促进农民增收。国务院印发了《全国现代农业发展规划（2011—2015 年）》，明确提出大力发展农产品加工和流通业，降低农产品流通成本。2012 年中央一号文件强调，创新农产品流通方式，发展电子商务等现代信息技术交易方式，完善流通网络；大力发展订单农业，稳定农产品供求关系；完善鲜活农产品绿色运输通道政策；免除蔬菜批发零售环节增值税，清理降低农产品销售市场、集贸市场、超市收费。

从 2007 年起，国家推出财政补贴促进家电下乡政策，财政资金直补彩电、冰箱、手机销售价的 13%。2009 年起，全国推广家电下乡政策，新增了政策补贴产品，2013 年 1 月 31 日，“家电下乡政策”如期结束。

8. 改革农村金融体制，增强服务“三农”的能力

国家高度重视农村金融改革，2002 年，农村金融改革开启。2003

年6月，国务院下发了《深化农村信用社的改革试点方案》，2004年，农村信用社改革试点扩大到北京等29个省（直辖市）。农村信用社发展为服务“三农”的社区性地方金融机构。

2005年以来，农业发展银行调整职能，积极拓展支农领域。2005年8月，国务院提出成立邮政储蓄银行。2006年12月，银监会发布意见，首次允许产业资本和民间资本到农村新设银行，并提出要在农村增设村镇银行、贷款公司和农村资金互助社三类金融机构。2007年2月，国务院召开全国金融工作会议，确定了农业银行股份制改革，试点增强服务“三农”能力的体制改革。2007年3月，中国邮政储蓄银行正式挂牌成立，储蓄资金重点投入国家“三农”领域。2007年3月1日，第一批4家农村新型金融机构挂牌成立。2007年3月9日，第一家全部由农民自愿入股组建的农村合作金融机构——百信农村资金互助社挂牌营业。2008年10月，党的十七届三中全会提出建立现代农村金融制度的具体措施。

2009年，银监会相继通过大范围发展小额贷款公司，以及小额贷款公司可转制成村镇银行的规定。同时，国家明文鼓励民营资本组建村镇银行。

2012年中央一号文件指出要提升农村金融服务水平。发展扩大农业保险，发展农村资金互助合作、信用合作。6月，国家发改委出台了《全国农村经济发展“十二五”规划》，提出创新金融支农体制机制。2012年政府工作报告也提出加快培育农村新型金融机构，积极推进农村信用社改革。

9. 增加农村基础设施建设投入

2008年政府工作报告再次强调加强农村水利基础设施建设，发展节水灌溉。开发整理复垦土地，建设高标准农田。加强农村道路、饮水、电网、文化设施等基础建设，大力发展公共交通，改善农村人居环境。2009年10月，国务院常务会议要求加强产粮大县农田水利设施等基础田间工程建设，建设配置华北、东北、西北地区保护性耕作配套设施，提高农业生产能力。2010年政府工作报告全面部署了农业基础设施建设重点任务。2010年中央经济工作会议要求加大农村水利、电网、危房改造，环境整治、农村公路、沼气建设。完成了大中型灌区水库除险加固工作，加强节水改造。2011 年，中央一号文件提出优先建设国家水利基础设施，严格水资源管理，建设节水型社会。3 月，第十一届全国人民代表大会第四次会议强调加强农业农村基础设施建设，重点加强农业水利建设，大力推进农村土地开发整治，建设高标准农田，增强粮食生产能力。

10. 加强农村环境建设

2005 年，国务院发布了关于落实科学发展观，加强环境保护的决定。2006 年，第六次全国环保大会召开，提出实现“三个转变”，注重保护环境，解决环境问题。2006 年，农村小康环保行动计划开始实施，宁夏、成都等地启动试点，中央安排了农村环境综合整治专项资金。2006 年，国家“十一五”规划中提出发展循环经济和建设资源节约型、环境友好型社会，节约资源成为国家基本国策。2007 年，党的十七大明确要求加强水、大气、土壤等污染防治，促进生态修复，生态文明建设成为国家基本国策。2008 年，国务院召开全国农村环境保护工作电视电话会议，做出“以奖促治”决策，调动农民积极主动投入农村环境保护中。随后，中央财政投入农村环保专项资金，启动“连片整治”示范工作，支持 2160 多个村开展环境综合整治和生态示范建设，农村的村容村貌明显改善。2012 年中央一号文件要求在江河源头、湖区、库区等重点生态功能区适当扩大退耕还林规模，支持草原围栏、改良重度退化草原项目，强化水土保持管理。推进农村使用清洁能源，引导农民合理使用化肥农药，加快农业污染治理，改善农村人居环境。并增加中央财政专项补助资金，加强农田、牧区水利建设，落实财政适当补助农业灌排工程运行管理费用政策。

11. 完善农村社会保障制度

2009 年起，全国开始试点新型农村养老保险，2010 年，国家扩大新农保试点，重点向老少边穷地区倾斜。2011 年，全国 15 个省实现新农保制度全覆盖。2012 年，新农保制度实现全国范围全覆盖。

2008 年，党的十七届三中全会提出高度重视农村最低生活保障问题，并对完善这一制度提出了明确要求。2010 年 5 月，国务院办公厅转发扶贫办等部门意见，要求做好农村最低生活保障制度和扶贫开发政策有效衔接扩大试点工作。实现两项制度的有效衔接。

2009年6月，民政部出台了《关于进一步完善城乡医疗救助制度的意见》，要求建立全国性医疗救助制度。

12. 发展农村文化、教育事业

每年召开的农村工作会议都非常重视农村文化建设，2005年，国家提出建设社会主义新农村的重大任务，中共中央办公厅、国务院办公厅下发了《关于进一步加强农村文化建设的意见》，要求增加政府投入，加大文化资源向农村倾斜，建设农村文化设施重点工程，提升农村公共文化基础设施条件。2007年，党的十七大报告中提出丰富农村、偏远地区、务工人员的精神文化生活。重视城乡、区域文化协调发展。2008年政府工作报告提出加大政府投入，构建覆盖全社会的公共文化服务体系，特别加强社区和乡村文化设施建设，建设乡镇综合文化站。推进农家书屋、农村电影放映工程、广播电视村村通工程。10月，党的十七届三中全会要求繁荣农村文化，把社会主义核心价值体系融入农村文化建设。2011年，党的十七届六中全会部署了建设社会主义文化强国重大战略。这些指示充分体现了国家对农村文化建设的高度关注和重视。

13. 广泛开展农业技术培训

2008年，农业部实行整村推进开展农业科技知识和实用技术培训。2010年后，农村劳动力培训被纳入国民教育体系。2012年的中央一号文件要求开展农村实用技术培训，设立大学生特岗计划，选拔其到乡镇推广农业技术。对符合条件的返乡创业青年农民工给予创业补助和贷款支持，培养新型职业农民。

六　2013年至今，全面建成小康社会

2012年12月，中央农村工作会议在北京召开，会议总结了过去10年农业农村的发展成就。分析了当前和今后“三农”工作的新形势，决定开展以下几个方面的工作：

1. 创新农业生产经营体制

党的十八大要求构建新型农业经营体系。发展多种形式的新型农民合作组织和多元服务主体。提高农民组织化程度，实现与市场的有效对接。2013年的中央一号文件就上述内容做了详细规定。其中，首次提出发展“家庭农场”，鼓励城市工商资本到农村开办企业经营种养业。

这是利用社会力量改造传统农业，建设现代农业的新思路。集约化、组织化的现代农业发展思路是中国农业经营方式转变的方向和目标。文件还强调改善农村金融服务，支持新型农业生产主体信贷。2014 年 11 月 6 日，中共中央办公厅、国务院办公厅印发了《关于引导农村土地经营权有序流转发展农业适度规模经营的意见》。因此，完善创新新型农业经营体系是当前解决农业问题，推动农村经济发展的重要途径。

2. 保障农民收入，确保粮食安全和供给

中国向来对粮食安全高度重视，2013 年、2014 年中央一号文件强调保障国家粮食安全，提出稳定农业生产的一系列政策措施。为保障粮食生产，2017 年 1 月 9 日，中共中央、国务院印发了《关于加强耕地保护和改进占补平衡的意见》，提出到2020 年，全国耕地保有量不少于 18.65 亿亩。

中央农村工作会议提出在今后一段时间，农民收入应与城镇居民收入同步增长，并力争超过城镇居民收入。党的十八大提出 2020 年城乡居民人均收入比 2010 年翻一番。实现农民收入翻番是“三农”工作的重要目标。2013 年中央一号文件提出进一步健全农业支持保护制度，搭建重要农产品抵御市场风险的保护网，让农业获得合理利润。强化农民各类土地承包经营权的物权保护，提高农民在土地增值收益中的分配比例。

3. 统筹城乡发展

2013 年中央一号文件提出统筹城乡发展，缩小城乡差距的具体措施，第一，加强农村基础设施建设。第二，大力发展农村社会事业。第三，加快户籍制度改革，有序推进农民工在城镇落户。2013 年 12 月 12 日，中央召开了改革开放以来首次城镇化工作会议。随后，2014 年 3 月 12 日，国务院印发了《国家新型城镇化规划（2014—2020 年)》，2014 年，国务院印发了《关于进一步做好为农民工服务工作的意见》。2016 年 2 月 2 日，国务院印发了《关于深入推进新型城镇化建设的若干意见》。这些文件对统筹城乡发展提出了具体思路。

4. 健全社会保障制度

2014 年，国务院印发了《关于建立统一的城乡居民基本养老保险制度的意见》，2016 年 1 月 3 日，国务院印发了《关于整合城乡居民基本医疗保险制度的意见》，要求城乡居民医保制度政策实现统一覆盖范围、统一筹资政策、统一保障待遇、统一医保目录、统一基金管理、统一定点管理。2017年8月31日，国家医保异地结算系统以及医疗保险统筹实现地区流通联通，9月底，全面完成全国互联网和跨省直接结算。

5. 完善城乡义务教育改革

2015年11月25日，国务院印发通知，改革城乡义务教育经费保障机制，明确从2016年春季学期开始，统一城乡义务教育学校生均公用经费基准定额，2017年春季学期开始，实行城乡统一的义务教育学生“两免一补”政策。2016年2月，国务院印发统筹推进县域内城乡义务教育一体化改革发展的意见。推进部署了城乡义务教育一体化改革。

6. 开展现代农业综合配套改革试验

2012年12月31日，中共中央、国务院印发了《关于加快发展现代农业进一步增强农村发展活力的若干意见》。2013年3月，国务院召开全国春季农业生产工作会议，会议强调农业基础薄弱、农村发展滞后、城乡差距较大的局面尚未根本改变，保持粮食和重要农产品供求平衡是一项长期艰巨的任务。4月，国务院常务会议部署开展现代农业综合配套改革试验工作，确定黑龙江省试点开展试验工作。会议就发展现代农业提出了任务。2015年1月1日，中共中央、国务院印发了《关于加大改革创新力度　加快农业现代化建设的若干意见》。2月8日，中共中央、国务院印发了《关于落实发展新理念加快农业现代化实现全面小康目标的若干意见》。

7. 推进农业供给侧结构性改革

2013年12月23日，中央农村工作会议举行，习近平就推进农村改革发展若干方向性和战略性重大问题做出阐述。

2016年5月30日，中共中央、国务院印发了《关于深入推进农业供给侧结构性改革加快培育农业农村发展新动能的若干意见》，2017年，中央提出农业供给侧结构性改革，要求农业生产确保国家粮食安全，满足市场需求变化。实现优化农业生产结构，提高生产效率，实现农业绿色生态可持续发展，增加农民收入的改革目标。

8. 加快推进生态文明建设

2015年2月8日，中共中央、国务院印发了《加快推进生态文明建设的意见》，制定发布了生态文明体制改革总体方案，全面推进生态文明建设。

9. 全面脱贫攻坚

中国的减贫脱贫成就举世瞩目，2015年10月16日，2015减贫与发展高层论坛在北京举行。11月27日，中央扶贫开发工作会议举行，29日，中共中央、国务院印发了《关于打赢脱贫攻坚战的决定》。2016年4月23日，中共中央办公厅、国务院办公厅印发贫困退出机制的意见，明确贫困人口、贫困村、贫困县在2020年以前有序退出的标准和要求。

第四节 研究方法

本书的研究方法有如下思考：

（1）在指导思想上，坚持唯物史观。尊重历史、实事求是、具体情况具体分析。

（2）在研究理念上，尊重科学规律。坚持实事求是的治史精神和历史唯物主义的分析方法，把问题、经验当作一定历史条件下的历史过程去研究。弘扬成功经验与吸取失败教训同等重要，都是党的宝贵财富。

（3）在具体方法上，运用文献研究法和实地调查法。搜集、鉴别、整理相关文献，通过查阅、检索相关已出版的专著、已发表的学术论文、学位论文和统计公报等文献，对涉及改革开放以来“三农”问题的相关文献进行分类整理，分析研究，完成历史回顾。深入调查地区，实地调查“三农”问题的现存矛盾，调查当地解决“三农”问题的实际情况，获取真实资料。

（4）在辅助方法上，为更好地发挥研究的社会服务功能，尝试运用多种研究方法，即历史比较法、分期、分层次研究法、纵横比较法、社会历史发展考察方法等，把党解决“三农”问题的经验放到中国社会的发展动态系统中去研究。

本书在资料分析过程中，从多学科角度，综合运用定性、定量分析、规范分析与实证分析、归纳与演绎、历史与逻辑、理论与政策分析相结合的分析方法。

1. 定性分析与定量分析

本书在资料分析过程中，查阅大量统计资料，定性分析与定量分析相结合，分析改革开放以来，中央解决“三农”问题的相关措施、政策以及效果。

2. 归纳与演绎

分析改革开放以来“三农”问题的实际情况和存在的问题，进行归纳与分析，从而能够更好地解决“三农”问题，促进农村社会全面发展。

3. 历史分析

本书研究的目的在于回顾“三农”问题，研究发展历程和经验总结，通过历史与逻辑分析的方法，总结“三农”问题的经验教训，可以明确“三农”问题的解决路径、经验等。

4. 理论分析与政策分析

本书以马克思主义理论为指导，运用这些理论分析解决中国“三农”问题的政策思路。

改革开放以来，中国共产党不断分析研究制约农业农村进一步发展的因素，总结农业、农村发展的新成就和经验，在发展中积极探索解决农业农村发展问题的有效途径，坚持农业的基础地位，不断调整和改变农村生产关系，统筹城乡经济社会协调发展，推进农业向规模化、现代化发展转型。坚持科教兴农，连续出台解决“三农”问题的政策，并持续不断地对政策进行升级改造，虽然，国家在农业农村发展方面取得了巨大发展成就，但是“三农”问题依然存在，需要去研究和总结。

第二章

农村扶贫开发历程

第一节 农村扶贫历程

自 1949 年新中国成立以来，中国一直都在和贫困作斗争。多年来，中国政府实行了有效的政策措施来解决贫困人口的温饱问题，在反贫困方面取得了国际社会公认的成就。

中国农村的反贫困历程，同时也是农村经济发展，中国实现工业化和现代化战略的过程。中国农村的贫困问题在经济发展的每个阶段都不尽相同，因此，扶贫工作也表现出明显的阶段性特征。

一 新中国成立后的农村扶贫回顾

革命时期国家经历了长期战乱，新中国成立后百废待新，在农村进行的土地改革使贫困农户拥有了生产资料，温饱问题得以解决。1949—1977 年是中国进行工业化和现代化建设的初期阶段，当时，农产品价格较低，但也为国家现代化建设提供了原始积累。但是，农业生产过度集体化严重影响了农民的生产积极性。又加之遭遇三年“自然灾害”和“文化大革命”，土地的生产效益持续下降，农村重新陷入普遍贫困境地。1949—1977 年，普遍贫困状态下，农村贫困救助主要是救济式扶贫，表现为群众自救和国家救助相结合，国家通过公社，利用集体经济资源进行贫困救助，建立了合作医疗制度、“五保”制度等。

二 体制改革推动的发展式扶贫（1978—1985 年）

1978 年党的十一届三中全会开始，中国启动了市场经济改革，实行了对外开放政策，农村实行了一系列体制改革，促进了农村生产力发展，有效减少了贫困人口。

第一，家庭联产承包责任制打破了“平均主义”的分配方式，极大地激发了农民的生产积极性，促进了农村生产力的发展。1978—1984年，农业保持了年均7.4%的增长率，粮食总产量从30477万吨增加到40731万吨，年均增长5.6%，1984年的棉花、油料产量分别是1978年的1.89倍、1.28倍。1978—1984年，猪牛羊肉总产量增加了79.9%，水产品增加了32.8%。农村居民人均纯收入由1978年的133.6元增加到1985年的268.9元。①

第二，形成了市场化取向的农产品价格形成和流通体制。粮食征购数量减少，农村集市放开，农产品价格提升，农民收入大幅增加。18种主要农产品收购价格提价，平均增幅为24.8%②，同时，中央放开了农产品价格和农产品集市贸易。

第三，国家放松了农民进城务工的限制，农民通过务工获得非农收入，促进了农村经济发展，提高了农民收入。

第四，乡镇企业蓬勃发展，吸纳了大量农民在当地就业，农民获得了工资收入，直接推动了小城镇的建设与发展。

在此阶段，这四项制度改革手段减缓了农村贫困的发生。从1978年到1985年，中国农村的绝对贫困人口由2.5亿人下降到1.25亿人，平均每年减少贫困人口1786万人，贫困发生率从30.7%下降到14.8%，年降9.4%。政府减贫工作成效显著。③ 政府的扶贫措施主要有：第一，1980年，为支持“老少边穷”地区发展，中央财政设立了5亿元发展资金支援经济不发达地区。第二，从1982年开始，国务院有计划地对“三西地区”（甘肃省定西、河西地区，宁夏回族自治区西海固地区）每年投入财政资金2亿元，建设期为10年，开展扶贫开发

① 蔡昉、王德文、都阳：《中国农村改革与变迁30年历程和经验分析》，格致出版社2008年版，第31页。

② 张磊：《中国扶贫开发政策演变（1949—2005年）》，中国时代经济出版社2007年版，第63页。

③ 张磊：《中国扶贫开发政策演变（1949—2005年）》，中国时代经济出版社2007年版，第5页。

建设。第三，从1984年开始，中央划定了18个重点扶贫的贫困地带①，并以“以工代赈”形式开展贫困地区基础设施建设项目扶贫。

这些措施缓解了当时中国农村普遍贫困的状况，在一定程度上积累了扶贫开发工作经验。

三 县域开发式扶贫（1986—2000年）

随着市场经济的不断发展，农村改革边际效益下降，农村经济增长陷入停滞，农民收入地区差距逐渐被拉大，从1986年开始，国务院成立了“贫困地区经济开发领导小组”，统一规划指挥全国农村反贫困工作，国家开始实施政府主导下的有计划的、大规模区域性开发扶贫。对集中连片的贫困人口重点区域划出331个国家重点扶贫县，由国家投资扶贫。第一，明确了开发式扶贫的方针。即利用贫困地区自然资源进行开发性生产建设，重点解决温饱问题，辅之以国家必要支持，帮助贫困人口逐步形成自我发展能力。第二，国家确定了贫困认定标准，以县为单位实施反贫困计划。第三，继续实施“以工代赈”“三西扶贫”和“支援经济不发达地区发展资金”政策，同时开始实施信贷扶贫。以上措施在一定程度上持续减少了贫困人口，弥补了当时农村经济增长速度放缓导致的减贫不足，到1993年年底，农村贫困人口减少到8000多万人，贫困发生率下降到8.7%。②

1994—2000年是国家实施扶贫攻坚的阶段，1994年3月，国家为减贫，特别是减少绝对贫困人口，制订了《“八七”扶贫攻坚计划》，旨在用7年时间，到20世纪90年代末，基本解决8000多万贫困人口的温饱问题。并根据1992年农村人均收入小于400元的标准重新划定了592个贫困县。1996年后，中央在贫困地区大规模开展针对贫困村、贫困户的开发式扶贫，并大幅增加了扶贫资金。同时，世界银行、亚洲开发银行等国际组织也给予了中国扶贫资金支持。目标是通过扶贫攻坚，使592个贫困县的贫困户人均收入达到500元以上，逐步改善基础设施和文教卫生条件，为脱贫创造基础条件。1996年，国家出台了

---

① 张磊：《中国扶贫开发政策演变（1949—2005年）》，中国时代经济出版社2007年版，第75—76页。

② 中国国家统计局：《中国统计摘要》，中国统计出版社2005年版，第104页。

《关于尽快解决农村贫困人口温饱问题的决定》，改革扶贫资金管理，增加扶贫投入；扶贫工作到村到户；扶贫工作党政一把手责任制等重大政策。此后，国家每年增加扶贫资金投入，仅1998年就增加至183亿元。1999年7月，中央扶贫工作会议指出，农村贫困人口的温饱问题基本解决，1994—2000年，农村绝对贫困人口减少了5400万，贫困发生率下降到3.5%。[①] 这表明“八七”扶贫攻坚计划目标基本实现。这标志着中国农村贫困由普遍的、绝对性贫困状态转变为点状贫困分布和相对贫困状态。

此阶段，形成了以政府为主体的国家扶贫治理结构，根据《国家“八七”扶贫攻坚计划》，国家开展了有计划的、大规模扶贫行动，呈现规模化、常态化治理贫困。这个时期也是中国农村劳动力转移高速发展时期，国家出台了一系列规范和政策，鼓励农村劳动力转移和流动以增加农民收入，从而实现脱贫致富。

四　参与式村级扶贫开发（2001—2010年）

2001年6月，国务院出台了《中国农村扶贫开发纲要（2001—2010年）》。进入21世纪以来，中国经济持续高速发展，但城乡差距、区域之间的差异日趋扩大，中央提出全面建设小康社会的目标，把扶贫对象由绝对贫困人口调整为绝对贫困人口和低收入人口，把592个贫困县进一步细化为14.8万个重点村，确定了“整村推进”的参与式村级扶贫开发实践。对700多万生活在自然条件极端恶劣地区的人口实施了扶贫移民。从2001—2010年，272个中央党政机关、民主党派、社会团体、大型国企定点帮扶481个贫困重点县。直接投入资金、物资累计90.9亿元，外派挂职扶贫干部3559人，培训贫困重点县各类人员168.4万人。东部6个省、3个直辖市、6个计划单列市对口帮扶西部11个省市区，无偿援助西部44.4亿元，企业投入扶贫2500亿元，开展技术培训22.6万人次。[②] 2005年以来，国务院扶贫办与其他有关部门、国际金融机构、NGO组织合作，在贫困地区建立了“扶贫互助组”

① 中国国家统计局：《中国统计摘要》，中国统计出版社2005年版，第104页。

② 范小建：《中国农村扶贫开发纲要（2011—2020年）》，中国财政经济出版社2012年版，第25页。

组织，设立“村级互助资金”，发展“社区主导型发展”等扶贫组织来有效减贫。据测算，2000—2011 年，我国利用各类外资 5.6 亿元投入到扶贫领域[①]，开始了村级扶贫实践新探索。2007 年，贫困发生率下降到 1.6%。[②] 自 2007 年开始，国家采取以开发扶贫为主，辅之以社会救助的扶贫方式。2008 年 5 月，国务院扶贫办下发了《关于共同促进整村推进扶贫开发工作的意见》，对人口较少民族中尚未实施整村推进的 209 个贫困村，内陆边境 48 个国家贫困县中 432 个尚未实施整村推进的贫困村，307 个革命老区县里尚未实施整村推进的 24008 个贫困村，加大扶贫工作力度。[③]

此阶段，全国范围开展了以贫困村为重点的“整村推进扶贫工作”，建立了以劳动力转移培训、产业开发为体系，“一体两翼”整村推进扶贫治理工作，农村环境得到治理优化，建设完善了农村基础设施。

五 实施连片特困地区扶贫开发（2011—2013 年）

2011 年 12 月，国务院印发了《中国农村扶贫开发纲要（2011—2020 年）》，主要以 2020 年全面建成小康社会的奋斗目标为主。2011 年 11 月，中央决定把农民人均纯收入 2300 元作为国家扶贫新标准。与此相对应，2011 年 7 月，国务院扶贫办统计出国家贫困线标准以下贫困人口为 2324.8 万人。[④]

改革开放以来，中国的农村扶贫开发成就举世瞩目，经过持续努力，部分地区实现了整体脱贫，但是大山区和西部少数民族地区贫困人口集中，生存环境恶劣，基础设施薄弱，社会形态特殊。这些连片特困地区扶贫开发难度重重，贫困问题积重难返。因此，国家决定实施连片特困地区扶贫攻坚开发工程，以区域发展带动扶贫开发。2010 年 2 月 4

---

① 范小建：《中国农村扶贫开发纲要（2011—2020 年）》，中国财政经济出版社 2012 年版，第 25 页。

② 蔡昉、王德文、都阳：《中国农村改革与变迁 30 年历程和经验分析》，格致出版社 2008 年版，第 178 页。

③ 顾仲阳：《我国将确保 2010 年底前完成三类贫困村整村推进》，人民网（http://news.sohu.com），2008 年 6 月。

④ 国务院扶贫开发领导小组办公室：《中国农村扶贫开发纲要（2010—2020 年）干部辅导读本》，中国时代经济出版社 2012 年版，第 41 页。

日，温家宝在中央举办的省部级主要领导干部《深入贯彻落实科学发展观加快经济发展方式转变》专题研讨班讲话，要求把贫困程度较深的连片贫困地区作为扶贫开发的重点。7 月 5 日，温家宝在中央西部大开发工作会议上提出把南疆地区、青藏高原东缘地区、武陵山区等连片困难地区作为扶贫开发重点。10 月 18 日，党的十七届五中全会通过了《中共中央关于第十二个五年规划的建议》，强调加快解决连片贫困地区的贫困问题。2011 年 3 月 2 日，国务院扶贫开发领导小组全体会议提出，对连片特困地区要探索综合治理的有效途径，予以特殊政策扶持。11 月 29 日，中央扶贫开发工作会议提出全面推进连片特困地区扶贫攻坚，并将武陵山片区作为开展区域发展与扶贫攻坚的试点。2011 年 5 月，中共中央、国务院印发了《中国农村扶贫开发纲要（2011—2020 年）》，以往扶贫开发工作的重点为重点贫困县、贫困村，《中国农村扶贫开发纲要（2011—2020 年）》确定六盘山区等 11 个区域为连片特困地区，再加西藏、四省藏区、新疆南疆三地州，将这些区域确定为新一轮扶贫攻坚主战场。2011 年 7 月至 2012 年 12 月，国务院扶贫办和国家发改委先后编制完成了《武陵山片区区域发展与扶贫攻坚规划（2011—2020 年）》等 11 个片区规划，并报国务院批准实施。2013 年中央一号文件要求全面实施连片特困地区区域发展与扶贫攻坚规划，加大扶贫开发投入。

这一阶段，中国农村扶贫开发战略有了重大创新，确定了新一轮扶贫攻坚的目标、任务和方略。重点对连片特困地区实施扶贫攻坚，基本思路为区域发展带动扶贫开发，同时，扶贫开发又促进区域发展。

六　实施精准扶贫战略（2014 年至今）

习近平于 2013 年 11 月首次提出“精准扶贫”思想。2014 年年初，中央制定了精准扶贫工作机制，“精准扶贫”成为中国扶贫减贫的指导思想。2015 年 1 月，习近平在调研时强调精准扶贫，确保 2020 年全国贫困人口脱贫。进一步提高扶贫精准度，成为摆在各有关部门和扶贫干部面前的一项重要任务。

2015 年中央一号文件指出，集中连片特困区依然是农村扶贫开发的重点，要求加快集中连片特困区扶贫规划。为动员社会各界参与扶贫，要求各地完善干部驻村帮扶制度，为贫困村和贫困户建档立卡，健全组织机制，制定、落实帮扶措施，搭建社会参与扶贫开发平台。2015年10月16日，习近平在2015年减贫与发展高层论坛上强调，增加投入，扶贫攻坚要注重六个精准。2015年10月26日，党的十八届五中全会召开，提出全面实施精准扶贫政策。11月27日，中央扶贫开发工作会议举行，29日，中共中央、国务院印发了《关于打赢脱贫攻坚战的决定》，要求到2020年，每年要减贫1170万，实现最后7000多万贫困人口脱贫，贫困县整体脱贫。对脱贫攻坚总目标、原则、扶贫措施、政策保障和支撑体系做了详细规定、要求。并提出了产业扶持、转移就业、易地搬迁、教育支持、医疗救助等扶贫途径。提出了具体扶贫攻坚措施：第一，支持贫困地区基础设施建设，重点支持革命老区、民族地区、边疆地区、连片特困地区基础设施建设。第二，增加财政扶贫投入。第三，引导各类金融机构开展多种金融扶贫。第四，健全东西部协作扶贫机制、定点扶贫机制和社会力量参与机制，动员全社会力量合力攻坚。第五，强调落实各级党委和政府脱贫攻坚责任。第六，实行最严格的考核督察问责机制，严惩虚报冒领、截留私分、贪污挪用、挥霍浪费扶贫资金四类行为，保障专项扶贫资金安全、高效运行。

2016年中央一号文件强调实施脱贫攻坚工程，实施因人因地、分类扶持贫困家庭的精准脱贫理念。提出产业扶持、转移就业、易地搬迁等措施，解决5000万左右贫困人口脱贫；并提出实行社保政策兜底脱贫；实行脱贫工作责任制，实行最严格的脱贫考核督察问责机制。把民生项目、惠民政策最大限度向贫困地区倾斜。要求各级政府广泛动员社会力量积极参与扶贫开发。

为实现精准扶贫，提高扶贫资金有效利用率，加强贫困监测，建立健全贫困县考核、约束、退出等机制，2016年4月23日，中共中央办公厅、国务院办公厅印发了《关于建立贫困退出机制的意见》，明确贫困人口、贫困村、贫困县在2020年以前有序退出的标准和要求。2016年9月，国务院办公厅发布通知，指导农村最低生活保障制度与扶贫开发两项政策衔接。具体来说，到2020年，对完全或部分丧失劳动能力的2000多万人口实行社保政策兜底脱贫，这一类贫困人口自主脱贫能力差。这项政策也是基于资源有效整合的考虑，两项制度的实施与运行能更精准地识别贫困对象、精准帮扶贫困户脱贫。同时，又减轻行政部门的运作负担，提高了救助资金等资源利用效率，以便达成“应保尽保”的目标。

2017中央一号文件提出扎实推进脱贫攻坚各项政策措施，强化脱贫攻坚支撑保障体系，深入推进重大扶贫工程，严格落实、考核各级政府扶贫责任，注重提高已脱贫地区和个体的脱贫质量，监督管理贫困县的扶贫资金和涉农资金。

到2020年以前，除了社保政策兜底脱贫的2000多万贫困人口，还要解决5000万左右贫困人口脱贫。这个阶段，农村扶贫瞄准了贫困人口和贫困村，扶贫工作强调区域精准和个体精准，因地制宜，根据具体情况实施了精准扶贫、精准脱贫措施。

第二节　农村扶贫的经验总结

中国是最早提前实现千年发展目标中减贫目标的发展中国家。中国的扶贫成就得到了国际社会的认可和称赞。几十年农村扶贫，中国政府积累了一些有效的扶贫经验和方法。

一　农村扶贫的政策路径

1. 整村推进

整村推进是开发式扶贫的重要内容之一，以村为单位，利用较大规模的资金和资源，建设贫困农村基础设施，发展适合当地的产业，使各类项目相互配合以取得最大的综合效益，短期内提高贫困人口摆脱贫困的能力。到2002年，全国一共有148051个贫困村，其中中西部地区占88.4%①，进行了村级扶贫开发规划，整村推进的项目选择借助参与式方法，即强调发挥村民的主观意愿，以道路建设、饮水条件工程、沼气、学校建设、移民搬迁、产业开发六类为主。截至2010年年底，全国有12.6万个贫困村实施了整村推进②，占贫困村总数的84%。

① 张磊：《中国扶贫开发政策演变（1949—2005年）》，中国时代经济出版社2007年版，第8页。

② 国务院扶贫开发领导小组办公室：《中国农村扶贫开发纲要（2010—2020年）干部辅导读本》，中国时代经济出版社2012年版，第89页。

2. 产业扶贫

产业扶贫要求建立贫困户能够直接参与的增收致富产业，产业扶贫到村到户，实现“一户一项”增收项目，从而实现持久稳定脱贫。连片产业开发是产业扶贫近年来的成功经验，其做法是以村庄为单位，因地制宜发展当地特色优势产业，选取的特色产业是依据当地的自然资源条件、已有的产业基础、人力和配套设施，具有深厚种养传统，在一定区域内具有市场优势和发展前景的产业。产业扶贫还要求积极培育和支持农村的中小微企业，中小微企业和种植农户之间存在紧密的市场销售合作关系。同时，农业专业合作社提高了农民的组织化程度，所以，支持农村种养大户、能人、经纪人举办合作社，加大对农业合作社的金融和技术指导支持也是产业扶贫的重要部分。政策性银行对贫困地区设立专项扶贫贷款，村镇银行的蓬勃发展，增加了小额信贷支持，推动扶贫特色产业发展。

扶贫产业基地建设是农业产业化发展的重要载体，龙头企业在基地中与合作社、农户订立长期合同，支持市场流通建设，实现产销对接，有效规避了产业发展中的市场风险。

3. 劳动力转移扶贫

自改革开放以来，国家逐步放松了农民进城务工的限制，近些年，很多县加强培训农民技能，有组织地输出农民去沿海发达地区就业，农民通过务工获得了工资收入；再加上乡镇企业蓬勃发展，吸纳了大量农民在当地就业，获得的非农收入促进了农村经济发展，提高了农民收入，很多农民因此而脱贫致富。

4. 生态移民扶贫

中国地貌复杂多样，一些地区自然条件恶劣，一部分贫困农民生活在不适宜人类生存或者条件艰苦无法生活的地区，这是导致农村贫困的重要原因，对于自然条件恶劣，生态环境脆弱的生态功能区，资源匮乏，自主发展能力不足，返贫率高，只能实施生态移民扶贫。

自改革开放以来，中国政府大力扶贫，持续不断地以多种措施减贫，为全面建成小康社会补齐“短板”。扶贫开发也是扩大国内需求、促进经济增长的重要途径。对面临经济下行压力的我国经济大有助益。扶贫工作是巩固党的执政基础，实现国家长治久安的重要基础工程。

二　农村扶贫的思路及手段

回顾我国农村扶贫历程，第一，实现了从普遍扶贫→贫困县→贫困村→贫困户的扶贫对象逐步精准；第二，扶贫内容从物质、经济救助→区域开发式扶贫→整村推进扶贫→社保兜底的保障性扶贫转变，逐步实现了扶贫内容精准；第三，这些农村扶贫政策的演变是每一阶段经济社会发展具体背景下的客观选择，实践证明了我国政府的扶贫政策具有正确性、科学性和与时俱进性。

1. 渐进式扶贫

从最初的减轻贫困到减少贫困再到试图消灭贫困，中国的扶贫是渐进式的。根据经济发展和综合国力提升逐步解决贫困问题，贫困标准适时调整，根据农民人均纯收入水平划定贫困区，再细分为贫困县、村，最大限度地覆盖了贫困人口。

2. 以经济发展来遏制贫困发生

改革开放以来，中国经济连年平稳增长，对持续减贫作用很大。工业化、城镇化为贫困人口增加了非农就业机会，收入增长遏制了贫困发生。通过体制改革，搞活农村经济，千方百计增加农民收入来遏制贫困发生。

3. 政府主导农村扶贫

政府始终把农村扶贫纳入国家整体发展统筹之中。1986 年，成立了国务院扶贫开发领导小组及办公室负责贫困地区扶贫开发工作，省市县逐级成立相应机构保障扶贫政策和具体措施的落实。同年，政府编制国民经济“七五”发展计划，专门编制了“老、少、边、穷”地区扶贫计划。此后，每个“五年”计划都会把扶贫作为重点内容。同时，国家先后于 1994 年制订了“八七扶贫攻坚计划”、《农村扶贫开发纲要》（2001—2010 年），1996 年，制定了《全国科技扶贫规划纲要》（1996—2000 年），2011 年制定了《中国农村扶贫开发纲要》（2011—2020 年）等扶贫战略。1980—2010 年，政府共投入财政扶贫资金 2139 亿元。①

---

① 国务院扶贫开发领导小组办公室：《中国农村扶贫开发纲要（2010—2020 年）干部辅导读本》，中国时代经济出版社 2012 年版，第 24 页。

4. 开发式扶贫

开发式扶贫政策以改善生产条件，开发当地资源，增强自我发展能力为核心和基础，提高了扶贫效果。开发式扶贫主要包括贫困地区基础设施建设、产业扶贫、实用技术培训。

开发式扶贫将扶贫开发和生态保护相结合，对贫困地区开展土地整治、改造，提高了农田质量；治理了中小河流，建设了一批小型农田水利工程；对贫困地区地质灾害及水土流失进行了综合治理；实施了农村饮水安全工程；对牧区游牧民建设了定居点，开展了定居工程；注重贫困地区基础设施建设，开展村村通工程，建设了乡村道路；试点村庄规划和农村危房改造。这些基础设施建设极大地改善了贫困地区的生产生活条件，提高了贫困地区的发展能力。

开发式扶贫还采取产业扶贫的方式，培育和发展贫困地区特色支柱产业，引导支持扶贫龙头企业在贫困地区投资，同时，利用本地自然资源优势，发展旅游业，带动困难农户脱贫。

5. 动员全社会力量合力扶贫

多年来，国家整合一切可用资源投入到扶贫中来，引导全社会力量合力扶贫，实现多元扶贫主体参与扶贫。逐步完善了扶贫协作机制，创立了东部帮扶西部的东西部扶贫协作机制和扶贫工作组进驻贫困村的定点扶贫机制，发展了社会力量参与扶贫机制，动员党政机关、各级组织、企业、志愿者个人参与到扶贫开发中，有效缓解和消除了贫困问题。因此，国家多方寻求国际社会的大力支持合作，引导多元扶贫主体参与扶贫。我国的扶贫资金来源多元化，除了国家专项预算的扶贫资金和地方配套资金以外，国家还引导社会各界捐助资金扶贫，争取世界银行和众多国际组织的扶贫资金支持。其中，与世界银行合作累计投入6.1亿美元，覆盖91个贫困县的800万贫困人口。① 这些机制能够集中在短时间内取得明显的扶贫效果。

以甘肃省为例，2012年，甘肃省在全省开展了以单位联系贫困村、干部联系贫困户为主要内容的广泛深入持久的双联行动。在省市县乡全

① 张磊：《中国扶贫开发政策演变（1949—2005年）》，中国时代经济出版社2007年版，第29页。

面动员，双联单位联系贫困村，双联干部联系贫困户，全力帮扶脱贫。

6. 精准帮扶和集中连片开发扶贫

2015年11月23日，中共中央政治局会议审议通过了《关于打赢脱贫攻坚战的决定》，要求到2020年，实现最后7000多万贫困人口精准脱贫。这个时期，我国扶贫开发已进入攻坚冲刺期，中央把精准扶贫、精准脱贫与特殊困难地区紧密结合，广泛动员全社会力量参与扶贫，实施精准扶贫方略。

党的十八大以来，习近平总书记提出了“扶贫先扶志”“扶贫必扶智”，强调大力加强农村基础教育和农民职业培训。提高农村人口文化素质，也是扶贫方式的创新。

7. 多途径的行业扶贫手段

在扶贫过程中，中央根据扶贫面临的实际情况，在不同的时代背景下提出了不同脱贫手段和措施，各个行业参与农村扶贫是中国扶贫的重要特色。

行业扶贫是国家发挥宏观调控的职能，有效整合国家财力、物力、人力，发挥各行业部门的减贫功能，并规划各行业在扶贫开发中的相应目标和相互配合机制，合力形成对贫困地区的“特惠政策”及良好发展环境。行业扶贫要求各行业、各区域通过政策制定、制度设计、资金项目安排等方面向贫困农村地区倾斜，“多予少取放活”，加大对农业的投入，为农民增收创造条件，完善落实各项农业补贴政策，加大对农村社会公共事业的投入。行业扶贫集中和组织了全社会的力量，各行业部门参与扶贫开发工作，发挥了社会主义制度的集中制优势，是中国特色扶贫开发最为重要的成功经验。

行业扶贫采取了多途径的手段来减贫，主要有：第一，财税减贫，政府每年按照财政收入的增长幅度同比增加地方财政扶贫资金，加大财政扶贫投入力度；引导增加信贷扶贫，扩大扶贫贴息贷款，对贫困地区农产品加工企业三年免征所得税，对企业用于扶贫公益事业的支出，所得税进行税前扣除。第二，金融扶贫，对扶贫重点地区农户实施小额信用贷款和农户联保贷款，执行优惠利率，满足贫困农户发展生产的资金需求。增加农业保险险种，对贫困地区农业保险参保农户给予中央财政保费补助。鼓励和引导各类金融机构加大对贫困农村地区的金融支持。

第三，投资扶贫，国家将大型建设项目、重点工程和新兴产业布局向贫困地区倾斜，实施基础设施建设，生态环境保护，公路铁路建设，贫困户危房改造，国土整理，有线电视、电话、互联网“三网融合”工程，促进贫困人口在扶贫开发中获得收益。第四，教育扶贫，通过免除中等职业学校农村家庭经济困难学生和涉农专业学生学费，对贫困学生接受职业教育给予补助、国家助学政策给予资助等办法助力扶贫。第五，科技扶贫，各级科技部门选派技术人员培训农户掌握先进实用技术，更新致富观念，培养一批科技致富带头人。同时，鼓励教育、科技、卫生人员到贫困地区服务，相关机构为贫困地区培养实用技术人才。第六，文化扶贫，为贫困地区建设文化馆、站、室、农村大戏台等公共文化服务设施。第七，妇女扶贫，各级妇联针对贫困地区农村妇女实施“创业兴家”扶贫工程，发挥妇女的作用来摆脱贫困。第八，医疗卫生扶贫，建立基层医疗卫生组织，降低药品价格，控制医疗成本，改善农村医疗卫生条件。同时，补偿参加农村合作医疗的贫困农民，提高参合率和报销率，避免农民“因病致贫”。

8. 强化社会保障、社会救助扶贫

农村最低生活保障制度也是国家重要的反贫困措施。逐步提高农村最低生活保障和“五保”供养水平，扶贫开发和农村最低生活保障制度有效衔接。健全自然灾害救助体系，推进新型农村社会养老保险制度，加快农村养老机构和服务设施建设，健全养老服务体系，这些社会保障措施有效遏制了贫困发生。在党的十七届三中全会上，国家确定将农村最低生活保障作为贫困群众的“兜底式”保障，在精准确定扶贫对象的基础上，建立一套农村低收入家庭信息系统，多部门共同参与、科学分类扶贫。2009 年，国务院扶贫办与民政部联合下发通知，试点扶贫开发和农村最低生活保障制度的有效衔接，在河北、江苏等 11 省（自治区、直辖市）的 340 个乡镇、5955 个行政村开展试点工作。5 月，国务院扶贫办等部门下发试点工作实施方案。2010 年 5 月，国务院办公厅转发通知，将试点范围扩大到 80% 以上的国家开发扶贫重点县。

实现农村最低生活保障为农村困难群众提供“兜底式”保障，政府给予物质救助维持其基本生存，对贫困线以下农民应保尽保，保障标准和水平逐步提高；而对于有发展能力的贫困人口给予扶持，促其脱贫致富。为了实现农村最低生活保障与扶贫开发的有效衔接、精准扶贫，2009年年初，国务院扶贫办和民政部联合发文在河北等11个省（自治区、直辖市）的5955个行政村开展试点工作。试点工作探索了农村最低生活保障与扶贫开发有效衔接的办法，将扶贫对象分为“五保户”、低保户、低保扶贫户三类。在识别扶贫对象时采取农户申请、村组评议、县扶贫部门审批的逐级公示流程，并对低保和扶贫对象实行动态进出管理。

9. 扶贫档案信息化管理

为了实现扶贫信息化管理，一些省份基于大数据管理建设了精准扶贫大数据管理平台。扶贫大数据管理平台集采集、统计、分析贫困户基本状况、致贫原因以及追踪、考核各级部门扶贫措施及效果于一体，是多功能的综合性管理系统。同时，精准扶贫大数据管理平台的数据化管理扶贫信息，可以实现不同扶贫部门信息共享，对于识别和摸清扶贫对象的规模、构成，了解致贫因素提供了重要的参考依据，为精准脱贫科学决策提供依据。

2015年6月，甘肃省建立了精准扶贫大数据管理平台，这是全国第一个精准扶贫大数据管理平台，将每一个贫困户信息采集表数据录入系统，形成户级、村级、县级数据结构，嵌入大数据云平台，精准掌握每一个贫困户的信息。管理系统涵盖从省级到村级5个层次，包括5个管理子系统。通过大数据平台，可以对各地贫困户信息采集录入情况进行综合分析，可以了解全省每户贫困人口的家庭收入、人口、致贫原因、健康状况、子女教育等基本情况；点击系统中任意一户贫困户，可以对每户所得到的精准扶贫贷款、危房改造、教育扶贫、卫生扶贫等各项政策措施落实进度进行专项分析，实现了对各类扶贫措施叠加到户的成效分析。也可以对全省每年预脱贫人口的对象分布、地域分布等情况进行全面分析；对贫困村、贫困户扶贫措施落实不到位情况进行预警。督促、考核各级政府落实扶贫工作成效。信息化的扶贫管理，为贫困户精准实施脱贫措施提供了有效依据。近几年，甘肃扶贫开发工作成绩斐然，从2012年至2017年年底，贫困人口由692万人减少到189万人。[①]

---

① 唐仁健：《2018年甘肃省政府工作报告》，每日甘肃网、《甘肃日报》2018年2月，http：//gansu. gansudaily. com. cn。

第三章

农村社会事业发展历程

第一节　农村社会保障发展历程和经验

农村社会保障制度目的是弥补市场竞争和按劳分配的不足，救助农村弱势群体，调解或缓和农村社会中的不平等，对弱势者给予机会均等的补偿，确保农村社会成员在生活发生困难时也可以获得生存保障。因此，农村社会保障制度的价值目标是社会公平。据2014年国民经济和社会发展统计公报年度数据显示，截至2014年年底，5亿人参加了城乡居民养老保险，13亿人参加了各类医疗保险，基本实现了社会保障城乡全覆盖。

一　改革开放以来农村社会保障制度的发展

（一）探索期

1982年10月，在郑州，国家劳动人事部保险福利局与劳动科学研究所共同主持召开了新中国成立以来的第一次全国保险福利理论研讨会，开始了社会保障制度的探索，1986年4月，六届全国人大四次会议通过了国民经济和社会发展“七五”计划，有步骤地建立具有中国特色的社会主义社会保障制度。

20世纪80年代初，一些富裕农村地区自发建立了社区型的退休养老制度或老人补贴制度。1986年，国务院决定由民政部牵头，建立农村基层社会保障制度试点，重要项目是建立富裕农村地区养老保险。10月，民政部在张家港市召开农村基层社会保障工作座谈会，号召各地积极研究农村社会保障问题。根据各地农村居民生活状况，在贫困地区搞好社会救济和扶贫工作，在已解决温饱的地区，重点兴办福利企业和福利设施，完善“五保”制度，经济发达地区试办以社区为单位的养老保险，探索建立农村社会保障制度。1987年5月和11月，民政部在湖南省岳阳市和河北省石家庄市分别召开了农村社会保障研讨会以及部分试点的座谈会，研讨会关注农村社会保障的理论研究和实践活动开展，提出了办好最低生活保障、合作医疗和社会养老保险，“五保户”的供养实行乡镇统筹的要求。这些实践促进了农村社会保障制度的发展。

（二）建立发展期

2002年11月，十届全国人大四次会议通过了国民经济和社会发展“十一五”规划纲要，要求“十一五”期间基本建立农村医疗、养老等社会保障体系，条件好的地方要探索建立农村最低生活保障制度；健全“五保户”供养、特困户生活补助救助、灾民救助等社会救助体系。

2006年10月，党的十六届六中全会指出，加紧建设社会保障制度。2007年10月，党的十七大报告提出必须在经济发展的基础上，更加注重保障和改善民生，加快建立覆盖城乡的社会保障，保障城乡居民基本生活，推动建设和谐社会。

二　农村社会养老保险

1. 试点农村社会养老保险

农村社会养老保险是为了保障农村居民在其年老丧失劳动能力时获得物质帮助，以保障其基本生活权利的一项制度。我国是存在城乡差别很大的“二元结构”发展中国家，长期以来，社会保障侧重于城镇居民，农村社会保障建设缓慢。中国农村社会养老保险始于1978年党的十一届三中全会通过的《农村人民公社条例（试行草案）》,[①] 改革开放以来，针对农村社会保障滞后的情况，党中央统筹城乡发展，结合各地农村经济社会发展的实际情况，积极探索建立农村社会保障制度。我国最早的农村社会养老保险实践源于1982年，据统计，1982年，中国有11个省份3457个生产队实行养老金制度。年满65周岁的男农民和年满60周岁的女农民领取了每月10—20元不等的养老金。[②] 养老金由

① 刘伯龙等：《当代中国农村公共政策研究》，复旦大学出版社2005年版，第183页。

② 严俊：《中国农村社会保障政策研究》，人民出版社2009年版，第112页。

大队、生产队按比例从队办企业利润和公益金中抽取。“七五”计划（1986—1990 年）提出初步建立中国农村社会保障制度，1986 年 12 月 24 日，民政部向国务院递交了《关于探索建立农村基层社会保障制度的报告》，这个报告是对农村基层社会保障制度的一个初步构思。国务院决定养老保险试点在经济比较发达的地区开展。1987 年 3 月，民政部要求各地农村，尤其是经济发达地区农村，加快建立农村社会养老保险。1989 年，民政部选取北京大兴县、山西左云县作为农村社会养老保险的试点。这些试点地区总结确立了农村社会养老保险的基本原则和具体做法。

20 世纪 90 年代初，部分地区试点农村社会养老保险。1991 年，国家在有条件的地方开展了县级农村社会养老保险的试点。山东省在 50 多个县建立起养老保险基金会，10 月，民政部在山东省牟平县召开了全国农村社会养老试点工作会议，总结、推广山东省的经验。1992 年 1 月，民政部出台了《县级农村社会养老保险基本方案（试行）》，确定农村社会养老保险农民自愿参保，资金筹集以个人交纳为主，集体给予补助，国家给予相应补贴和政策支持。1992 年 7 月民政部在武汉召开了农村社会养老保险工作的经验交流会，介绍了武汉的经验。民政部制定了《农村社会养老保险基本方案》，建立了以非城镇户口、不由国家供应商品粮的农村人口为对象的农村养老保险制度。1993 年，国务院批准成立农村社会保险司，隶属民政部。1994 年，民政部组建了农村社会养老保险管理服务中心，随后，全国各级农村社会养老保险管理机构相继成立。

1995 年，国务院颁布了《关于进一步做好农村社会养老保险工作意见的通知》，提出要根据不同地区经济发展状况建立农村养老保险制度。1995 年年底，农村养老保险参保人数为近 5000 万人，养老保险基金累计 50 多亿元。① 1995 年 10 月，民政部在浙江杭州召开会议，明确要求 2000 年年初争取在有条件的地区初步建立农村社会养老保险制度，2005 年基本建成农村社会养老保险制度。到 1997 年年底，全国建立了

---

① 武力、郑有贵：《中国共产党“三农”思想政策史（1921—2013 年）》，中国时代经济出版社 2013 年版，第 474 页。

农村社会养老保险机构，配备了专职农保工作人员，形成了上下贯通的工作和管理体系，农村社会养老保险制度初步建立起来。1998年，劳动与社会保障部对社会保险开始统一管理，全国各地大部分农村社会养老保险工作出现了困难。1999年7月，国务院指出农村尚不具备普遍实行社会保险的条件，决定停止农村社会养老保险工作和业务。在此背景下，农村养老保险参保人数大幅减少，1998年参保人数8025万人，1999年减少为6460.8万人。2002年，党的十六大报告中提出在有条件的地方，探索建立农村养老制度。2003年，国家指出有条件的地方、有条件的群体是当前农村养老保险工作的重点。从2003年开始，中央逐步加大了解决“三农”问题的力度，在一些有条件的东部地区逐渐开始恢复探索建立农村社会养老保险。2006年，劳动与社会保障部选择了北京市大兴区、山东省招远市等8个县（市、区）试点新型农村养老保险，“新农保”由个人、集体和政府三方共同筹资。2007年，党的十七大报告指出探索建立农村养老保险制度。

2. 建立新型农村社会养老保险制度

2008年，党的十七届三中全会提出建立新型农村社会养老保险服务制度，确定个人缴费、集体补助、政府补贴相结合的筹资办法。农村养老保险制度迎来了发展机遇。

2009年中央一号文件指出，建立新型农村养老保险制度，随后，《关于开展新型农村社会养老保险试点的指导意见》颁布，2009年10月，新型农村养老保险开始在全国试点，首批试点覆盖面为11.8%，并在全国范围内迅速推广建立。新农保参保对象为年满16周岁（不含在校学生）、未参加城镇职工基本养老保险的农村居民。“新农保”筹资实行个人缴费、集体补助、政府补贴相结合，具有保险和福利的双重特征，农民自愿参保。缴费标准设为100—500元五个档次，参保人自愿选择缴费档次，多缴多得。有条件的村集体适当补助，政府对符合领取条件的参保人全额支付新农保基础养老金。地方政府对参保人的缴费补贴不低于每人每年30元。[①] 还为农村残疾人部分或全部代缴最低标

① 武力、郑有贵：《中国共产党“三农”思想政策史（1921—2013年）》，中国时代经济出版社2013年版，第541页。

准的养老保险费。新农保实行“社会统筹与个人账户相结合”。突破了长期以来农民的土地保障依赖模式，激发了农民的参保热情。由此，农村正式的、现代意义的社会保障制度逐步建立并完善。

国家计划到2020年，实现新农保制度在全国范围覆盖。从2009年开始，新型农村养老保险开始在全国选择10%的县（市、区）试点，中央财政拟安排30亿元对东、中、西部的各试点省份给予不同比例的补助。对中西部地区的基础养老金实行全额补助，对东部地区给予50%的补助。规定地方政府应对参保人给予每人每年不低于30元的缴费补贴。

以2007—2011年为例，农村社会养老保险覆盖率逐年上升，由2007年的9.52%增至2011年的47.10%，但仍处于较低水平。2010年，国家扩大新农保试点，重点向老少边穷地区倾斜。2011年，全国15个省实现新农保制度全覆盖，2012年，新农保制度实现全国范围全覆盖。

3. 健全新型农村社会养老保险政策

2012年中央农村工作会议强调健全新型农村社会养老保险政策体系，2013年中央一号文件对健全新型农村社会养老保险政策体系提出了要求，指出要科学合理制定农村社会养老保障水平，建立保障标准的调整机制，加快建设农村社会养老服务体系。探索新型农村社会养老保险与其他形式的养老保险制度衔接整合的政策措施。2014年中央一号文件要求整合城乡居民基本养老保险制度。2015年中央一号文件提出统一城乡居民基本养老保险制度，各地政府支持建设多种农村养老服务机构和设施。2016年中央一号文件提出完善城乡居民养老保险参保缴费激励约束机制，要求各地引导参保人员选择较高缴费档次。加强农村养老服务体系和设施建设，2017年中央一号文件要求完善城乡居民养老保险筹资和保障机制。

三 农村社会救助

改革开放以来，“五保”供养制度和农村最低生活保障制度是农村社会救助制度发展的两个重要内容，同时，国家也加强了医疗救助。

1985年以前，农村社会救助主要以单纯性地发放救灾救济款为主要手段，这种临时性的救助不能长期保障农村贫困户维持生活，1985

年以后，国家把救济和扶贫结合起来，重点扶持“老少边穷”地区。以扶贫项目和工程为贫困地区“造血”，逐步缩小救济款的无偿使用范围。通过大规模扶贫，到2001年，农村贫困人口下降到3000万人，贫困发生率降到3%。[①] 但是，此时国家主要以贫困县或贫困地区为主开展扶贫工作，忽视了瞄准贫困户。

（一）“五保户”供养

国家实施的“五保户”政策是供养农村“三无”人员的救济政策。保障对象是“三无”（无法定抚养人或扶养人、无劳动能力、无生活来源）老人、孤儿、残疾人。

1. 初创“五保户”制度

“五保户”制度初创于1956年6月30日，第一届全国人大第三次会议通过了《高级农业生产合作社示范章程》，章程规定农村集体组织对“三无”人员实行“保吃、保穿、保住、保医、保葬（保教）”，这是最早对“五保”供养制度的详细政策规定。1962年，“五保”供养制度全面建立起来，这个时期的“五保”供养制度是合作社或生产队内部有组织的互助性质的供养。

2. “五保户”制度的调整

1978年后，家庭联产承包责任制在农村迅速推行，集体经济大幅萎缩，改革前依托农村集体经济建立的“五保”制度难以为继。“五保户”制度亟待调整，“五保”供养制度建设工作开始。1981—1983年，全国对“五保”对象进行了普查和登记。

1985年起，各地“五保”供养经费通过乡镇统筹方式解决，并在全国逐渐推广。“五保户”所需的经费和物品由农村集体经济组织以“村提留”方式提供，“五保”供养由乡镇政府负责安排实施。1994年1月23日，国务院颁布实施了《农村五保供养工作条例》，第一次规范了“五保”供养工作的程序、内容、标准、监管等。1997年3月18日，国务院颁布了《农村敬老院管理暂行办法》，确定“五保”对象的供养由农村敬老院承担，供养经费实行乡镇统筹。为补充经费不足，敬

① 张磊：《中国扶贫开发政策演变（1949—2005年）》，中国时代经济出版社2007年版，第7页。

老院既可以接受社会捐赠，也可以发展院办经济和多方融资。同时，文件明确规定了农村敬老院的院务管理制度。

3. “五保户”制度的深化改革

2000 年 3 月 2 日，中共中央、国务院下发了《关于进行农村税费改革试点工作的通知》，启动了农村税费改革工作。农村“五保”供养的乡镇统筹经费模式演变为以“农业附加税”“农业特产税附加”为主，乡镇财政补助。乡镇集中管理“五保”供养资金，村级组织统一使用供养资金，承担“五保户”供养责任。2002 年，政府提出对农村“五保户”实行医疗救助。2004 年，民政部等部委在《关于进一步做好农村五保供养工作的通知》中，提出初步形成以县乡财政为最低统筹单位的新“五保”供养制度。2005 年，民政部、财政部、国家发改委下发了《关于进一步做好农村“五保”供养工作的通知》，农村税费改革后，党中央、国务院明确提出要完善“五保”制度，确保供养资金充足。2006 年 3 月 1 日，国务院颁布实施新修订的《农村五保供养工作条例》，规定“五保”供养资金由地方政府从财政预算中安排，中央财政对困难地区给予适当资金补助。修订后的“五保”供养制度规定救助对象除“三无”村民外，将法定赡养、抚养人无能力赡养、抚养的三类人员也列入供养范围。新条例同时修改了农村“五保”供养的管理审批程序、监督管理办法，加强“五保”供养服务机构建设与管理，保障“五保”供养对象合法财产权利和“五保”供养标准自然增长机制等方面的内容。2006 年 9 月 6 日，民政部等部委下发了《关于贯彻落实〈农村五保供养工作条例〉的通知》，对“五保”供养资金落实、供养标准、工作组织、机构建设等制度做了详细规定。这标志着中国“五保”供养制度进入了一个新阶段。2007 年 6 月，《民政事业发展第十一个五年规划》中提出，要贯彻落实《农村五保供养工作条例》，将符合条件的人员全部纳入“五保”供养范围，根据当地居民平均生活水平适时调整供养标准。同时，从 2006 年开始，利用发行福利彩票筹集的彩票公益金，民政部门从留用的彩票公益金中，划拨一部分资金资助开展“农村五保供养服务设施建设霞光计划”。截至 2009 年，全国共有“五保”供养对象556万人，[①] 基本实现了应保尽保。2010年，国家要求各地农村建设“五保”供养服务设施，地方政府积极加大“五保”供养服务投入。

（二）农村最低生活保障制度

1. 探索期

农村最低生活保障制度最早出现于20世纪90年代。是为了解决临时性社会救济的低层次和低保障率而出现的，1994—2001年是探索期，1994年，国务院第十次全国民政会议确定山西、湖南等省试点开展建立农村社会保障体系建设，山西省阳泉市最早试点建立了农村社会保障制度。1996年年初，全国民政厅局长会议首次提出建立农村最低生活保障制度，印发了《农村社会保障体系建设的意见和指导方案》，确定了发达（山东省烟台市）、中等发达（四川省彭州市）和欠发达（河北省平泉市、甘肃省永昌县）三类地区，试点建设农村社会保障体系。1997年，一些有条件的省市探索建立了农村最低生活保障制度。2001年，全国有河北、浙江等16个省份，1993个县建立了农村低保制度。[②] 2002年，党的十六大提出有条件的地方探索建立农村最低生活保障制度，2004年中央一号文件提出要积极探索建立农村低保制度。

2. 建立及完善

党的十六届五中全会通过了国民经济和社会发展第十一个五年规划，明确指出，有条件的地方要积极探索建立农村最低生活保障制度。2006年12月，中央农村工作会议强调建立全国范围的农村低保制度，中央财政对困难地区给予适当补助。2007年6月，国务院指出2007年要在农村全面建立农村低保制度。7月，国务院发布通知要求在全国31个省（市、区）全面完成农村最低生活保障的建制。7月11日，国务院发布通知，正式在全国建立最低生活保障制度。要求将收入低于国家最低贫困线的农村贫困人口全部纳入最低生活保障制度，以解决其温饱问题。自2007年起，农村最低生活保障制度建立。同时，一些地方还积极探索试点农民工的社会保险和失地农民基本生活保障制度。2008

---

① 童星、林闽钢：《中国农村社会保障》，人民出版社2011年版，第251页。

② 童星、林闽钢：《中国农村社会保障》，人民出版社2011年版，第198页。

年，党的十七届三中全会提出高度重视农村最低生活保障问题，对完善制度提出了明确要求。农村最低生活保障制度的基本目标是为了解决农村贫困人口的温饱问题，满足最低生活需要，实质上也起到了缩小城乡收入差距，维护社会稳定的作用。其保障标准各地均有差异，根据物价水平和农民生活水平的变化而适时调整，保障方式是现金和实物救助相结合，规定资金筹集以地方政府为主。2011 年，全国农村低保平均标准每人每月 143. 2 元。①

3. 农村低保制度与扶贫开发政策有效衔接

据民政部相关统计数据显示，我国农村低保参保人数变化如表 3 – 1 所示：

表 3 – 1　　2006—2013 年我国农村低保参保人数变化情况　　单位：万人

年份	参保人数	新增人数	增长百分比（%）
2006	1593. 1	668. 1	41. 9
2007	3566. 3	1973. 2	55. 3
2008	4305. 5	739. 2	17. 2
2009	4760. 5	455	9. 6
2010	5214	453. 5	8. 7
2011	5305. 7	91. 7	1. 7
2012	5344. 5	38. 8	0. 7
2013	5388	43. 5	0. 8

资料来源：根据中华人民共和国民政部规划财务司《民政事业发展统计报告》2006—2013 年数据制表。

据表 3 – 1 中显示，自 2006 年以来我国农村低保参保总人数总体呈持续增长趋势，特别是 2007 年国务院下发《国务院关于在全国建立农村最低生活保障制度的通知》以来，受惠于该制度的农村贫困人口持续增加。到 2013 年年底，全国有 2931. 1 万户、5388 万人受惠于该制度，而 2006 年年底只有 1593. 1 万人受惠于该制度。8 年中受惠人数以

① 武力、郑有贵：《中国共产党“三农”思想政策史（1921—2013 年）》，中国时代经济出版社 2013 年版，第 543 页。

平均每年17.0%的速度递增，该制度在改善农村贫困人口生活、缩小贫富差距、缓和社会矛盾、改善民生、完善社会保障体系等方面发挥了不可替代的作用。2013年中央一号文件要求加强规范管理农村最低生活保障，提出在有条件的地方，研究制定统一的城乡最低生活保障标准。2015年中央一号文件要求规范管理农村最低生活保障制度。

2010年5月，国务院办公厅转发扶贫办等部门意见，要求做好农村最低生活保障制度和扶贫开发政策有效衔接扩大试点工作，实现两项制度的有效衔接。2016年中央一号文件也提出改进农村低保申请家庭经济状况核查机制，实现农村低保制度与扶贫开发政策有效衔接。2017年中央一号文件要求完善农村低保对象认定办法，科学合理确定农村低保标准，做好农村低保兜底脱贫工作。农村最低生活保障制度的确立及实施促进了社会和谐，提高了农民生活水平。

4. 农村最低生活保障制度存在的问题

（1）农村低保资金来源单一，保障标准较低。财政困难地区因资金缺口难以弥补，导致农村低保覆盖面窄，"应保未保"。城乡低保标准区域差距较大。如2008年，城乡低保月平均水平分别为141元和49元，相差92元。以甘肃为例，2010年，甘肃省享受农村最低生活保障人数326.7万人，占农村人口（1635.32万）的19.91%，农村低保标准850元，与同期全国农村低保标准1404元相比低554元。[①]

（2）农村低保动态管理效率低。我国农村低保制度原则上实行"有进有退"的动态管理制度。农村低保政策的动态管理制度，就是定期对低保家庭的人口和收入状况进行复审，根据低保家庭生活水平的变化进行调整，做到保障对象有进有出，"应保尽保"。县、乡（镇）人民政府结合当地经济社会发展状况，做到补助标准有升有降。当收入水平逐步提高、生活状况逐渐好转时，某些低保对象仍然隐瞒收入，不愿退出低保，在实际操作中低保的补差额和标准没有按收入状况而随之升降，要实现动态管理是较难的。

（3）家庭收入核定难度高，低保对象难以准确判定。农村低保制

① 资料来源：根据国家民政部财务和机关事务司2011年各省民政事业统计数据、低保数据整理而得。

度要求准确确定低保对象，不浪费福利资源。确定低保对象，首先要准确核实其家庭收入。调查申请对象家庭收入情况存在以下几个方面的困难：一是家庭收入难以货币化，农村居民的收入主要是农作物和畜牧收入，随着季节变化，其价格波动很大，对收入的货币化计算带来困难；二是对有些隐性收入和外出务工人员的家庭收入情况很难把握，同时这些收入也是不固定的；三是农村邻里之间关系比较密切，所以村民评议的过程中很容易受关系的影响，从而致使真实情况得不到反馈；四是根据目前的法律法规，审批机构对申请人的银行存款调查等难度很大。

除此之外，低保申请对象的家庭经济状况核查也需要大量的人力资源，而乡镇级民政干部大多人员不足，很难挨家挨户逐一进行核查，出现审核不认真情况，导致低保对象难以准确判定。

5. 农村低保的发展趋势

农村低保是对公民基本权利的尊重和满足，是对贫困者的人文关怀。农村低保制度要充分发挥政府的主导作用，建立稳定、可靠的资金来源，消除地区差异；发挥民间组织的力量，形成多元救助模式。加强农村最低生活保障制度的法制建设，监督制度执行过程；创新对农村贫困人口的救助内容和手段，鼓励自主就业，助人自助。

（三）农村医疗救助

2002 年 10 月，中共中央国务院发布了《关于进一步加强农村卫生工作的决定》，提出对农村贫困家庭实行农村医疗救助政策，要求到 2010 年建立农村卫生服务体系和农村合作医疗制度，包括农村医疗救助和新型合作医疗制度。2003 年 11 月，民政部、卫生部、财政部下发关于实施农村医疗救助的意见，确定了农村医疗救助制度的基本内容。救助对象是农村“五保户”、农村贫困户以及其他符合条件的贫困农民。由中央和地方各级财政在全国对农村“五保户”和贫困家庭给予医疗救助。2004 年，民政部、财政部下发了《农村医疗救助基金管理试行办法》，对救助基金管理制度做了具体规定。2005 年，农村医疗救助制度在全国建立。从 2009 年开始，农村医疗救助范围进一步扩大，低收入家庭重病患者、当地政府规定的其他特殊困难人员也被纳入医疗救助范围。2009 年 6 月，民政部出台进一步完善城乡医疗救助制度的意见，用 3 年左右时间建立全国性、资金来源稳定、管理规范、服务快捷的医疗救助制度。2011年，全年各级财政累计支出农村医疗救助资金120亿元，比上年增长43.7%。[①] 2012年，中央提出试点实施特大疾病医疗救助制度，救助对象是难以自付医疗费用，患重特大疾病的家庭贫困人员、“五保户”。民政部发布的社会服务发展统计公报显示，截至2014年年底，农村医疗救助农民9119万人次，其中，资助参加合作医疗6723.7万人。[②]

四 农村合作医疗制度

（一）我国农村合作医疗的发展历程

我国是一个农业大国，农民的医疗保健问题尤为突出，农村合作医疗制度保障农民生命和健康，是关系到社会稳定的一项基本政策。

1. 萌芽和快速发展期

农村合作医疗的萌芽最早可追溯到1938年陕甘宁边区创办的“卫生合作社”。1955年，农村合作医疗制度正式出现，1966年以后，全国绝大多数生产队都办起了合作医疗，1968年，毛泽东肯定了人民公社举办合作医疗的经验，到1975年，农村地区形成了较为完善的县、公社、生产大队三级预防保健网。到1977年年底，全国有85%的生产大队实行了合作医疗。[③] 1978年，国家在《中华人民共和国宪法修正案》中明确提出全国要发展合作医疗，1979年，卫生部规定合作医疗基金由个人和集体筹集。

2. 衰落期

20世纪80年代初，农村实行家庭联产承包责任制后，集体经济衰落甚至解体，合作医疗的资金来源没有了保障，全国绝大多数的农村合作医疗组织迅速解体停办。到1989年实行合作医疗的村仅占全国行政村的4.8%[④]，中国农村合作医疗制度陷入低潮。

3. 恢复、重建期

20世纪90年代，为满足农民的医疗需求，国家开始探索恢复农村

① 武力、郑有贵：《中国共产党“三农”思想政策史（1921—2013年）》，中国时代经济出版社2013年版，第544页。

② 民政部：《2014年社会服务发展统计公报》，2015年6月，http://www.mca.gov.cn/。

③ 张新华、岳林：《新中国探索“三农”问题的历史经验》，中共党史出版社2007年版，第108页。

④ 乔益洁：《中国农村合作医疗制度的历史变迁》，《青海社会科学》2004年第3期。

合作医疗制度。1993 年 3 月，党的十四届三中全会提出要发展和完善农村合作医疗制度。1994 年，全国 7 个省 14 个县开展了农村合作医疗制度试点工作，我国与世界卫生组织合作，对试点地区做了跟踪研究。1996 年，八届全国人大四次会议也提出发展不同形式的农村合作医疗制度。1997 年 1 月，中央要求建立农村合作医疗制度，5 月，全国各地开始重建农村合作医疗制度。此次农村合作医疗制度规定，农村合作医疗制度的筹资以农民个人缴费为主，集体经济为辅，政府适当补助。到 1998 年，89.51% 的行政村建有卫生室，平均每个村有村医和卫生员 1.8 个①，农村合作医疗制度健康发展。

（二）建立新型农村合作医疗制度

1. 新型农村合作医疗制度的正式确立

2002 年 10 月，中共中央国务院决定建立新型农村合作医疗制度，农村合作医疗制度以大病统筹为主。选取中西部地区和东部贫困地区，旨在缓解农民因病致贫，因病返贫问题，保障农民基本医疗需求。新型农村合作医疗制度以大病统筹为主，以县为统筹单位。设立县、乡、村三级医疗机构提供医疗服务，新型农村合作医疗制度是互助互济的农民医疗健康保障制度，更加符合农民的医疗保健需求。

2002 年 10 月，国家出台加强农村卫生工作的决定，中央和地方财政支持完善新型农村合作医疗制度、医疗救助制度，顺利开展新型农村合作医疗试点工作。要求全国农村到 2010 年建立起新型农村合作医疗制度。2003 年，新型农村合作医疗制度开始试点，2003 年 1 月 10 日，国务院办公厅明确提出新型农村合作医疗制度由政府主办，农民群众自愿参加合作医疗，筹资由个人、农村集体、政府三方共同承担。2009 年起，新型农村养老保险在全国开始试点，2010 年，国家扩大新农保试点，重点向“老少边穷”地区倾斜。2011 年，全国 15 个省实现新农保制度全覆盖。2012 年，新农保制度实现全国范围全覆盖。

2. 中央财政补助支持新型农村合作医疗发展

为支持中西部地区开展新型农村合作医疗工作，自 2003 年起，中

---

① 中国农业年鉴编辑部：《中国农业年鉴（1999）》，中国农业出版社 1999 年版，第 36 页。

央财政通过转移支付对中西部地区除市区以外的参保农民人均补贴10元合作医疗保费。人每年补助20元。2008年，中央财政补助参合农民又提高到每人每年80元，地方财政对参保农民补助每年不低于人均10元。[①] 2006年，这一补贴提高到每全国农村基本普及新型农村合作医疗制度。2015年，中央财政补助补助新农合标准提高到每人每年380元。[②] 一再提高补助标准，显现了新农合制度中政府责任逐年加强。从2003年起，中央要求各地至少选择2—3个县（市、区）开展新农合试点工作，并通过总结试点经验，逐步推广新农合。到2004年，全国已有参保农民6899万人，参合率72.6%。新型农村合作医疗试点覆盖了30个省（自治区、直辖市）的310个县（市、区）。2006年，全国40%的县（市、区）成为新型农村合作医疗试点，2007年新型农村合作医疗试点扩大到60%左右。[③]

2009年，国家确定个人缴费实行弹性档次，分为每年100元、200元、300元、400元、500元5个档次，地方还可以根据本地实际情况增设缴费档次。2010年，新农合参合率达95%，政策内住院补偿比超过65%，新型农村合作医疗制度基本实现了农村居民全覆盖。2011年，政府对新农合补助标准提高到200元，2012年，新农合政策内住院补偿比达到75%左右。[④] 2012年，国家出台医药卫生体制改革规划方案，方案指出，到2015年，新农合报销范围内住院费用报销比例提高到75%左右，门诊统筹覆盖所有统筹地区，门诊费用报销支付比例提高到50%以上。

3. 健全农村医疗卫生服务网络

2012年中央农村工作会议、2013年中央一号文件指出，要健全县、乡、村三级农村医疗卫生服务网络，加强乡村医生队伍建设。政府继续

---

① 武力、郑有贵：《中国共产党"三农"思想政策史（1921—2013年）》，中国时代经济出版社2013年版，第540页。

② 吴月辉：《2015年新农合筹资标准提高政府补助每人380元》，《人民日报》2015年2月7日第7版。

③ 胡宏伟：《中国农村合作医疗政策取向的历史回顾与评析》，《广西经济管理干部学院学报》2006年第1期。

④ 武力、郑有贵：《中国共产党"三农"思想政策史（1921—2013年）》，中国时代经济出版社2013年版，第540—541页。

提高新农合补助标准，积极推进异地结算。2014 年中央一号文件要求实施中西部全科医生特岗计划，充实乡村医生队伍，继续提高新农合筹资标准和保障水平，完善重大疾病保险和救助制度。2015 年中央一号文件要求全面开展城乡居民大病保险，进一步提高新农合实际报销水平。加强农村基层基本医疗服务水平建设。推进各级定点医疗机构之间的合作医疗信息联通，积极发展远程会诊系统。2016 年中央一号文件提出统筹、整合城乡居民基本医疗保险制度，全面实施城乡居民大病保险；健全城乡医疗救助制度；适当提高新农合政府补助标准，提高个人缴费标准和受益水平。2017 年中央一号文件提出继续提高新农合筹资水平，加快推进城乡居民医保制度整合、基本医保全国联网和异地就医结算，加强农村基层医疗卫生人才队伍培养和建设。

改革开放以来，新型农村合作医疗制度在农村顺利实施，政府逐年增加新农合的资金投入并提高报销标准，使农村居民获得了最基本的公共卫生、医疗服务，是农村医疗卫生保障的一个巨大转折。

4. 新型农村合作医疗制度的原则

第一，自愿参与原则。自愿参与是指反对任何形式的强迫命令，尊重农民的意愿，维护农民的权益，积极动员和引导农民参保，农民自愿决定是否参加新型农村合作医疗，按时足额缴纳新农合作医保费。

第二，三方筹资原则。新型农村合作医疗筹资实行农民个人缴费，农村集体经济扶持，政府适当补贴相结合的筹资机制。由于地区间经济发展水平的差异，三方筹资有不同的表现形式和要求。例如，甘肃省农民的参保缴费标准从 2003 年的每人每年不低于 10 元增加到 2015 年的每人每年 120 元。

第三，预防为主原则。疾病预防和保健工作对保障农民身心健康具有更为深远的意义。健康教育、预防和控制疾病是新型农村合作医疗工作的重要组成部分。

第四，收支平衡原则。新型农村合作医疗制度根据地区经济发展水平和农民经济承受能力科学合理确定补偿起付标准、补偿比例和最高补偿限额，使农民能够享有最基本的医疗服务。收支平衡、适度保障原则保证了新型农村合作医疗制度对贫困地区农民的医疗救助的有效持续运行。

第五，逐步覆盖原则。新型农村合作医疗制度建立之初，最先进行了县市试点，通过试点总结经验，此后，随着保障方式的不断完善、改进，逐步推广覆盖发展起来，新农合制度的社会化程度和抗风险能力也逐步提高。

第六，科学管理原则。新农合制度的科学管理具体表现在管理规章制度健全，资金筹集、补偿、管理等组织机构健全，以及对合作医疗的民主监督，也体现在国家不断加强建设新农合医疗机构设施，培养配置医疗人才，保证各级医疗机构有效开展合作医疗工作。

（三）新型农村合作医疗制度的发展现状

2010 年，全国“新农合”参保农民达 8.35 亿人，参合率达 95%。当年筹资总额超过 1200 亿元，政策内住院费用支付比例超过 65%。2011 年 2 月 17 日，中国政府网发布的《医疗卫生体制五项重点改革 2011 年度主要工作安排》中指出，2011 年财政对新农合补助标准由上年度每人每年 120 元提高到 200 元，政策内住院费用支付比例力争达到 70% 左右。2012 年，全国新农合参保率达 95%，新农合政策内住院报销比达到 75%，最高报销支付限额不低于全国农民人均纯收入的 8 倍，且不低于 6 万元。[①] 新农合对重大疾病的保障水平大幅提高。同时，各地普遍开展了门诊医疗费用统筹，继续推行特殊门诊及住院分娩补偿政策。2013 年年底，全国 2489 个县开展了“新农合”，8.02 亿人参保了“新农合”，参合率达到 98.7%。[②]

五　农村灾害救助

中国是自然灾害多发国家，农村防灾减灾工作责任重大。为此，中国政府高度重视农村的防灾减灾发展规划和能力建设。1998 年国务院颁布了《中华人民共和国减灾规划（1998—2010 年）》，农业和农村减灾是国家规划的减灾五项目标之一，规划要求建设农业综合减灾工程，提高综合减灾能力，降低农业生产自然灾害损失率，减少农村人员因灾伤亡情况。

---

① 武力、郑有贵：《中国共产党“三农”思想政策史》，中国时代经济出版社 2013 年版，第 540—541 页。

② 石晶：《中国农村社会保障制度研究》，《北方学院学报》（社会科学版）2015 年第 12 期。

1. 建设救灾管理体制

自20世纪80年代起，为调动地方政府的救灾积极性，国家开始实行救灾经费包干或有偿使用，明确救灾工作分级管理，救灾经费分级负担。[①] 试行救灾保险，推动了救灾工作的社会化，这在一定程度上减轻了中央政府的救灾负担。80年代末90年代初，国家救灾减灾体制开始改革转轨，我国成立了中国国际减灾十年委员会，开展减灾十年活动。2008年汶川地震发生后，经国务院批准，自2009年起，每年5月12日为全国"防灾减灾日"，我国在减灾知识的普及方面前进了一步。

2. 完善灾情统计制度

为了真实统计灾情，更好开展救灾工作，1993年，灾情统计管理信息系统开始建立，灾情统计管理信息系统解决了灾情管理中长期存在的报灾不准、时效性差等问题，灾情汇总、评估、报告可在较短的时间内完成，大大提高了工作效率，也为抽查监督、核查灾情提供了有效的手段，实现了灾情信息的快速传递和及时沟通。

2004年2月，民政部下发通知指出，自2004年开始，将按照新的制度报送情况，突出强调了灾情上报的时效。要求各级政府及时、客观地反映自然灾害损失及救灾工作开展情况，全面评估灾害损失，提供救灾工作的决策依据。[②]

3. 建立健全救灾综合协调机制

此前，中国在防灾、减灾工作上一直缺乏一个统一协调机构，重大自然灾害发生后，会耽误减灾工作的最佳时机。2005年，由国务院领导的部际协调机构——中国国家减灾委员会成立，成员囊括所有与灾害有关的国家部委。各部委承担各自划分的救灾责任，协调减灾救灾，救灾工作的水平和效率得到了很大改进。

4. 不断提高防灾减灾能力

2005年10月，国民经济和社会发展第十一个五年规划明确提出，

---

① 国务院：《中华人民共和国减灾规划（1998—2010）》〔国发1998（13）号〕，2001年。

② 陈彪：《中国灾害管理制度变迁与绩效研究》，博士学位论文，中国地质大学，2010年，第64页。

加强农村自然灾害预测预报，提高防灾减灾能力，保障农民生命财产安全。2006年6月26日，民政部发布了《全国“减灾示范社区”创建标准》，提出了减灾示范社区的十条标准，要求各地开展创建“减灾示范社区”活动。2007年8月，国家综合减灾“十一五”规划颁布，要求加强城乡社区减灾能力示范工程建设。2008年10月12日，党的十七届三中全会提出加强建设农村防灾减灾能力。2008年12月11日，民政部编制了《自然灾害救助应急预案框架指南》，指导基层民政部门做好救助应急预案的制定和修订。

5. 救灾减灾法制化

随着救灾减灾实践的不断深入，国家陆续出台了一系列救灾减灾的法律法规[1]，民政部加强了救灾减灾领域的法制化建设，这些法律法规，促进了防灾减灾工作的规范化管理（见表3-2）。

表3-2　　民政部发布的救灾管理法律文件

发布时间	文件名称	主要内容
2000年5月20日	《救灾捐赠管理暂行办法》	规定了救灾款物的接收、管理、发放和使用
2003年1月1日	《中央级救灾储备物资管理办法》	规定了中央级救灾储备物资的种类、数量及其经费管理
2004年6月23日	《应对自然灾害工作规程（修订稿）》	对自然灾害等级进行了分类，并分别提出了应急程序和办法
2004年11月19日	《自然灾害情况统计制度》	规定了评估灾害损失的制度
2008年4月28日	《救灾捐赠管理办法》	规范了救灾捐赠的管理工作

6. 发挥慈善救助灾害的作用

改革开放以来，慈善事业逐步复苏，各类民间组织广泛建立。早在1996年5月30日，民政部颁布了《关于在社会救助工作中充分发挥慈善组织作用的通知》，指出慈善组织是社会救助工作的重要补充，要求

① 陈彪：《中国灾害管理制度变迁与绩效研究》，博士学位论文，中国地质大学，2010年，第65页。

各级民政部门主动支援慈善组织，为其开展社会救助活动提供必要条件。党的十六届六中全会提出要发展慈善事业，完善社会捐赠免税减税政策，增强全社会慈善意识，构建和谐社会。

六 失地农民社会保障

传统社会，农民的保障基本上是依靠土地以及建立在土地耕作关系上的家庭保障来实现的。大量农村土地被城市化、工业化建设征用，农民失去土地就意味着失去了就业岗位、谋生手段和基本生活保障。重新就业也面临重重困难，势必造成就业的不稳定，从而难以有长效的收入维持机制。中国社会科学院发布的《2011 年中国城市发展报告》指出，中国失地农民的总量已经达到4000 万—5000 万人。[①] 早在 1993 年，浙江省嘉兴市率先开始了土地征用制度的探索，开始以土地换保障的实践。[②] 各地区都在持续不断的征地活动中积极探索失地农民的社会保障新模式，但仍然缺乏全国性的失地农民社会保障政策或法律。目前，失地农民社会保障的类型有以下三种。

1. 生活保障型

从土地出让金、地方财政、国有资产变现中提取一定比例的资金组成统筹资金，设置多个缴费档次，个人账户与统筹账户相结合，每月支付给参保失地农民低保标准或失业救济金标准上下的保障待遇。个人账户的余额可以指定受益人继承。

2. 养老保险型

参照城镇职工基本养老保险办法，实行个人账户制，一次性缴费 15 年，保障待遇与缴费年限及缴费水平正相关，低于城镇职工基本养老金，高于失业救济金。

3. 全面保障型

注重对失地农民的生活、失业、医疗及养老各方面的保障，失地农民按规定缴足保险费后，一是对失地农民实行生活补助，二是对补助期满后未就业的纳入城市低保制度，就业后失业的纳入失业保险。

---

① 中国社会科学院：《社科院报告指出中国失地农民已达 4000 万—5000 万》，《党政干部参考》2011 年第 9 期。

② 童星、林闽钢：《中国农村社会保障》，人民出版社 2011 年版，第 306 页。

七　农村社会保障制度的经验与总结

（一）面临的挑战

1. 农民工参保缴费率低

中国企业结构性矛盾突出，一些企业产能严重过剩，经济结构调整必然使一些企业经营困难，直接影响了农民工参保缴费的稳定性，中断社保缴费时有发生。而且劳动密集型的低端制造业是大多数农民工的就业行业，在产业结构调整过程中最易受到冲击，农民工一旦失业就很难继续为自己缴纳社保费用。人力资源和社会保障部对外发布《中国社会保险发展年度报告2014》显示，截至2014年年底，城镇职工基本养老保险参保职工人数比例在不断下滑，从2009年的占比87.7%下滑至2014年的81.2%①，这说明企业中断缴费的人数越来越多。农民工断缴养老保险，退休后就不能正常领取养老金，这无疑挫伤了农民工参加社会保险的积极性。与此同时，部分企业为减少用人成本，存在逃避为农民工缴纳社保费的行为。此外，农民工缴纳的社会保险存在异地转接困难等问题，因此，估计未来农民工脱保、断保的现象还会存在。

2. 人口老龄化严重，社会保障压力增大

近年来，随着人口老龄化越发严重，社会保险待遇水平不断提高，我国各项社会保障支出大幅增加。农村养老保障主要依靠财政支出，随着物价和生活水平的提高，保障待遇水平由于福利刚性只会上涨，农村养老保障体系较为单一，补充养老保险制度很不完善，因此，今后农村基本养老保险基金收支平衡压力较大，不利于农村养老保险的可持续。

同时，近年来医疗卫生费用普遍增长很快，2001年中国人均卫生费用394元，2013年人均卫生费用2326.8元，2001年卫生总费用5026亿元，2013年卫生总费用31661.5亿元，占GDP的5.57%②，这说明政府医疗卫生支出、个人医疗卫生支出的数额都在快速上升。医疗消费水平过快增长，既加重了患者的负担，也给医保基金收支平衡埋下安全隐患。

---

① 王晓慧：《养老保险断缴人数逐年增加，人社部表示将适当降低社保费率》，《华夏时报》2015年7月15日第3版。

② 资料来源：根据国家统计局2001年和2013年《中国统计年鉴》（中国统计出版社2001年版、2013年版）计算而得。

3. 统筹城乡社会保障存在难度

随着社会经济的发展和收入水平的提高，社会保障实现了制度全覆盖之后，农民将更为关注保障的公平性。目前，城乡社会保障存在制度性差距，缴费水平、保障待遇差距较大。随着城乡统筹，管理部门的统一，差距矛盾就会集中显现出来。不同身份的人，在待遇标准、保障水平方面有差距。这显然有违制度的公平原则，未来统筹城乡社会保障发展，实现城乡居民平等保障待遇难度较大，且任重道远。

4. 失地农民缺乏长效的收入维持机制

农民在土地被征用之后，失去了土地保障，传统的家庭保障也必将大为减弱甚至消失，重新就业也面临重重困难，难以有稳定的收入维持生活。一些地区，土地被征用后，并未能及时建立起完善的维持失地农民收入的长效机制，这也直接关系到失地农民正常的生产和生活。

（二）农村社会保障制度的成就与经验

1. 农村社会保障制度的成就

（1）保障了农民的基本权利，维护了社会稳定。社会保障是公民应该享有的一项基本权利，长期以来，农民被认为有土地保障而没有被纳入社会保障，城乡二元结构也致使农民未能享受到和城市居民平等的社会保障待遇，共享经济社会发展的成果。但是，土地的保障作用是十分有限的，随着中国农村老龄化趋势加快，大量农村剩余劳动力离开农村进入城市，农民老无所养、病无所医的状况日益严峻。中国政府按照统筹城乡发展的目标，积极探索农村社会保障制度，自 20 世纪 90 年代开始，在部分地区试点探索农村社会养老保险，自 2002 年起，试点以大病统筹为主的新型农村合作医疗制度，自 2007 年起，在全国范围建立农村最低生活保障制度。上述实践和试点探索切实保障了农民的社会保障基本权利，使广大农民享受到了平等的国民待遇，缩小了城乡差别，充分体现了社会公平。农民有了稳定、制度化的社会保障，促进了农村社会经济发展，也稳定了社会秩序，促进了和谐社会的构建和经济社会的可持续发展。

（2）推动了农村城镇化进程。农村城镇化是中国经济发展的主要动力和重要历程，经济不断发展，农业产业化，农民非农化是农村城镇化的特征，建立农村社会保障体系，并与城镇社会保障体系有效衔接，才能推动农民向城镇转移，也能妥善解决失地农民问题，为农民提供安全保障，推动农村城镇化进程，统筹城乡发展。

（3）提高了农民生活水平与质量。农村社会保障的缺位，严重影响广大农村居民的生活保障和生活质量，农业生产经营也时常面临着各种自然灾害风险、市场价格变动风险等，这种风险的发生会使农民的经营收入不足以承担生活所需，因此，迫切需要社会保障来化解和抵御各种风险，从而保证农民获得一定水平和质量的生活。

2. 农村社会保障制度的经验总结

（1）强化社会保障信息化建设。近年来，我国社会保障信息化水平得到了快速发展。社会保障卡在各地区大量发放和使用，社会保障个人信息已经联网，数据实现共享。人社部推行了覆盖全国的“金保工程”项目，“金保工程”是劳动和社会保障电子政务工程，包括了社保业务经办、服务、监管等核心应用，是人事社保领域的大数据应用，进一步提高了社保部门的信息化能力。未来，在社会保障管理和服务领域还应大力推进信息化，实现全国范围内社会保障信息互联互通，数据平台对接，异地共享社保信息。提高社会保障管理效率，社会保障信息化管理是关键。

（2）政府责任逐渐强化。自1978年以来，政府逐渐强化责任，社会保障财政资金投入和补贴标准不断提高，逐步解决农民贫困、疾病、养老问题。国家统计局相关统计数据显示，2010年，中央和地方财政共安排16312亿元投入社会保障、就业与住房保障领域。

（3）农村养老服务发展有待提高。随着农村青壮年外出务工，农村空巢老人越来越多，农村老龄化速度加快，农村老人生活照料问题严峻，情感慰藉严重匮乏，“三无”老人、“五保”老人、失能以及半失能老年人的照料看护尤其严峻，生活照料和情感慰藉等养老服务需求日益增加。这些问题急需社会养老服务体系来解决。目前，受我国经济发展水平所限，农村养老保险制度保障水平较低。农村养老发展缓慢，老年福利机构收养老年人的数量仅占60岁以上老年人口的1.4%。[1] 未

① 杨斌、徐敬凯：《1978年以来中国农村社会保障制度的发展及评价——基于“三体系”的分析框架》，《山东社会科学》2014年第4期。

来，应统筹规划农村社区养老服务设施建设，综合社会力量兴办农村养老机构，采取公建民营、民办公助，政府购买养老服务等多种模式，解决最迫切的农村养老服务需求。

第二节 农村金融发展及实践

一 农村金融制度的初步建立和停滞（1949—1978 年）

（一）农村金融制度的初步建立

1949—1957 年，中国农村金融制度初步建立。1951 年 7 月，经政务院批准，农业合作银行正式成立。1951 年 11 月，除西藏和台湾以外，中国人民银行在全国建立了各级分支机构。1952 年 7 月，农业合作银行成立一年即被撤销。1955 年 3 月，经国务院批准，中国农业银行成为人民银行的一个直辖行，其工作任务主要是指导农村信用社。1957 年 4 月，中国农业银行与人民银行合并，成为人民银行的农村信贷工作部。

（二）农村金融制度的演化停滞

1958 年到 1978 年 21 年中，是中国农村金融的停滞阶段。1962 年，中央重新恢复管理农村信用社，1963 年 11 月，全国人大常委会第三次批准农业银行成立。1965 年 11 月 3 日，即农业银行再次运行两年后，被中央撤销，农村金融业务被人民银行合并。1969 年 7 月至 1977 年 12 月，人民银行总行并入财政部。1978 年，信用所和信用社联营，逐渐转化为人民银行的农村基层机构。①

（三）试办农业保险

1949 年 10 月 20 日，中国人民保险公司成立于北京，公司成立后试办农业保险，1953 年，农业保险停办。1954 年，中国人民保险公司重新办理农村保险业务。1958 年 10 月，西安召开全国财贸工作会议，决定停办国内保险业务，至此农村各项保险业务停办。当时，农村生产力水平低下，农业风险集体承担，农民无意购买保险，政府停办农业保

① 王定祥等：《中国农村金融制度演化逻辑与改革启示》，《上海经济研究》2010 年第 11 期。

险，国家救灾代替了农业保险。这一时期中国人民保险公司办理农业保险经历了试办—推广—停办—恢复—发展的过程，积累了发展经验，扶持了农业经济，并进行了有益探索。

二　农村金融制度改革起步（1978—1992年）

（一）农村金融的恢复

1978—1992年是中国农村金融制度的改革起步阶段。20世纪80年代以来，乡镇企业由少到多，异军突起，农村商品经济迅速发展。与农村经济快速发展相适应，农村金融也开始发展起来。1979年3月，经国务院发布通知，中国农业银行再次恢复成立。[①] 农村金融工作运行中，中国农业银行统一管理支农资金，支持农业发展；办理农村信贷业务；管理农村信用社，扶持乡镇企业。确立了农业银行“官办”的基本性质，随着业务的开拓，中国农业银行在农村金融中的垄断地位也逐步确立。6月，农村信用社也归属到中国农业银行。农村信用社发展迅速，截至1982年年底，全国农村信用分社和信用站达到33万多个[②]，这一时期，在办理农村社员存贷款业务中农村信用社充分发挥了作用，但其作为中国农业银行的基层机构，缺乏自身独立的业务发展空间，农村信用社没有独立的法人资格，成为中国农业银行的基层分支机构，和中国农业银行一起成为“官办”金融机构。[③] 1984年8月，国务院要求改革农村信用社管理体制。改革开放后，农村信用社经济实力显著增强，存贷规模不断扩大，存贷业务比例占当时农村金融市场的六成以上。但由于其中国农业银行基层机构的基本定位和“官办银行”基本特点，行政色彩日趋浓厚。

自1984年起，农业银行（包括农村信用社）进行经营管理改革，农村信用社逐渐组建了县联社，可以自主开展存贷款业务，接受中国农业银行和县联社双重监督管理。农业银行的改革提高了信贷资金管理水

① 曾学文、彭凛凛：《中国农村金融改革30年进程及其评述》，《南方金融》2008年第5期。

② 中国农村金融学会：《中国农村金融改革发展三十年》，中国金融出版社2008年版，第3页。

③ 中国农村金融学会：《中国农村金融改革发展三十年》，中国金融出版社2008年版，第3页。

平，活跃了农村商品经济。

1986年，国务院批准邮政储蓄开办业务，邮政储蓄网点拓展到全国各地，成为中国农村开展储蓄业务的重要金融组织。

1984年后，我国城市金融体系扩张，国有专业银行规模不断扩大，为乡镇企业发展提供了贷款。人民银行鼓励国有银行之间开展适度竞争，多家国有专业银行在农村同时开展金融业务，形成竞争态势，有效增加了农村金融供给，大大丰富了农村金融服务体系。①

但是，这些国有专业银行提供的有限金融服务尚不足以满足农村不断扩大的金融需求，非正规的民间金融找到了生存和发展空间。当时，民间金融蓬勃发展，政府逐步允许了农村合作基金会等民间合作性质的金融组织开展金融业务。1981年5月，国务院转批《中国农业银行关于农村借贷问题的报告》，肯定了民间借贷的积极效果，但也指出了其消极作用，要求加强监督管理。② 农村合作基金会主要的资金来源是集体资金，也吸收农户资金入股，主要给村内或乡内的农户提供贷款。农村民间金融组织在农村的数量迅速增长。1983年，黑龙江省成立了农村合作基金组织。1984年，河北省康宝县芦家营乡正式成立了第一个中国农村合作基金会。从政府允许成立到承认合法的背景下，农村合作基金会雨后春笋一般在全国农村各地迅速建立和发展起来，但是，发展中出现的操作违规和监管缺失，为20世纪90年代末期农村金融风波埋下了隐患。

（二）农业保险的起步

中国农业保险历经试办和停办后，1982年，中国人民保险公司恢复了农村保险业务，省级分公司主要开办养猪、奶牛等畜牧保险，还开办了农作物种植保险以及财产保险。农业保险全国统一核算，亏损由其他险种弥补，相当于对农业保险进行了隐性补贴。历经10年左右的发展，到20世纪90年代初期，保险公司持续增加，农业保险规模却在减少。由于中国人民保险公司属于政策性金融机构，而企业化的保险公司

---

① 中国农村金融学会：《中国农村金融改革发展三十年》，中国金融出版社2008年版，第4—5页。

② 中国金融家编辑部：《中国农村金融改革大事记》，《中国金融家》2008年第11期。

都不愿意承担农业保险业务的风险，农民又习惯于政府救灾，不愿参加农业保险，因此，农业保险未能壮大。

三　农村金融制度的改革转型

1993—2003年是中国农村金融法律制度的改革转型阶段。1992年1月18日至2月21日，邓小平同志视察深圳、上海等地的南方谈话，对中国20世纪90年代的经济发展与社会进步起到了极其关键的推动作用，1992年10月，社会主义市场经济体制建立了。市场经济体制确立后，随着国有企业的改革，乡镇企业、私营企业在经济活动中所占比例不断增加；农村的要素市场除了资金和土地外都已基本自由化，借助于迅猛发展的计算机网络等信息化普及，农村金融制度进入调整和转型时期。①

1994年6月，国务院组建中国农业发展银行，实行企业化管理，独立核算，自主保本经营。1995年，中国农业发展银行基本完成省级分行的组建工作。1996年8月，国务院决定中国农业发展银行增设省级以下分支机构，形成比较健全的机构体系。1998年3月，国务院决定中国农业发展银行主要进行粮棉油收购资金封闭管理，其所承办的农村扶贫、农业综合开发、粮棉企业附营业务等项贷款划转到其他有关国有商业银行。

1997年，根据中央金融工作会议的决定，为了防范和化解可能的金融风险，整顿金融秩序，确保国家金融安全，撤销中国人民银行的省级分行，设立跨区域分行。加快国有大型金融企业商业化改革步伐，改变金融企业的混业经营，允许开办地方性银行。1998—2002年，国有商业银行逐步削减农村营业网点或撤出县以下区域，工商银行、中国银行、建设银行和农业银行共撤并3.1万个县级及县级以下业务网点。从此，农村金融业务大幅度萎缩，农村信用社和邮政储蓄承接了原各大国有商业银行的农村各类金融业务，农村信用社渐渐形成了农村金融领域的主导地位。

1996年8月，国务院颁布了《关于农村金融体制改革的决定》，重

① 王定祥等：《中国农村金融制度演化逻辑与改革启示》，《上海经济研究》2010年第11期。

点是恢复农村信用社的合作属性，支持地方经济发展。农村信用社不再隶属于中国农业银行，而是由农村信用社县联社和中国人民银行监管。2000—2003 年，农村信用社进行产权和经营机制的试点改革，农村信用社的发展状况有所改善，但受制于体制和内部管理等问题，其经营状况和管理水平没有相应改善。到 2002 年年底，全国有 53.46% 的农村信用社处于资不抵债的状态。由于企业内部改革不够科学，政府与农村信用社关系不顺，党政权力干预企业自主经营，企业没有真正成为自主经营、自负盈亏的法人组织，农村信用社的“内部人”控制现象比较严重。①

1996 年的农村金融改革奠定了农村金融领域商业性金融、政策性金融、合作性金融共同存在、相互竞争的局面。此次改革后，农业银行向商业银行转型，农村商业性金融与政策性金融各自分工，农村商业性金融成为农村金融的主导力量，经营方式由合作性金融转向商业性金融，农村金融服务的主体形式门类齐全，但是其作用尚未发挥，农村资金供给不足的供求矛盾日益恶化。此后，中国农村历次金融改革都是以市场化为导向。

为防范和降低可能的金融风险，集中资金于城市的国有企业改革，1997 年 11 月，国务院开始对农村合作基金会进行全面整顿，停止新设农村合作基金会，已有的农村合作基金会停止吸收存款和办理贷款。1998 年，四川省、河北省一些农村出现挤兑风潮，当时乡镇负债较高。1999 年 1 月，国务院正式宣布全国统一取缔农村合作基金会，清产核资，冲销呆账。2002 年 1 月，中国人民银行发布通知，取缔“地下钱庄”等非法金融机构，打击高利贷。这一系列决定稳定了金融秩序，有针对性地解决了农村的部分金融问题。但是，广大农村建设与发展中对金融的旺盛需求仍然缺乏有效的供给，农村金融的供给事实上大大降低了。

1995 年 6 月 30 日，《中华人民共和国保险法》出台。法律规定保险公司作为金融机构经营保险业务。1996 年以后，中国人民保险公司

① 曾学文、彭凛凛：《中国农村金融改革 30 年进程及其评述》，《南方金融》2008 年第 11 期。

的定位趋向于商业性保险公司，更愿意服务城市而获得利润，不愿意投身于农村保险领域，已经进入的农村保险领域仅有种植业和养殖业，种类单一。农业保险高风险、高成本和高赔付的特征，保险公司在经营中也缺乏可持续的经济动力。

四　深化改革农村金融制度

（一）金融改革提升支农力度

2003年以来，社会主义市场经济体制不断完善，中国进入“工业反哺农业、城市带动农村”的新阶段，国家对农村公共财政投入不断加大，为农村金融市场的发展提供了良好机会。2007年2月，国务院召开全国金融工作会议，会议要求加快农村金融改革，完善农村金融体系，显著增强服务“三农”的功能。2008年10月，党的十七届三中全会提出，建立完善的农村金融体系，创新农村金融体制，放宽农村金融机构准入政策，加大对农村金融的政策支持力度。引导更多的信贷资金和社会资金投向农村。

2012年中央一号文件指出要提升农村金融服务水平，扩大农业保险，发展农村资金互助合作、信用合作。6月，国家发改委出台了《全国农村经济发展“十二五”规划》，提出加快培育农村新型金融机构，创新金融支农体制机制。2012年的政府工作报告也提出：“加快培育农村新型金融机构，积极推进农村信用社改革。”

自2002年以来，国家高度重视农村金融改革，国务院批准设立了改革专题工作小组，2003年，国务院决定在吉林、山东、江西、浙江、江苏、陕西、贵州、重庆8个省（市）进行农村信用社试点改革，在管理体系上把农村信用社交由省级政府管理，各省普遍成立省级联社或其他形式的省级管理机构，具体承担对辖内信用社的管理、指导、协调和服务职能。2004年以来，农村信用社改革中，农村信用社产权形式开始转变，合作属性淡化，商业化特点突出，出现股份制、股份合作制与合作制等多种形式。部分农村信用社试点产权制度改革，逐步形成了农村商业银行、农村合作银行等农村股份制和合作制商业银行。2004年5月，贵州花溪农村合作银行在贵阳成立，这是中国第一家农村合作银行，银行按照股权结构多样化、投资主体多元化的原则设立。2005年6月，天津农村合作银行在天津成立，这是全国第一家省级股份合作制地方金融机构，即全国第一家省级合作银行。2005 年 8 月，上海农村商业银行在上海成立，这是上海农村信用社整体改制成的全国第一家省级农村商业银行。2010 年 12 月 16 日，重庆农村商业银行在香港交易所挂牌上市，成为全国第一家社会公众持股的农村金融机构。

与前几次改革的共同特征在于，本轮改革继续沿用政府主导、行政推动的模式。中国农村金融改革的实践证明，大银行体制未必适合农村的经济特点，农村真正缺少的是根植于农村社会经济的微型金融组织。①

2010 年后，农村信用社改制为农商行，不再组建农村合作银行，合作性金融正式退出农村金融服务。改制过程中最核心的问题是如何降低风险、明确产权。省级联社的定位和独立拥有法人资格的基层农商行之间存在诸多矛盾，对此，2017 年中央一号文件明确要求："抓紧研究制定农村信用社省联社改革方案。"

2007 年，海南省农村信用社在琼中县试点中国第一个官方性质的为农村贫困妇女提供小额贷款的项目。摸索出"2 万元以下不需审批，7 天到位，财政贴息"的琼中小额贷款模式，2009 年，银监会决定大范围发展小额贷款公司，部分小额贷款公司转制成村镇银行，小额贷款公司作为"正规金融"的补充力量在中国农村蓬勃发展。

从 2004 年开始，农业发展银行开始市场化发债筹资②，调整职能，业务范围有所扩大，强化了支农功能。2011 年年初，中国农业发展银行尝试开展投资业务，成立投资部筹备组，并将投资业务定位为农业政策性的投资业务。2012 年中国农业发展银行正式成立投资部，进入直接投资和资产证券化等领域，这意味着中国农业发展银行具备双重性质，即同时具有政策性金融和商业性金融的属性。此后的两三年中，中国农业发展银行的商业性金融规模迅速壮大。2014 年 9 月 24 日，国务院出台农业发展银行改革方案，强调其政策性功能定位。2015 年中央一号文件提出农业发展银行重点贷款支持水利、贫困地区公路建设。这

① 曾学文、彭凛凛：《中国农村金融改革 30 年进程及其评述》，《南方金融》2008 年第 11 期。

② 王洪章：《农村金融要坚定不移地支持新农村建设》，http://finance.people.com.cn/nc/GB/61937/5698782.html，2011 年 6 月。

表明中国农业发展银行商业性金融业务相对淡化，专注于农业农村的政策性金融，成为信贷支农的骨干和支柱力量。

（二）邮政储蓄银行成立运行

2007年3月，中华人民共和国邮政储蓄银行有限责任公司成立，其基本定位是商业银行，即商业性金融。2007年6月22日，河南省新乡市长垣县魏庄镇揭牌成立小额贷款营业部，这是中国邮政储蓄第一个小额贷款营业部，标志着小额信贷业务试点工作在全国启动。2008年1月，中国邮政储蓄银行所有36个省级分行全部揭牌成立。2008年4月，中国邮政储蓄银行召开第一次工作会议，明确其对城市社区和农村地区，为广大居民特别是中低收入居民提供基础金融服务的战略目标。与已有商业银行相比，中国邮政储蓄银行成立晚、网络遍布城乡、包袱轻，真正成为我国城乡居民金融服务的主要提供者。

此时，农村资金外流现象始终存在，农民贷款难，农业保险尚未发展。2006年，在社会主义新农村建设背景下，中央加快推进农村金融改革，放宽了金融机构进入农村市场的限制。12月，银监会发布意见推进农村金融机构试点工作，允许社会资本到农村新设村镇银行、贷款公司和农村资金互助社等金融机构。首批试点选择在四川、青海、甘肃、内蒙古、吉林、湖北6省（自治区）的农村地区开展。2016年中央一号文件提出支持邮政储蓄银行建立“三农”金融事业部，服务农村发展。

（三）农业银行强化农村市场定位

自2004年开始，农业银行面向涉农服务，加大对县域小企业的贷款支持。2007年，农业银行实施“蓝海”战略，以县域为营销重点。同年农业银行制订了支持“三农”方案，从10月开始在吉林、安徽、福建、湖南、广西、四川、甘肃、重庆8个省（直辖市）试点。2008年8月，农业银行总行设立“三农”金融事业部。2008年10月，国务院通过农业银行股改方案。2009年12月10日，农银国际控股有限公司在香港开业，农业银行加快了国际化战略布局。2010年7月，农业银行分别在上海证券交易所和香港联合交易所挂牌上市。此后，农业银行在“三农”领域和小微信贷领域投放力度加大，启动金融扶贫攻坚，为贫困户和精准扶贫产业贷款。2015年中央一号文件要求农业银行县级支行全部试点成立“三农”金融事业部，更好地服务“三农”。

为促进农村经济发展，其他商业银行开始探寻服务“三农”的新路径。2008 年 1 月，交通银行成功参股常熟农村商业银行，这在国内是首次。但是，因农村金融成本风险较大，大型商业银行服务农村金融不完全是出于经济原因和商业目标，更多的是履行社会责任。

（四）新型农村金融机构迅速发展

在国家提出社会主义新农村建设背景下，中央放宽了金融机构进入农村市场的限制，加快推进农村金融改革。2006 年 12 月，银监会发布《调整放宽农村地区银行业金融机构准入政策的若干意见》，首次允许社会资本到农村新设村镇银行、贷款公司和农村资金互助社等金融机构。首批试点选择在四川、青海、甘肃、内蒙古、吉林、湖北 6 省（自治区）农村地区开展。2007 年 3 月 1 日，第一批农村新型金融机构挂牌成立。这其中就有第一家全部由农民自愿入股组建的吉林梨树县闫家村百信农村资金互助社，以及国内农村地区第一家外资村镇银行——湖北随州曾都汇丰村镇银行。2009 年，中央鼓励民营资本组建村镇银行，外资银行主动参与组建村镇银行，农村金融服务主体迅速增加。2008 年起，花旗银行先后在湖北省的公安和赤壁、辽宁省大连瓦房店开设了 3 家贷款公司。2009 年 2 月，渣打首家村镇银行内蒙古和林格尔渣打村镇银行正式开业。至 2009 年 3 月，汇丰银行在重庆大足、福建永安、北京密云和广东恩平增开村镇银行，上述地区主要为相对较发达城市的农村试点地区。至 2010 年 12 月，汇丰村镇银行增至 8 家，并设有 5 家支行，服务范围覆盖了中国的西部、中部、华东、华北、华南和东北地区。2011 年 3 月，中银富登村镇银行在湖北蕲春成立，这是中国银行与淡马锡富登金融控股私人有限公司合资设立的国内首家由大型商业银行联合其境外战略投资者组建的合资村镇银行，创造了一种全新的村镇银行合作模式。截至 2016 年年末，中银富登村镇银行已在全国 12 个省（直辖市）设立了 82 家村镇银行和 77 家支行，其中 78% 的银行在中部、西部，33% 的银行在国家级贫困县，成为国内机构数量最多、地域覆盖范围最广的村镇银行。①

① 曹蓓：《中资行“出城下乡”，外资行“农村包围城市”》，《证券日报》2011 年 5 月 6 日第 4 版。

2008年4月，中国人民银行、中国银行业监督管理委员会发布通知，积极鼓励、引导村镇银行、小额贷款等新型农村金融机构针对农村经济发展需要，提供方便实惠的金融服务。目的在于化解城乡二元矛盾，推进城乡一体发展，支持社会主义新农村建设。2007年3月1日，第一批4家农村新型金融机构挂牌成立。2007年3月9日，第一家全部由农民自愿入股组建的农村合作金融机构——吉林梨树县闫家村百信农村资金互助社挂牌营业。同期，四川仪陇惠民村镇银行挂牌开业。2007年12月，经银监会批准，湖北随州曾都汇丰村镇银行有限责任公司在湖北省随州市三里岗镇营业，这是国内农村地区第一家外资村镇银行，也是香港上海汇丰银行公司的全资子公司。2010年中央一号文件提出有序发展农村小额贷款组织、村镇银行、资金互助社，引导社会资金投资设立适应“三农”需要的各类新型金融组织。据中国人民银行统计，截至2017年9月末，全国小额贷款公司共有8610家，在全国2800多个县（市）中，中部、东部地区小贷公司覆盖面达到100%，西部等偏远地区除西藏外，覆盖面也达到90%以上。这表明我国已基本建立了多元化、多层次的小微企业金融服务体系。

小额贷款公司是支持“三农”、服务弱势群体的金融组织，2005年10月，在中国人民银行主导下，陕西、四川、贵州、山西、内蒙古五省（自治区）试点小额贷款。小额贷款公司实行“只贷不存”。2005年12月，山西晋源泰小额贷款公司在山西省晋中市平遥县正式成立，这是中国第一家商业性小额贷款公司。

2009年，银监会相继通过大范围发展小额贷款公司的指导以及小额贷款公司可转制成村镇银行的规定。2009—2013年，小额贷款公司数量高速发展，2014年以来，小额贷款公司遇到了严峻挑战，主要表现是有的法人经营不善，有的偏离“三农”领域，有的风控机制不全，不能完全适应市场的挑战。小额贷款公司发展缺乏相应的政策法规规制，地区间制度法规差异较大。近年来，互联网金融领域出现各种问题，为了维护正常金融秩序，政府规范整顿非法现金贷乱象，清理无牌照民间金融，包括停批网络小额贷款公司和停批小额贷款跨省业务，旨在净化小额贷款公司的生存环境，规范小额贷款业务活动。

2008年4月，中国人民银行、中国银行业监督管理委员会发布通知，积极鼓励、引导村镇银行、小额贷款等新型农村金融机构针对农村经济发展需要，提供方便实惠的金融服务。大力培育新型农村金融机构的目的在于化解城乡二元矛盾，推进城乡一体发展，支持社会主义新农村建设。

较之已有的商业银行，村镇银行等新型农村金融机构资本金规模比较小，管理制度不健全，抗风险能力弱。由于农业生产具有明显的季节性，资金需求者同时到银行提取资金的可能性始终存在，从而导致流动性风险加大。从实际运行情况看，由于资本逐利的性质，村镇银行等金融资金也更倾向于投入县城的房地产开发、工业园区等项目，服务“三农”的热情有限。①

2007 年 3 月 2 日，吉林省梨树县闫家百信农村资金互助社成为第一家被银监会正式批准的资金互助组织。标志着它在形式上完成了金融正规化的过程，从非正规的民间金融合作组织成为正规金融组织。甘肃省景泰县龙湾村石林农村资金互助社和甘肃省岷县洮珠村岷鑫农村资金互助社分别于 2007 年 3 月 20 日、23 日挂牌营业，成为中国第二、第三家，甘肃省第一、第二家农村资金互助社。②

2010 年 12 月 16 日，重庆农村商业银行在香港交易所挂牌上市，成为全国第一家社会公众持股的农村金融机构。自 2013 年以来，历年中央一号文件均要求邮政储蓄银行、农村信用社、村镇银行、小额贷款公司创新“三农”金融服务，发挥支农服务作用。2016 年、2017 年中央一号文件提出鼓励发展农村互联网金融、移动金融，提供互联网金融服务。

（五）深化农村金融改革

自 2013 年以来，中央采取措施深化农村金融改革，完善农村金融体系，创新农村金融服务，主要工作有以下几个方面：

第一，增加农业信贷，支持、服务“三农”。自 2013 年以来，历年中央一号文件明确提出农村金融机构要持续增加农业信贷，加大对

① 万荃：《培育农村新型金融机构加大支农惠农力度》，《金融时报》2011 年 4 月 29 日第 2 版。

② 宋振峰：《全国第三家农村资金互助社甘肃省岷县开业》，《甘肃日报》2007 年 3 月 26 日第 3 版。

“三农”的支持和服务。强调发展农业发展银行、国家开发银行中长期信贷投放政策性金融，支持农业开发、农村基础设施建设。

第二，完善农村金融服务体系。2013 年中央一号文件要求继续深化农村信用社改革，支持社会资本参与设立新型农村金融机构，同时，要求各类商业金融开设县级分支机构，服务农村金融，综合考评其涉农效果。对金融机构涉农贷款给予增量奖励、定向费用补贴。文件还强调改善农村金融服务，持续加大涉农信贷投放，支持新型农业生产主体信贷。2014 年中央一号文件提出培育新型农村合作金融组织，地方政府制定管理办法，负起金融监管职责。确保各类农业企业在多类资本市场筹集发展资金。2017 年中央一号文件提出增加金融机构县级网点，扩大村镇银行县市覆盖面。奖励农村金融机构涉农贷款增量。规范发展农村资金互助组织，同时，国家要求农业银行、邮政储蓄银行等县级支行试点成立农村金融事业部，更好地服务“三农”。

第三，逐步创新完善农村金融抵押贷款服务。农户抵押贷款一直是金融机构开展贷款业务的难点。中央不断要求金融机构创新农民贷款抵押方式，先后开展了各类农户抵押担保贷款试点，丰富了农业抵押贷款项目，支持了“三农”发展（见表 3 -3）。

表 3 -3　　2013—2017 年中央一号文件中的农户贷款创新

2013 年	要求农村金融机构创新农户贷款抵押担保方式，提高支付结算服务水平
2015 年	提出探索开展农民合作社内部信用互助试点、农户土地承包经营权和住房财产权抵押担保贷款试点；试点大型农机具、农业生产设施融资租赁和抵押贷款业务
2016 年	提出扩大 2015 年开展的三类试点。开展农产品期权，发展林权抵押贷款，建立“三农”融资担保体系
2017 年	推进 2015 年开展的各类试点改革；提出农村各类资源产权确权信息与金融机构联网共享，方便农民抵押贷款。加大支持粮食收购信贷，支持国家开发银行创新信贷投放方式

第四，拓宽农业发展融资渠道。2014 年、2017 年中央一号文件提出引导支持符合条件的农业企业上市融资，2015 年、2017 年中央一号文件强调支持金融机构发行“三农”专项债券，发展政府支持的“三

农"融资担保和再担保机构。2014 年中央一号文件提出开发农业类证券期货产品。2017 年中央一号文件提出建设农产品期货、期权市场，引导农业企业管理市场风险。银行与保险公司合作发展保证保险贷款产品，扩大"保险 + 期货"试点。支持金融机构开展订单融资、应收账款融资业务，为新型农业经营主体提供更好信贷服务。

第五，发展普惠性农村金融服务。2013—2017 年中央一号文件要求发展普惠性农村金融服务，给予农户贷款税收等优惠，完善金融支持农业发展模式（见表 3 –4）。

表 3 –4　2013—2017 年中央一号文件中的普惠性农村金融服务

2013 年	给予农户贷款税收优惠、小额担保贷款、林业贷款贴息等优惠政策
2015 年	加大农村妇女小额担保财政贴息贷款
2016 年	发展普惠性、多层次、可持续的农村金融服务
2017 年	完善财政与金融支农协作模式

第六，严格监管防范农村金融风险。2016 年中央一号文件提出统计"三农"贷款，实施中央与地方共同监管农村金融风险。2017 年中央一号文件提出健全农村中小金融机构内部风险管理制度，严厉打击农村非法集资和金融诈骗，推动农村金融立法。完善农业发展银行风险补偿机制和资本金补充制度。创建信用户、信用村、信用乡镇。

五　农业保险蓬勃发展

农业生产经常会遭受自然灾害而减产，因此，农业保险的重要性日益显现。2003 年 11 月，中国保监会制定了《建立农业保险制度的初步方案》，提出要逐步建立多层次体系、多渠道支持、多主体经营的符合中国国情的农业保险制度。2004—2010 年，中央一号文件都强调各地要探索发展农业保险。2004 年中央一号文件要求部分地区试点一些农产品生产保险，经济条件较好地区政府对参保农户补贴保费。当年有四家农业保险公司成立，在九个省开展业务。2004 年 10 月，外资农业保险公司——法国安盟保险集团成都分公司进驻中国，2005 年，国家继续提出开展农业政策性保险试点，2006 年，国务院通过了《国务院关于保险业改革发展的若干意见》（在保险业界称为"国十条"），这个意见详细部署了农业保险的长期发展目标和补贴方式。这标志着中国农业保险发展进入一个新阶段。

从2007年开始，中央提出建立政策性农业保险体制，2007年中央一号文件提出引导农户参保，国家财政专项补贴了内蒙古、吉林、江苏、湖南、新疆和四川等省区的五大类粮食作物保险。2008年中央一号文件在此基础上增加了生猪、奶牛等养殖业政策性保险，要求发展农产品出口信贷和信用保险。2009年中央一号文件提出扩大农业保险试点范围，增加险种。发展农村互助合作保险和商业保险。① 中央财政对中西部地区保费给予补贴。2011年，政策性农业保险种类增加，各地试办了地方农业特产、农房、农机、渔民、渔船、天气指数、价格、养殖业等险种，以及农村小额人身保险、农民工意外伤害保险。农业保险进一步扩展为“三农”保险，中央财政补贴险种不断增加。2012年中央一号文件指出试点设施农业保费补贴，扩大森林保险保费补贴试点范围，发展渔业互助保险和优势农产品生产保险。2013年中央一号文件提出适当提高中西部地区、生产大县农业保险补贴比例。试点开展制种、渔业、农机、农房、国有森林保险补贴。财政支持建立大灾农业保险。2017年中央一号文件提出开发满足农业经营需求的农业保险产品，发展农业互助保险。奖励地方开展特色农产品保险，支持扩大农产品价格指数保险试点，探索建立农产品收入保险制度。

2011年7月18日，中国保监会网站公布了批复宁波保监局在慈溪市龙山镇西门外村进行农村保险互助社试点的申请，这意味着全国首家农村保险互助社获得了监管部门的批准。根据公告，宁波保监局负责财务、业务监管职能，慈溪市政府为互助社提供优惠政策和营运资金支持，承担最终的风险处置职责。试点期间互助社的业务范围为短期健康医疗保险、意外伤害保险、家庭财产险三个险种，不能开展除银行存款、国债以外的资金运用业务。②

六　农村金融发展的实践总结

我国已基本建立了多元化、多层次的金融服务体系。自2013年以

---

① 黄英君：《解读我国农业保险制度》，《中国保险报》2011年5月16日第2版。

② 黄俊玲：《全国首家农村保险互助社获批》，《每日经济新闻》2011年7月19日第5版。

来，历年中央一号文件均要求邮政储蓄银行、农村信用社、村镇银行、小额贷款公司创新“三农”金融服务，发挥支农服务作用。2016 年、2017 年中央一号文件提出鼓励发展农村互联网金融、移动金融，提供互联网金融服务。农村金融体系的改革创新还会持续进行。

考察中国农村金融制度发展的历史，改革的目标基本上是在政府主导下进行，中国农村金融制度发展具有渐进性，始终坚持市场化的导向。农村金融制度的变迁安排目的性较强，农村金融制度变迁是在其他经济体制改革“倒逼”下的结果。[①] 目的在于维护整个经济制度变迁的稳定。即使在正规农村金融严重“供给”不足下，农村金融也是谨慎地处于“抑制”态势。[②] 面对小康社会与新农村建设的重大历史任务，新型农村金融机构（村镇银行、贷款公司、农村资金互助社、小额贷款公司）的建立发展与制度规范也在探索之中。

第三节　农村教育改革历程与实践

一　农村义务教育对于解决“三农”问题的重要性

2003 年，联合国在《千年发展公约》中指出，发展中国家要摆脱贫困，采取的重要措施是投资健康与教育，这些投入有助于经济增长，经济增长反过来又有助于人类的发展。“三农”问题的解决最终都归结到农民素质的提高，科技兴农的基础在于发展农村教育。提高农村义务教育水平，提高农民科学文化素质，增加农业的科技含量，农村义务教育对国民经济社会发展至关重要。纵观我国改革开放 40 多年来的农村义务教育改革，教育政策、体制、内容和方法都发生了深刻变化，为解决“三农”问题提供了有力支撑。

二　改革开放以来农村教育的发展历程与实践

（一）农村教育的发展历程

改革开放至今，中国农村教育的发展历程可以分为四大阶段。

---

① 兰日旭：《中国农村金融制度演化 60 年回顾》，《华东经济管理》2009 年第 11 期。

② 王家传、李学春：《创新农村金融制度，完善农村金融市场——基于农村改革开放 30 年》，《山东经济》2009 年第 5 期。

1. 初步改革阶段（1978—1984年）

农村教育在"文化大革命"中遭到严重干扰与破坏，"文化大革命"后，农村教育经历了拨乱反正时期。这一阶段，义务教育改革主要集中于对课程设置、课程计划和教材的变革和重新制定等方面。1978年教育部颁布了《全日制十年制中小学教学计划试行草案》，1980年出版了新中国成立以来的全国统编第五套中小学教材。1982年修订的国家根本大法《中华人民共和国宪法》中明确规定国家普及初等义务教育。本阶段，国家开始实行全国统一的义务教育模式。

2. 拓展阶段（1985—2000年）

此阶段是农村教育体制的改革时期。1985年，中央颁布了《中共中央关于教育体制改革的决定》，确立了有步骤地实施九年制义务教育的发展任务。1986年，第六届全国人民代表大会通过了《中华人民共和国义务教育法》，正式确立我国实施九年制义务教育。随后，国家教委公布了义务教育教学计划初稿，对新型九年制义务教育做出了具体要求，义务教育法的确立开创了中国教育史的新纪元，使我国普及义务教育走上了依法治教的道路。1992年，义务教育法实施细则颁布。

3. 深化阶段（2001—2012年）

从2001年开始，国务院决定在全国实施中小学危房改造工程。中央财政加大投入，基本改造完全国农村中小学现有D级校舍危房。2001年，国家针对西部困难家庭学生推行"两免一补"（免杂费、免书本费、补助寄宿生活费）政策。

2003年，农村教育工作进入深化改革时期。9月，国务院颁布了《关于进一步加强农村教育工作的决定》，进一步明确了农村教育的重要地位，系统全面部署了加强农村教育工作的政策，农村教育在全面建设小康社会中具有基础性、先导性、全局性的重要地位，要把农村教育作为教育工作的重中之重。农村教育的重点是九年义务制教育，义务教育是整个国民教育体系的基础，义务教育的发展将有利于从根本上杜绝文盲的产生，直至最终消灭文盲，从而提升国民素质，因此，加强义务教育对国民经济发展具有非常重要的意义。2003年秋季，国家修订了义务教育阶段课程计划、各学科课程标准，以及《地方课程管理与开发指南》《学校课程管理与开发指南》和中小学评价与考试的改革方案。从 2003 年 12 月开始，中央投入 110 亿元实施了“农村中小学现代远程教育工程”，运用现代远程教育手段缩小了城乡教育资源差距。

2004 年秋季，在认真总结国家和省两级实验区经验，在对其工作进行全面评估和广泛交流的基础上，课程改革工作进入全面推广阶段。

2005 年，国家提出深化农村义务教育经费保障机制改革，全面免除义务教育阶段学生的学杂费。2005 年开始，国家对 592 个国家扶贫开发重点县实行“两免一补”（免去学杂费、课本费，对寄宿生补助生活费）政策，“十一五”期间，“两免一补”政策覆盖到所有农村义务教育阶段贫困生。

2006 年，国家强调普及、巩固、加快发展农村义务教育，为了解决农村中小学经费短缺运转困难问题，国家建立了农村义务教育经费保障机制；2006 年起，中央和地方每年投入 100 亿元，专门用于农村义务教育校舍维修改造。用 4 年时间基本解决了现存危房。2004—2007 年，中央财政投入 100 亿元，实施了针对 2002 年年底尚未实现“两基”的中西部地区“两基”攻坚计划。

2003—2007 年，国家对农村义务教育的投入金额增加 1623 亿元。[①] 2007 年实施了所有农村义务教育阶段学生学杂费和教科书费用免除政策；2008 年又免除城市义务教育阶段学杂费，同时，要求各地对符合入学条件的农民工随迁子女免除学杂费和借读费，中央财政每年补助在城市学校读书的进城务工人员子女 50 亿元专项经费。

2010 年，教育部强调合理布局农村学校，实施农村学校校舍安全工程，关注贫困地区农村学生营养状况。2010 年，国家支持改造农村义务教育薄弱学校，重点是中西部地区农村中小学，为这些农村学校配备教学器材、远程教学设备、实验仪器设备和图书。2011 年秋季，每年投入 160 多亿元实施“农村义务教育学生营养改善计划”，每生每天补贴 3 元，解决集中连片特殊困难地区的 680 个县和新疆生产建设兵团 19 个团场，总计 2600 万名孩子的营养餐问题。2004 年起，新建、改扩建一批以农村初中为主的寄宿制学校。中央财政投入 100 亿元，国家发

① 李菲：《从教育投入数字看科学发展观——近几年农村义务教育事业发展巨大成就及变化》，《教育财会研究》2009 年第 4 期。

展改革委、财政部各承担50亿元，连续4年实施西部地区农村寄宿制学校工程，建设寄宿制学校，免去了农村孩子起早贪黑奔走于家校之苦。

4. 城乡一体化的义务教育发展阶段（2013年至今）

《国家中长期教育改革和发展规划纲要（2010—2020年）》中提出继续大力发展农村教育的政策内容与政策要求，建立“城乡一体化义务教育发展机制”。从2013年开始，我国采取的主要措施有以下几个方面。

第一，改善办学条件。2013年中央一号文件提出改善农村中小学办学条件，2014年、2015年、2016年中央一号文件关注农村薄弱学校基本办学条件，配备师资力量，建立城乡教师轮岗交流机制，促进教育公平。办好村小学和教学点，方便农村孩子就近入学。完善农村中小学校舍建设改造长效机制，建设标准化学校，改善农村学校寄宿条件。设立专项资金，补助连片特困地区乡村教师生活。2014年，教育部出台义务教育免试就近入学的通知，教育公平实质性迈出了一大步。2015年中央一号文件提出开发基础教育优质数字教育资源，全面推广应用。

第二，支持发展农村学前教育。2014年、2015年、2016年中央一号文件均要求加快发展农村学前教育，支持乡、村公办和民办幼儿园，扩大农村普惠性幼儿教育资源。根据前瞻产业研究院数据显示，2016年，全国共有各类幼儿园23.98万所，毛入园率为77.4%。①

第三，提高高中阶段教育水平。2015年、2016年中央一号文件要求提高农村地区高中阶段办学水平，免除普通高中家庭经济困难学生的学杂费，普及高中教育。要求提高重点高校招收农村学生比例。2016年中央一号文件继续提出深入实施农村贫困地区定向招生等专项计划，对民族自治县实现全覆盖。

第四，发展中等职业教育和职业技能培训。2014年、2015年国家要求落实中等职业教育国家助学政策，紧密结合市场需求，加强农村职业教育和技能培训。2015年中央一号文件提出逐步实现中等职业教育

① 杨帆：《学前教育行业现状分析，学校数量逐年增长》，https：//bg. qianzhan. com/report/detail，2018年1月5日。

免费。2016年中央一号文件提出逐步分类推进中等职业教育免除学杂费，全面资助家庭经济困难学生。办好农村特殊教育。

第五，提高义务教育经费投入。2014年1月，教育部发布了教基〔2014〕1号文件，提出统筹、推进城乡义务教育均衡发展，建立以省级政府负担为主的教育投入机制，有效保证农村学校学生享受教育资源平等的基础教育。2014年6月，中央财政下达的农村义务教育生均公用经费标准有所提高。西部地区农村义务教育所需资金中央财政承担80%，地方财政承担20%；中部地区分担比例为60%和40%。[①] 2015年中央一号文件要求国家重点保障边疆地区、民族地区、革命老区农村义务教育经费支出。2015年11月25日，国务院印发通知，从2016年春季学期开始，统一城乡义务教育学校生均公用经费基准定额。2016年2月，国务院出台了《关于统筹推进县域内城乡义务教育一体化改革发展的若干意见》。2016年、2017年中央一号文件要求义务教育经费城乡统一，重点保障农村义务教育。从2017年春季学期开始，统一城乡义务教育学生“两免一补”政策。

第六，加强足球教育师资培训。2015年教育部计划完成对7000名校园足球骨干师资的培训。教育部启动实施“全国校园足球特色学校骨干师资国家示范性培训项目”，设计培训课程，遴选培训基地，组建专家团队，分期培训6000名教师、300名教练、200名裁判、200名足球优秀退役运动员以及300名管理者。[②]

5. 发展农村文化事业

每年召开的农村工作会议上中央对农村文化建设非常重视，2005年国家提出建设社会主义新农村的重大任务，农村文化建设文化对促进农村生产发展、生活富裕、乡风文明、村容整洁、管理民主等社会主义新农村建设的重要内容进一步加强。中共中央办公厅、国务院办公厅下发了《关于进一步加强农村文化建设的意见》，要求增加政府投入，加大文化资源向农村倾斜，推进农村文化设施重点工程建设，提升农村公

---

① 《中央财政再次提高农村义务教育学校公用经费标准》，中国新闻网，http：//www.chinanews.com，2014年6月10日。

② 何军、公兵：《教育部计划今年完成7000名校园足球骨干师资培训》，新华网，http：//www.hinews.cn/news，2015年4月17日。

共文化基础设施条件。2007年，党的十七大报告中指出要丰富农村、偏远地区、务工人员的精神文化生活。重视城乡、区域文化协调发展。2008年政府工作报告提出加大政府投入，构建覆盖全社会的公共文化服务体系，特别要加强社区和乡村文化设施建设，加快乡镇综合文化站建设。推进农家书屋、农村电影放映工程、广播电视村村通工程。10月，党的十七届三中全会通过《关于推进农村改革发展若干重大问题的决定》，要求繁荣农村文化，把社会主义核心价值体系融入农村文化建设；加强农村公共文化服务，广泛开展农民文化活动。2011年，党的十七届六中全会部署了建设社会主义文化强国重大战略。中央财政设立农村文化建设专项资金，重点加强农村地区和中西部贫困地区公共文化服务体系建设。对村级公共文化体育设施设备更新维护和开展农村文体活动给予补助和奖励。推进公共文化设施免费开放。引导企业、社区积极开展面向农民工的公益性文化活动。这些指示充分体现了国家对农村文化建设的高度关注和重视。

6. 培育新型农民

农民的素质对农村社会和经济发展至关重要，培育有文化、懂技术的新型农民是建设新农村的重要途径。

从2004年起，民政部、农业部、劳动和社会保障部、教育部等部门共同组织实施农村劳动力转移培训阳光工程。阳光工程是分阶段实施的农民培训计划，2004—2005年，重点开展针对粮食主产区、贫困地区和革命老区劳动力主要输出地的劳动力进行短期职业技能培训。计划两年培训500万人。2006—2010年，建立健全农村劳动力转移培训机制，在全国大规模开展职业技能培训，加强农村人力资源开发工作，培训3000万人。2010年后，把农村劳动力培训纳入国民教育体系，扩大培训规模，提高培训层次，总体提升农村劳动力的科技文化素质。2006年中央一号文件指出，建设现代农业要靠有文化、懂技术、会经营的新型农民，必须大幅增加投入，扩大新型农民科技培训工程和科普惠农兴村计划规模，全面提高农村劳动力素质，把农户培养成具有较强市场意识、较高生产技能、有一定管理能力的现代农业经营者，开发农村人力资源，为新农村建设提供人才支持。从2006年开始，农业部、财政部组织实施"新型农民科技培训工程"，计划在全国300个县、10000个村开展培训工作，各省根据农产品区域布局和发展地方特色农业的要求，选择项目实施县和培训村，招标确定培训机构，进村开展培训。2007 年，中共中央办公厅、国务院办公厅发布了《关于加强农村实用人才队伍建设和农村人力资源开发的意见》，要求采取多种形式，大力推进农村教育培训工作，培养造就大批农村实用人才，充分发挥农村实用人才的示范带头作用，繁荣农村经济。2008 年，农业部整村推进开展农业科技知识和实用技术培训，在 3 万个村，每村确定 40 名农民，由培训机构进村开展不少于 15 天集中培训，现场指导不少于 15 次的新型农民科技培训工程，对粮食主产区、贫困地区和革命老区的 350 万村民开展农村劳动力转移培训阳光工程，要求培训后转移就业率不低于 80%。2012 年中央一号文件要求开展农村实用技术培训，加快培养农业科技人才，设立大学生特岗计划，选拔其到乡镇推广农业技术。培养新型职业农民，对符合条件的返乡创业青年农民工给予创业补助和贷款支持。

（二）农村义务教育财政体制的改革历程及作用

改革开放以来，随着我国财政经济体制的变革，不同阶段，国家颁布了大量不同的农村义务教育财政体制法规和政策性文件。

1. 农村义务教育财政体制的改革历程

我国农村义务教育财政体制变迁分为以下几个阶段。

第一个阶段是 1980—1984 年，这个阶段中央和地方财政各自承担教育经费支出，1980 年 4 月，教育部下发建议，规定省、市属高校及各地方中小学的经费由各省、市承担，部属高校和中等专科学校经费由中央承担。1983 年，国务院提出以国家办学为主体，充分调动各界办学的积极性，通过多种渠道解决农村教育经费问题。

第二个阶段是 1985—1993 年，1985 年，国家规定地方财政承担中小学教育经费，中央实行专项补助。1992 年，《义务教育法实施细则》明确了这一教育经费分担体制，乡级政府主要承担了义务教育经费支出，可见地方承担了更多的办学责任。此阶段，我国教育经费投入从原来中央和地方两级筹资体制逐渐形成了以政府财政拨款为主，社会捐资、学生缴费、税收等多渠道筹集经费的财政体制。① “多方筹资”有力地促进了农村义务教育的发展。

第三个阶段是1994—2000年，1994年，国务院发布教育改革和发展纲要实施意见，对教育经费分担统筹做了具体规定，县级政府主要负责义务教育的经费统筹、人员调配和管理；乡镇负责征收教育附加费以及筹措初中教育的基建费；村负责小学基建费筹措。形成“县办高中，乡办初中，村办小学”的农村义务教育分担办学模式，此阶段，农村义务教育主要“以乡为主”。为减轻地方政府压力，从1995年开始，中央逐年加大教育财政转移支付规模，农村义务教育经费迅速增长，为2000年实现“两基”打下了坚实基础。

第四个阶段是2001—2005年，是农村教育经费税费改革后“以县为主”时期，2002年，全国税费农村改革，由于取消了农村教育费附加和教育集资，客观上造成了农村中小学教育经费的紧张和困难，2001年，国务院在《关于基础教育改革与发展的决定》中提出，县级政府承担农村义务教育主要责任。2002年，国务院办公厅发出通知，强调了以县为主负担农村义务教育的责任。2003年，国务院召开了第一次全国农村教育工作会议，再次指出农村义务教育财政“以县为主”，这个体制凸显了基层政府的责任。2006年，政府预算内农村义务教育拨款已达86.8%，基本实现了以政府为主的农村义务教育办学目标。② 但是，由于我国农村义务教育投资存在明显地区差异，农村义务教育难以实现均衡发展。

第五个阶段是2006年以来，这个阶段农村义务教育经费主要由公共财政保障。随着农村税费改革的深入推进、公共财政体制的不断完善以及国家财力的逐年增强，我国开始了农村义务教育的免费试点。免除的学杂费由中央和地方按比例分担，教科书免费，中西部地区由中央全额承担，东部地区由地方政府承担。寄宿生的生活费补助资金由地方政府承担，补助标准由地方政府确定。2005年12月，国务院下发通知，

① 教育部课题组：《教育大国的崛起》，教育科学出版社2008年版，第63页。

② 梁文艳：《义务教育均衡发展与财政支出规模分析》，《教育发展研究》2008年第1期。

制定了农村义务教育经费改革具体步骤，提出农村义务教育经费省级统筹，中央和地方分项目、按比例分担，以县为主管理，这个体制促进了城乡义务教育财政公平，特别是对推进西部农村义务教育普及与发展起到了重要作用。2006 年，全国开始实行免费义务教育。从 2006—2008 年，政府加大投入，逐步完成了全面免除义务教育学杂费的目标。免费义务教育切实减轻了西部地区，特别是农村地区学生入学经济负担。当然，此次义务教育经费保障政策的调整，在实施过程中也遇到些许问题，诸如仍然面临着公用经费保障水平低等现实问题。

2. 促进了农村教育发展

改革开放以来，我国农村义务教育财政体制的变革总是配合着我国义务教育改革，不同时期出台的相应财政政策也从一定程度上保障着同一时期农村义务教育改革的实施。2004 年，我国农村义务教育财政体制先后经历了税费改革后“以县为主”的体制时期和“农村义务教育经费保障新时期”，起到了推进农村义务教育经费改革，加大农村义务教育投入，缩小教育差距的作用。当前，农村义务教育经费改革不仅全部免除了农村义务教育阶段学生学杂费，切实减轻了农村家庭学生上学负担，而且还巩固和完善了农村中小学教师工资保障机制，为农村中小学教师生活提供了保障。通过经费支持、保障机制促进了城乡义务教育均衡发展，实现了教育公平。

三 农村义务教育经费改革的效果

（一）切实减轻了农村义务教育阶段学生家庭负担

2005 年至今，农村义务教育经费保障机制不断深入落实，义务教育阶段全免学杂费资金由中央和地方分担，农民无须缴纳学杂费，有效缓解了农民家庭教育负担，为农民家庭增收，解决“三农”问题起到了一定作用。对贫困家庭学生免费提供教科书并补助寄宿生活费，使贫困家庭中小学生入学没有后顾之忧，这使贫困农村中小学生接受义务教育有了经济保障，有效地缓解了因贫辍学问题，保障了农村孩子受教育的权利，农村义务教育得以普及。

（二）建立健全了农村义务教育经费保障机制

新机制落实后，农村义务教育阶段学杂费由中央和地方按比例承担，依据各省财力分别确定中央和地方承担比例，有效地缓解了中西部省财政压力，缩小地区、城乡差异，使中西部省份农村义务教育能加快发展步伐，赶上东部沿海地区。更加健全了农村义务教育经费保障机制，使各级经费专款专用落到实处。

根据《国务院关于深化农村义务教育经费保障机制改革的通知》（国发〔2005〕43号），农村义务教育阶段设立中小学校舍维修改造专项资金，中西部地区每年校舍维修改造所需资金，由中央和地方按照5∶5比例共同承担。东部地区主要由地方自行承担，中央给予适当补助。各省建立农村义务教育阶段中小学校舍维修改造专项资金，按照省、市、县三级共同负责，分别承担资金投入的原则，主要用于农村义务教育阶段公办中小学的教学及教学辅助用房、行政办公用房、生活服务用房等校舍的维修改造，不得用于偿还债务或挪作他用；同时，中央要求确保农村中小学校舍维修改造长效机制顺利实施。这些措施有效保障了义务教育阶段农村中小学校舍的维修、改造，改善了农村义务教育办学硬件条件。

（三）提高了农村中小学教师待遇

通过改革农村义务教育经费体制，农村中小学教师待遇整体得到了提高。国家出台措施，支持了中西部及东部部分地区农村中小学教师工资发放；各省加大了教育转移支付，按时足额发放农村教师工资。浙江省在全国率先为农村教师发放津贴；农村教师每8年上浮一级薪级工资；自2008年起，国家财政投入专项资金，培养农村学校骨干教师，实施了一系列支持措施，有效提高了农村教师整体素质。

在加强农村教师队伍建设方面，政府也做了大量工作，通过实施农村义务教育学校教师特设岗位计划、师范生免费教育和农村教育硕士计划等多项措施，使农村教师队伍状况得到了很大提升。随着“以县为主”的管理体制、转移支付以及农村税费改革制度的逐步实施，各省农村教师待遇有了明显提高。这对提高农村中小学教师整体素质、发展农村义务教育有重要的作用。

四　农村教育发展的成就与经验

每年中央发布的一号文件中都关注农村教育，把农村教育提到了解决“三农”问题、实现小康社会的战略高度。党中央、国务院出台一系列化解农村教育改革和发展过程中新旧难题的重大举措，农村教育得到了持续发展。

（一）成就

1. 全面完成“两基”战略任务

1992年党的十四大提出实施“两基”（基本普及九年义务教育、基本扫除青壮年文盲）目标，2003年，国务院颁布了《关于进一步加强农村教育工作的决定》，要求实现西部地区“两基”目标。2007年年底，全国“普九”覆盖率达到99.3%，“普九”县占全国总县数的98.5%，公民人均受教育年限提高到8.5年①，教育取得了可喜的发展成绩。2011年我国全面完成“两基”战略任务，国家基础教育实现了跨越式发展。

2. 加大农村义务教育财政投入

到目前为止，全国农村基本实现了免费义务教育，家庭经济困难的寄宿生还得到了一定的生活补助，农村家庭的教育负担大大减轻。近些年，国家加大对家庭经济困难学生的资助投入，多数农村学生受益。2007—2011年，全国普通高等教育、中等职业教育、普通高中教育和义务教育阶段受助学生累计达3.4亿人次，资助金额累计3526.17亿元。②

（二）经验

1. 始终重视发展农村教育

改革开放以来，中央把发展农村教育放到教育发展的基础地位，国家制定了农村教育发展的目标、方向、方式与途径。农村教育的发展与社会宏观政策的变革高度相连，随着社会经济状况、制度条件的改变，农村教育有了持续的政策保障与政策支持，农村教育的发展离不开政府教育政策的导向和规划影响。

2. 农村教育发展的重点是普及九年制义务教育

20世纪50年代初期，国家首先确立了普及小学教育的目标，使农民子女能够享有基本的受教育权利，并能受到基本的教育。20世纪80

① 余丽红：《关注农村教育发展提高农村教育质量》，《中国教育学刊》2009年第1期。

② 张乐天：《新中国农村教育发展的政策经验》，《南京师范大学学报》（社会科学版）2012年第5期。

年代中期，根据经济社会发展的需要，国家提出实施九年制义务教育。与此同时，第一部专项教育法——《中华人民共和国义务教育法》颁布，这使农村义务教育的实施有了法律保障。

2003年9月，国务院在《关于进一步加强农村教育工作的决定》中指出农村教育的重要作用。发展农村义务教育是全面建设小康社会的基础性工作，从根本上提升国民素质，对国民经济发展具有非常重要的意义。改革开放40多年，国家给予西部农村地区更多优惠政策，缩小了东西部及城乡农村义务教育的差距。进一步采取综合措施和优惠政策重点支持了农村中小学教育改革工作。

3. 重视调动社会力量助力农村教育发展

农村教育的发展，主要依赖于各级政府的财政投入，同时，国家历来重视调动社会力量助力农村教育发展，通过大力动员社会力量，募集、调动民间资源，充分发挥人民群众办学的积极性，推进“希望工程”，依靠群众的力量普及义务教育。各地“希望小学”的建设经费主要来自民间的捐资助学。社会力量助力教育构成了中国农村普及教育的典型经验。

4. 对贫困地区农村教育实施特别支持政策

一直以来，教育扶贫都是国家扶贫战略的重要内容，通过教育扶贫，提高贫困人口的素质，从而改变、消除贫困是扶贫的重要途径。国家对贫困地区农村教育实施特别支持政策，通过增加中央政府财政转移性支出，实施“春蕾计划”和“国家贫困地区义务教育工程”等特有政策促进了贫困地区义务教育发展，教育推动社会向上流动的功能得到实现。

5. 持续实施多样方式扫除文盲

扫除农村文盲是全面提升农村人口文化素质的基础工程，数十年来，我国充分利用农村中现有的教育机构和资源，大力开展扫盲工作。把扫盲同普及农村义务教育、农村职业技术教育、农村应用科学技术相结合，杜绝新文盲的产生，同时把扫盲教育同加强农村精神文明建设与培养新型农民结合起来。坚持以国家确立的扫盲标准对农村扫盲的结果进行“达标”评估与验收。

6. 加强农村教师队伍建设

政府特别制定实施了巩固和加强农村教师队伍建设的支持性政策与措施。师资队伍缺乏一直是农村教育的困境，长期以来，国家非常重视农村教师队伍建设。20 世纪 90 年代，绝大多数农村民办教师通过多样化的考核途径转为公办教师。2004 年，国家启动农村学校教育硕士师资培养计划；2006 年，国家出台意见要求城镇教师轮岗支援农村教育，并实施农村学校教师特设岗位计划，鼓励大学毕业生、城镇中小学教师定期到农村学校任教；2007 年实行教育部直属师范大学免费教育师范政策。同时大力推进师范生实习支教工作；2012 年国务院出台了《关于加强教师队伍建设的意见》。国家出台的这些针对农村教师的专门政策，激励了更多优秀人才到农村从教，近年来，国家出台了一系列文件，提高农村中小学教师的待遇，给予农村教师工资、职称等方面的政策优惠，逐步实行城乡统一的中小学教职工编制标准。

7. 制定专项政策解决不同时期农村教育难题

我国农村教育在社会发展的不同时期和不同阶段都会遇到较为突出的问题与矛盾，改革开放以来，我国政府制定专项政策，采取专项行动，在农村地区先后实施了危房改造、现代远程教育、提高教师素质、东部地区学校对口支援西部贫困地区学校等专项行动，各地出台措施解决城市农民工子女、农村留守儿童义务教育问题，解决特定时期农村教育的突出矛盾和问题。

8. 试点推进农村教育改革

为了推进农村教育发展，国家通过新的政策设计试点进行农村教育改革，主要有农村单项教育改革试验，管理体制改革，教育教学改革，职业教育、成人教育改革，综合性教育改革试验等。1987 年，国家教委和河北省人民政府在河北阳原、完县、青龙三县建立农村教育综合改革试点——“河北省农村教育改革试验区”。[①] 试验旨在培养合格的农村劳动者，探索教育与经济、社会发展互相促进的机制。1989 年，国家为实施“燎原计划”，推进农科教结合，建立百县综合改革试验区。此后，又实施了建立城乡义务教育均衡发展试验区、农村中小学现代远

① 何东昌：《中华人民共和国重要教育文献》，海南出版社 2010 年版，第 2606 页。

程教育工程试点等。

2010年10月24日，国务院办公厅颁布了《关于国家教育体制改革试点的通知》，在黑龙江省、广西壮族自治区部分县、贵州省毕节地区、西藏自治区山南地区、新疆维吾尔自治区，探索贫困地区发展学前教育途径，改进民族地区学前教育发展。在北京市、黑龙江省、江西省部分县市，湖北省、湖南省、广西壮族自治区、重庆市、云南省、陕西省部分市、新疆维吾尔自治区，试点探索制定城市优秀教师到农村地区轮岗从教，创新农村教师全员培训机制，支持农村教师专业发展。在山东省、湖南省、重庆市进行基础教育综合改革试点，主要内容包括探索多种形式扩大学前教育资源，加强学前教育规范管理；探索解决流动人口子女在城市接受义务教育的办法；探索建立农村留守儿童关爱服务体系；还包括建立健全义务教育均衡发展保障机制；系统改革学校教学内容、教育方法和评价制度，推动普通高中多样化发展；全面推进素质教育。

9. 发展农村职业教育和成人教育

改革开放以来，国家为促进农村经济建设和社会发展，开展了农村职业教育和成人教育。1985年中央提出调整中等教育结构，大力发展职业技术教育。在全国各地农村，设立了县乡职业教育中心，建立起农村职教、成教的组织和制度保障；发展县级职业中学，突出设置针对性、实用性和有效性的职教课程，培养现代农业劳动者，培训转移农村劳动力，为农村经济发展储备人力资源。

培育有文化、懂技术的新型农民是建设新农村的重要途径。自2004年起，国家高度重视新型职业农民培养，政府拨付专项资金，开展了农村劳动力转移培训工程、新型农民科技培训工程、农民实用技术培训工程等农村职业教育项目。

教育部先后于2011年印发意见，加快发展农村职业教育。2013年下发通知，创建国家级农村职业教育和成人教育示范县，大力发展农村职业教育。2014年，国务院出台决定，加快发展现代职业教育。2015年中央一号文件指出发展农业职业教育，培养新型职业农民。可以看出，国家越来越重视发展农村职业技术教育。

10. 大力发展师范教育，培养农村教育师资

加强农村教师队伍建设对于农村教育至关重要。改革开放以来，我国通过大力发展师范教育，以及支持性的师范教育制度，为农村中小学培养大量师资。第一，建立中等师范和高等师范专科、本科三级师范教育，培养农村学校师资。第二，开展师资培训，多级培训农村教师。“文化大革命”后，为解决农村小学师资不足问题，充实了大量民办教师，改革开放后，各级教育学院和各级教师进修学院，承担了农村中小学师资培训任务。农村中小学教师水平与合格率不断提升，从而更好地服务于农村基础教育。第三，实行免费师范生培养制度，免费师范生教育政策是国家选拔热爱教育事业，毕业后愿意长期从教的普通高中毕业生，在其参加高考，报考北京师范大学、华东师范大学等六所教育部直属师范大学，达到录取分数线后，有条件地接受免费师范教育。在校学习期间免除学费，免缴住宿费，并补助生活费。毕业后由生源所在地省份落实到当地中小学任教，目前，各省份规定的服务期从5—10年不尽相同，任教满一学期后，可申请免试在职攻读教育硕士专业学位。据教育部统计，2007—2017年，北京师范大学等6所部属师范大学已累计招收免费师范生10.1万人，已毕业履约7万人，其中90%到中西部省份中小学任教。[①] 为中西部地区基础教育的发展起到了很大的促进作用。

五　农村教育发展存在的问题

（一）农村中小学教师存在结构性缺编

国家一直出台各种政策支持农村教育发展，但是，农村中小学依然存在结构性师资缺编。第一，农村中小学普遍缺乏外语、音乐、美术等学科教师，无法开设相关课程；第二，部分农村地区骨干教师常被引进城市学校，师资流失严重；第三，农村教师缺乏工作动力。由于农村中小学生源逐年减少，农村中小学空巢化严重，工作环境较差，农村教师工作动力不足，从而制约着农村教育质量的提高。

（二）农村留守儿童教育问题突出

随着大量农村剩余劳动力流入城市务工，其子女大多留在农村成为

① 教育部：《实施师范生公费教育，吸引优秀人才从教》，http://www.moe.gov.cn/jyb_xwfb/s271/201808/t20180810_344982.html，2018年8月10日。

留守儿童，留守儿童的教育是一个新的社会问题。2010年，全国第六次人口普查资料显示，农村留守儿童达到6102.6万人。目前，留守儿童教育状况令人担忧，有研究者调查指出，农村留守儿童因缺乏家庭教育，存在心理问题；行为上易发生厌学等问题。农村留守儿童的学习、生活与成长存在很多问题，已经演化为农村教育整体发展中不可忽视的社会问题，影响我国教育目标的实现。学校或教育系统已然不能够独立解决此问题，亟须建立和完善相关教育、妇联、民政等职能部门分工协作的工作机制。[①] 需要社会各界相互配合、共同努力去做好留守儿童管护、教育工作。

（三）农村学校布局调整与教育城镇化削弱了农村教育发展

当下，农村人口大规模流动，农村学生外流严重，导致城市学校承载力超限。大量农村学校规模越来越小。在城镇化发展背景下，农村学校适度的布局调整是必要的，调整后农村寄宿制学校大量出现。但是，农村寄宿制学校缺乏生活教师，低龄学生寄宿影响其心理成长等问题。增加对寄宿制学校的经费投入，设置寄宿最小年龄条件，配备专职心理教师和生活教师，才能保证寄宿孩子健康成长。

（四）农村职业教育和劳动力技能培训有待发展

农村职业教育和劳动力技能培训是提高农业生产能力、培育新型农民的重要手段，农村职业教育和成人教育发展整体上较弱。近年来，国家高度重视农村职业教育和劳动力技能培训，2002年、2003年、2005年国家先后召开全国农村教育工作会议，出台一系列扶持农村职业教育和劳动力技能培训的政策措施，建立起县级和乡镇职教或成教中心，配备了相应的工作人员，国家和地方政府拨付专项资金，支持实施了“农村实用技术培训工程”和“转移劳动力培训工程”，但是，一些地方的农民并没有表现出学习技术的热情，相反呈现出被动接受培训的状况，培训成效难以显现。

（五）城乡基础教育差距拉大

长期以来，我国教育受城乡二元经济结构的影响，城乡教育结构不平衡，城乡基础教育师资力量差距迄今依然明显。近年来，大量农村劳

---

① 余丽红：《关注农村教育发展提高农村教育质量》，《中国教育学刊》2009年第1期。

动力外出打工，子女也随之进入城镇就读，农村学校生源锐减，农村学校的优秀教师等教育资源也流向城市，这使城乡间的教育差别继续扩大。

尽管国家一直很重视农村教育发展，但城市集中了更多优质教育资源，较之城市教育的发展，农村教育发展依然是落后状态。《国家中长期教育改革和发展规划纲要（2010—2020 年）》中提到信息技术对教育的革命性影响和作用，信息化对偏远地区教学点教育有特殊作用，提出加快教育信息化进程，利用远程信息技术与信息化解决农村优势教育资源匮乏的问题。因此，农村教育要整合各种教育资源，统筹城乡教育发展，推进城乡教育一体化。

（六）农村义务教育阶段课程未贴近农村特色

农村地区义务教育阶段，开发具有地方特色、学校特色的课程颇为重要。农村义务教育要通过政策倾斜、专家指导、教师培训、学生参与、企业帮助等多种渠道，鼓励农村中小学贴近农村生活实际，因地制宜开发农村学校地域特色、满足学生需求的校本课程，以培养出本土农业专业人才，为解决“三农”问题提供人才、知识保障。

第四章

农村基本经营制度的演变与发展

第一节　农村基本经营制度的形式

新中国成立以来，土地这一基本农业生产资料亟须改变所有制制度，实践中，新中国最先开始的农村工作也是土地分配。因此，研究改革开放以来的农村基本经营制度不能只从党的十一届三中全会以后开始，新中国成立后的土地制度变革是农村基本经营制度不可割裂的历程。

一　新中国成立后的农村经营制度回顾

1949 年 10 月，新中国成立了。解决人民的温饱问题成为“三农”政策的最重要目标。1950 年 6 月召开的党的七届三中全会决定，在 1950—1952 年的 3 年时间，全面恢复国民经济和农业生产，争取财政经济好转。1950 年冬至 1952 年春，中国共产党在新解放区开展了土地改革运动，1950 年 6 月召开的党的七届三中全会上，刘少奇作了《关于土地改革问题的报告》，6 月 30 日又颁布了《中华人民共和国土地改革法》，这两个文件非常明确地规定和说明了土地改革的路线、方针、政策，有效指导了全国开展的土改工作。到 1953 年春，全国除新疆、西藏以及台湾省外，基本都完成了土改工作。

1953 年春，初级农业生产合作社在各地开始试办，1953 年 12 月 16 日，中央做出《关于发展农业生产合作社的决议》，1955 年 7 月 31 日，毛泽东在省、市、自治区党委书记会议上作了《关于农业合作化问题的报告》，10 月 4—11 日，在党的七届六中全会（扩大）上，通过了《关于农业合作化问题的决议》，1956 年，根据中国共产党第八次全国人民代表大会精神，中央继续推行农业合作化，1956 年年底，全国基本实现了农业合作化①，农民几乎全都加入了合作社。

二 改革开放以来农村基本经营制度的形成

（一）家庭承包经营制的确立

1. 家庭承包经营制萌芽

学界普遍认为家庭联产承包责任制是中国农村改革的突破口。家庭联产承包责任制以“包干到户”为主要形式，包干到户俗称“交够国家和集体的，剩下全是自己的”。党的十五届三中全会后，家庭联产承包责任制改称为家庭承包经营。

党的十一届三中全会决定农村实行责任制，可以按定额、按时记工分，生产队也可以包工到作业组，实行责任制是历史性进步，但又强调“不许包产到户，不许分田单干”。党的十一届三中全会以后，1979 年 9 月，国家将“不许”包产到户变为“不要”，允许某些边远山区、贫困地区，交通不便的单家独户包产到户，实践中，凡是大包干的地方农业发展很快，1980 年 9 月，国家出台了关于加强和完善农业生产责任制的通知，明确提出在贫困、边远地区的生产队，“包干到户”是解决贫困问题的好办法，“包干到户”可以在一个较长的时间内保持稳定。家庭联产承包责任制在全国逐渐普遍推广，据统计，到 1980 年年底，安徽全省约 70% 的生产队实行了“包产到户”和“包干到户”。四川、贵州、甘肃、内蒙古、河南等地也公开或隐蔽地发展着“包产到户”。②但是，从 1978 年秋到 1979 年，社会上始终存在对“包产到户”和“包干到户”是走资本主义道路的指责和争论，1980 年 5 月，邓小平热情赞扬了安徽农村实行的“包产到户”和“包干到户”。9 月 27 日，中共中央转发了 75 号文件《关于进一步加强和完善农业生产责任制的几个问题》的会议纪要，规定在边远山区和贫困地区，农民可以“包产”“包干”，农业生产责任制较长时期内要保持稳定。

① 张新华、岳林：《新中国探索“三农”问题的历史经验》，中共党史出版社 2007 年版，第 11 页。

② 陈锡文等：《中国农村制度变迁 60 年》，人民出版社 2009 年版，第 27 页。

2. 家庭联产承包责任制正式确立

到1981年，“包产到户”的效果被中央肯定。1982年1月，中共中央批转的《全国农村工作会议纪要》中第一次明确指出“包干到户”“包产到户”是社会主义性质的经营制度，肯定其是社会主义农业经济的组成部分。[①]《纪要》指出联产就需要承包，可以根据当地的实际情况采取多种形式的承包，完善生产责任制。必须坚持土地集体所有制，合理保护利用耕地。1983年的中央一号文件中，家庭联产承包责任制得到了党中央的全面肯定，文件指出家庭联产承包责任制是分散经营和统一经营相结合，性质是社会主义集体所有制经济的经营方式。同时，中央强调当前农村要完善农业生产责任制。中共中央高度评价联产承包责任制，认为这是中国农民的伟大创造，这一制度是对马克思主义农业合作化理论的丰富和发展。家庭分户承包经营只是马克思主义农业合作化理论中合作经营的一个层次，它不同于过去的小私有经济，是一种新型的家庭经济。家庭联产承包责任制既可以发挥农民自主经营的积极性，也可以实现集体经营。自党的十一届三中全会以来，联产承包责任制使农村发生了重大变化。1984年1月，中央将土地承包期由3年延长到15年，至此，全国几乎所有的生产队如火如荼地实行了联产承包责任制。

联产承包责任制解放了农村生产力，国家在大力发展粮食种植的同时，一直强调农业要发展，必须开展多种经营。除了农林牧副渔全面发展，农村工商业也是国家极其重视的。1981年，国家农委发布《关于积极发展农村多种经营的报告》，强调调整农业内部生产结构，要求生产队要积极鼓励和支持农民发展服务业、手工艺、养殖业等农村多种经营，鼓励农民个人或合伙经营。[②] 1982年1月，中共中央第一次肯定了联产承包责任制的重要作用和其社会主义性质，正式确认了在农村实行家庭联产承包责任制。

1983年1月，中共中央印发了《当前农村经济问题的若干问题》

① 中共中央文献研究室：《三中全会以来重要文献选编》，人民出版社1982年版，第1063—1064页。

② 中共中央党史研究室、中共中央政策研究室、中华人民共和国农业部编：《中国新时期农村的变革》（中央卷），中央文献出版社1992年版，第149页。

的通知，赞扬了家庭承包经营是农民的伟大创造，明确了“包产到户”和“包干到户”是集体经济的一个经营层次。1983 年春，全国约 95% 的生产队实行了“包产到户”和“包干到户”，97.8% 的生产队选择了“包干到户”（家庭承包经营）。[①] 至此，家庭承包经营已成为中国农业的基本经营形式。这个伟大变革引发了一系列深刻的农村经济体制制度创新。

（二）家庭联产承包责任制的特征

第一，坚持土地集体所有制。我国是社会主义国家，土地集体所有制是我国社会主义基本经济制度的主要成分和特征，20 世纪 80 年代初，中央推动家庭经营改革时一再强调土地的集体所有制前提不变。90 年代明确家庭联产承包为主的责任制、统分结合的双层经营体制时，也重点强调了集体所有制“统”的内涵和形式。即农村土地为农民集体所有，农户有承包土地的法律权利，农村集体组织拥有土地发包权，村民平等享有集体土地的使用权，土地使用者不得买卖土地。

第二，农户拥有合约期内农村土地的承包经营权、收益权和转包权。近年来，中央不断稳定土地承包关系，承包期从 15 年延长到长久不变并进行土地确权，提倡以农户为主的土地流转，农户获得的是承包权和经营权合一的土地产权。

第三，家庭经营是主要的农业经营组织形式。集体化时期的生产队经营存在很多弊端，效率低下，村民吃大锅饭，劳动积极性不高，基于农业生产的自然特点和农业劳动的努力与回报直接关联特点，家庭经营是最合适的农业经营组织形式，虽然，目前对家庭经营的分散，不能成规模化存在争议，但是，家庭经营至少提高了农民的生产积极性。

第四，以建立农业专业合作社为主的服务体系强调集体所有制“统”的内涵和形式，强调农户之间的联合合作，实现规模和效率，同时建立多层次、多形式的服务体系来服务于家庭经营。

---

① 陈锡文等：《中国农村制度变迁 60 年》，人民出版社 2009 年版，第 28 页。

第三节　农村基本经营制度的发展完善

一　探索稳定和完善土地承包关系

1984年，中央一号文件规定土地的承包期限一般为15年。中央提出要设立以土地公有制为基础的地区性合作经济组织，1985年近一步提出地区性合作经济组织要办好机械、水利、植保、经营管理等服务项目。1986年，中央更加明确地指出要通过服务逐步发展专业性合作组织，这是积极探索“统”的内涵和形式。1990年12月，中共中央、国务院发布《关于一九九一年农业和农村工作的通知》决定，强调要稳定土地承包关系，给农户稳定的家庭联产承包信心。

1991年，中共中央《关于进一步加强农业和农村工作的决定》首次提出把双层经营体制这一基本制度长期稳定下来，并不断完善家庭承包经营和集体统一经营。1991年11月，党的十三届八中全会规定家庭联产承包责任制是党在农村的基本政策之一，一定要长期坚持。1993年11月，中共中央、国务院再次强调稳定这一农村基本经营制度，中共中央、国务院发布《关于当前农业和农村经济发展的若干政策措施》，提出耕地承包期由原定的15年不变再延长到30年不变。开发性生产周期长的荒地、林地、治沙，承包期可以更长。同时，为稳定土地承包关系，提倡实行“增人不增地，减人不减地”。1998年9月，江泽民在安徽考察时指出长期稳定农村土地承包关系。发展农业生产力要求长期稳定的土地承包关系，这是稳定农村社会的基础。江泽民指出，中央关于土地承包的政策是承包期再延长30年不变，30年以后也没必要再变。[①] 10月，党的十五届三中全会通过了《中共中央关于农业和农村工作若干重大问题的决定》，再次明确必须长期坚持“以家庭承包经营为基础，统分结合的双层经营制度”，坚持家庭承包经营的核心是稳定土地承包权。中央就延长土地承包期30年政策做出规定。党的十六大以来，历次中央一号文件强调稳定家庭联产承包责任制这一基本农业政

① 中共中央文献编辑委员会：《江泽民文选》（第二卷），人民出版社2006年版，第213页。

策，2008 年，党的十七届三中全会通过的关于农村改革发展的决定中阐述了关于“统分结合”的内容与方向，要求形成多元农业经营服务体系；并再次明确土地承包关系“长久不变”，要求搞好农地确权工作，建立健全土地承包经营流转市场，发展适度规模经营。2013 年中央一号文件提出，在稳定农村土地承包关系并长久不变的前提下，转变农业生产经营方式。为了提高农民在土地增值收益中的分配比例，文件强调确保农民的土地承包经营权、集体收益分配权、宅基地使用权，要求加快推进征地制度改革，规范土地征收补偿。对农村土地确权登记颁证，强化农民各类土地承包经营权的物权保护。

二　农业基本经营制度法制化历程

家庭联产承包责任制是农民的创造、意愿和选择，中国共产党始终尊重和推进农业基本经营制度改革。经过改革，农民最关心的是家庭承包经营制度的稳定。中国共产党不断完善、总结和推广这一制度，并逐渐将其确立为党在农村基本政策的核心，农村经济的基本制度。1993 年 3 月，第八届全国人大第一次会议决议，将以家庭联产承包为主的责任制和统分结合的双层经营体制写入了《中华人民共和国宪法》，以国家的根本大法保障这一制度的长期稳定。7 月，又将其载入《中华人民共和国农业法》。1998 年，第九届全国人大常委会修订《中华人民共和国土地管理法》，规定土地承包经营期限为 30 年，并就承包土地的调整做出法律规定，在承包期内调整的，必须经 2/3 以上村民或村民代表同意，同时要报上级政府主管部门批准。在具备条件和群众自愿前提下，实行土地适度规模经营。1999 年 3 月，第九届全国人大第二次代表大会决议修订《中华人民共和国宪法》，家庭联产承包责任制又被载入了宪法，是我国的农业基本经营制度。2002 年 8 月 29 日，《中华人民共和国农村土地承包法》在第九届全国人大常委会第二十九次会议上通过。2003 年 3 月 1 日，《中华人民共和国农村土地承包法》颁布，在法律上明确了国家实行农村土地承包经营制度，奠定了中国农村土地制度的法律框架，为稳定和完善我国农业基本经营制度提供了具体的法律保障。农民的土地承包权得到了法律保障，土地权利可以依法转让、转包、入股、互换、继承、自愿流转，使承包经营权体现出部分所有权的性质。11 月，农业基本经营制度写进了党的十六大报告。2003 年，党的十六届三中全会依然重申要稳定和完善土地家庭承包经营权这一农村基本经营制度的核心，完善土地流转办法，逐步发展适度规模经营。2007年，《中华人民共和国物权法》颁布实施，明确将农村土地承包经营权规定为用益物权，规定承包期满后，承包人还可以继续经营，在法律上保护了承包人的利益，意义重大。2005年1月7日，《农村土地承包经营权流转管理办法》经农业部第2次常务会议审议通过，2005年3月1日起施行，规范了农村土地承包经营权流转行为。2009年6月27日，第十一届全国人民代表大会常务委员会第九次会议通过了《中华人民共和国农村土地承包经营纠纷调解仲裁法》，2010年1月1日起正式施行，规定了农村土地承包经营纠纷调解和仲裁的相关事项。农村承包土地的法律法规不断完善，构建起了基本框架。

第三节　农村基本经营制度面临的新变化

改革开放以来，中国经济增长速度加快，结构变革过程加速，工业化、城市化都在蓬勃展开，大量农村剩余劳动力流入东部沿海地区，农业收入已不再是农民的主要收入。

一　农业产值份额和农业就业份额大幅下降

根据中国统计年鉴数据计算，从1978年到2011年，农业产值份额降低了18.2%，农业就业人口下降了35.7%，年均下降1.8%。当然，农业产值份额下降并未影响农业基础地位的下降，随着农业生产技术的推广，农产品供给满足了不断增长的市场需求，特别是粮食供给连年增产。可以预见，随着经济结构的调整，农业产值份额和农业就业份额将会持续下降，这一趋势对农业制度的变迁将会产生长期影响。

二　农业发展方式变化很大

新中国成立以来，我国农业从业人口过多，并且，传统农业生产方式效率低下，在当下，传统农业要向现代农业转变，农业投入主要以机械、技术投入为主，增收模式从注重劳动投入转变为从科技和经营管理投入中促增收。从农业机械投入来看，2011年，全国农用机械总动力比2002年增加了68.7%，全国农村使用大中型拖拉机及其配套农具等农业机械也逐年增长，仅小型拖拉机就分别增长了35.2%。[①]

三 农民非农化趋势加剧

20世纪80年代，农民就开始流动到城市打工，但受制于户籍制度和当时严格的社会管理，流动规模并不大。90年代末以来，每年数以亿计的农民工从中西部地区流入东部发达地区的第二、第三产业部门。截至2011年年末，外出打工农民总量达到25278万人。近年来，东部地区出口导向企业在国际竞争中受挫，转移流入中西部的农村劳动力逐步增加，截至2011年，在中部和西部地区务工的农民工分别为4438万和4215万。比2010年分别提高了8.1%和9.6%。[②]

四 农户家庭经营收入比例逐年下降

2012年，中国农村居民人均纯收入7917元。1990年，中国农村居民人均纯收入686元。农村居民人均纯收入包括家庭经营收入、工资性收入、财产性收入、转移性收入四部分，其中家庭经营收入从1990年的占比82.4%下降到了2012年的44.6%。同期工资性收入从1990年的占比15%增加到了2012年的43.6%。[③] 工资性收入比例大幅上升。

五 农民阶层分化加深

随着农民非农化进程加快，改革开放初完全从事农业的农民逐年减少，农业经营性收入比重也在减少，农民的经济活动不断多样化，收入来源也日益复杂。有学者按照农户的农业劳动时间构成和收入比例以及农业生产收入比例把农户分为纯农户（从事非农劳动在30天以下的农户）、Ⅰ兼户（从事非农劳动在30天以上且农业生产收入占家庭生产收入50%以上的农户）、Ⅱ兼户（从事非农劳动在30天以上且农业生产收入占家庭生产收入50%以下的农户），廖洪乐（2012）研究指出，纯农户、Ⅰ兼户、Ⅱ兼户在1996年时，比例分别为37%、33.7%、24.2%。到2008年时，这三类农户分别占比25.3%、24.1%、32%。

---

① 武力、郑有贵：《中国共产党“三农”思想政策史》，中国时代经济出版社2013年版，第555页。

② 国务院发展研究中心农村经济研究部课题组：《稳定与完善农村基本经营制度研究》，中国发展出版社2013年版，第24页。

③ 资料来源：根据国家统计局《中国统计年鉴》（统计出版社1990年版、2012年版）整理而得。

可见，农户分化加剧，不同类型农户的收入增长趋势和速度也是不一样的。工资性收入占比高于80%的农户增长最快。①

六　农村青壮年外出务工数量庞大

农村外出务工人口呈年轻化趋势，农村以留守老人和儿童为主。据2000年第五次全国人口普查数据显示，中国农村65岁以上人口占总人口7.4%，到2010年，第六次全国人口普查数据显示，中国农村65岁以上人口占总人口10.1%，农村老龄化趋势加剧。

七　农民的土地观念发生很大转变

在新中国成立后很长一段时期，农民都被禁锢在土地上，土地是农民重要的生产生活来源，但是，随着改革开放后农民外出打工使其收入构成发生了重大变化，打工收入和小规模家庭务农收入差距拉大，农民对于土地的观念也发生了变化。对于20世纪80年代出生的新生代农民来说，种地收入不能支撑家庭生活支出时，外出打工成为他们的首选，土地不再是生存之本，他们不愿固守乡土生活，对土地不再依恋，感情淡薄，种田意愿越来越低。国务院发展研究中心农村经济研究部《稳定与完善农村基本经营制度研究》课题组在安徽肥东县的调查结果显示，“80后”“90后”被调查者95%以上不愿种田。70%的受访者表示对种田不感兴趣。②

八　农村土地承包经营方式发生变化

在当下工业化、城镇化的背景下，大量农村人口流动加速，农民工虽然拥有土地承包权，但是他们却并不从事农业生产，将土地留给了家里的留守老人和妇女耕作，或者无偿托付给别人经营，或撂荒。农村人口和农业劳动力配置的巨大变化事实上造成了土地经营权和承包权的分离。因此，在这种形势下，探索新的农村土地承包经营方式显得尤为迫切。如何在保障农民土地承包权的前提下更好地经营土地是今后一段时期农村政策的重大课题。也是关系到实现农业现代化的重要步骤。

---

① 廖洪乐：《农户兼业及其对农地承包经营权流转的影响》，《管理世界》2012年第5期。

② 国务院发展研究中心农村经济研究部课题组：《稳定与完善农村基本经营制度研究》，中国发展出版社2013年版，第83页。

第四节　土地承包经营权流转的探索历程

随着城镇化速度的加快，为了实现农地有效利用和连片经营，国家开始探索土地承包经营权流转。

一　允许土地流转

土地流转转让的是土地经营使用权，通过土地流转，可以实现集中连片种植，集约化、规模化经营，节约农业生产成本，促进农业发展。1993 年 11 月，国务院发布《中共中央关于建立社会主义市场经济体制若干问题的决定》，1995 年 3 月国务院批转《农业部关于稳定和完善土地承包关系意见的通知》指出，在稳定家庭土地承包权，坚持土地集体所有，不改变农业用地前提下，允许农户依法、自愿、有偿转让土地使用权，可以采取多种流转形式，集中连片种植，实现农业适度规模经营，以提高农业生产效率。2001 年 7 月 10 日，在全国农村“三个代表”重要思想学习教育工作电视电话会议上，温家宝指出，保障农户承包期内土地使用权流转的决策权和流转收益，乡镇政府和村级集体经济组织不能强迫流转，不能截留土地流转收益，侵犯农民的利益。2001 年 12 月 30 日，中共中央发出《关于做好农户承包地使用权流转工作的通知》，再次强调农户承包地使用权流转不得违背农民意愿，损害农民利益，规范企事业单位和城镇居民租赁农户承包地。党的十六大报告中要求，有条件的地方，按照依法、自愿、有偿的原则流转农民承包地经营权，逐步发展农业规模经营。

最早出现的农户承包地使用权流转模式是农地互换，是土地承包者之间为方便耕种管理，自愿协商交换各自承包地的经营权的一种方式。此后，农户承包地使用权流转出现了转包、转让（转让一定期限的土地经营权给集体或其他农户）、合作入股（同类农业生产经营者将土地入股合作社或公司，按股权分红）、企业租赁（政府或中介组织引导龙头企业参与流转、租赁农村土地，建立生产基地，发展现代农业）等多种形式。这些农户承包地使用权流转模式有效地提高了土地利用效率，把分散的农户联合起来，提高了农户组织化程度和农户抵御市场风险的能力。同时，国务院提出“四荒地”的开发，“谁治理，谁管护，谁受益”，“四荒地”使用权的租赁、拍卖或承包期限最长不超过50年，本村农民享有优先权。

二　发展土地流转和服务

2008年10月，党的十七届三中全会召开，强调把建设社会主义新农村作为战略任务。并提出加强土地流转和服务，允许农民以转包、出租、转让、互换、股份合作等多形式发展适度规模经营，发展家庭农场、种养大户、农民专业合作社等。截至2011年年底，全国承包耕地流转达到2.28亿亩，发达地区农村土地流转比例很高，比如上海有58.2%的农地流转。[①]

2013年中央一号文件提出鼓励农民自愿互利互换承包地，或者将农地流转给农民合作社等新型农业合作组织，解决承包地块细碎化问题，提高农户集约经营水平。并完善相关法律制度，规范土地流转程序，建设农村土地承包经营纠纷调解仲裁体系。不改变土地用途，严格准入和监管工商企业租赁农户承包耕地，同时，要求健全县乡村三级土地流转服务网络，加强价格评估、政策咨询等服务。

2014年中央一号文件提出健全土地经营权流转市场，完善县乡村三级流转服务和管理网络，可对流转土地给予奖励补助。严禁农用地非农化，探索建立流转农业用地风险保障金制度，为流转农地的工商企业分担经营风险。

2014年、2015年中央一号文件提出在尊重农民意愿，坚持农民家庭经营主体地位前提下，鼓励农户流转承包地的经营权，不得强制推动流转。创新土地流转方式，引导规范有序流转，提高农民组织化程度。2015年中央一号文件要求充分发挥县乡土地流转平台服务作用，引导流转交易市场健康发展，制定相关税费政策，推动农村集体产权制度改革。

三　集体林地制度改革

2008年中央一号文件提出改革集体林权制度，集体林地所有权不变，不改变林地用途，承包人可依法自主经营商品林。6月，中央出台

---

① 国务院发展研究中心农村经济研究部课题组：《稳定与完善农村基本经营制度研究》，中国发展出版社2013年版，第45页。

了全面推进集体林权制度改革的意见，提出明晰产权、勘界发林权证、放活经营权（商品林、公益林分类经营管理）、落实处置权（承包人对商品林的经营权）、保障收益权五点要求。

2013 年、2014 年中央一号文件提出试点改革国有林场，健全国有林区经营管理体制。2013 年、2014 年、2016 年中央一号文件均要求改革完善集体林权制度。2015 年中央一号文件要求充分发挥县乡林权流转服务平台作用，2016 年中央一号文件提出引导林权规范有序流转，鼓励发展家庭林场、股份合作林场。完善草原承包经营制度。

四　农地流转存在的问题

2001 年 7 月，全国农村“三个代表”重要思想学习教育工作电视电话会议指出，农地使用权流转必须在家庭联产承包经营制下，承包期内流转决策权在农户，流转收益也归农户，任何乡镇政府、村委会不能强迫流转，不能截留土地流转收益。12 月 30 日，中共中央发出做好农村承包地使用权流转工作的通知，提出了一系列搞好农地流转的方针政策。在政府的政策倡导下，农地流转发展很快，但是，有些地区也出现了损害农民土地承包权和收益的问题。

（一）存在非法农地流转行为

当前农村土地流转过程中存在不规范行为，变更流转土地用途的违法行为较多。导致这一问题的根源在于，农村土地流转相关权益登记制度缺乏规范性，部分地方农村土地登记管理机关未能行使其行政管理行为，对农村土地用途非法变更行为失去约束。这使我国基本农田制度得不到保障，粮食安全风险增加。

（二）农村土地流转存在主体错位、利益冲突现象

法律规定农村土地流转主体是承包经营土地的农户，但在农村土地流转过程中，部分基层政府错误定位自身角色，替代农村土地承包经营权人来与土地流入方签合同，以行政权力替代市场经济行为，导致农民的意愿被扭曲，侵犯了农村土地承包人的合法经营权。部分基层政府通过“反租”“倒包”等手段来主导农地流转收益分配，降低农户的农地流转收益现象时有发生。

（三）农地流转中介组织发育不完善

农民缺乏农村土地流转的相关知识和经验，在土地流转中处于弱势

地位，农民维护自身权益的能力较低。地方政府应引入第三方农地流转中介机构，帮助农民更好地进行农地流转，使农民的合法权益得到维护。

（四）农村土地流转缺乏社会保障支持

当前我国失地农民的就业、生活、养老等社会保障体系还不完整，失地农民的社会保障体系建设缺位影响了农村土地流转。由于农户在失地后丧失了基本经济来源，如果缺乏农村社会保障支持，将会对农村社会稳定和经济发展造成威胁。虽然部分经济发达地区政府建立了农村社会保障体系，但多数地方政府财力有限，缺乏建立失地农民长效生活保障体系的能力，仅能保障失地农民短期内的基本生活，失地农民需重新找工作获得收入来源，这对部分丧失劳动能力的老年农民来说，容易陷入生活穷困。

五　促进农村土地流转的途径

（一）完善农地产权制度，规范农地流转程序

目前，农村土地确权登记和发证，今后，应建立健全农村土地流转的产权制度体系，用法律手段来明确农地产权边界，赋予农民享有农地的所有权、自主经营权、收益权、继承权等权利，在明晰产权基础上规范、有序流转农村土地，实现农村土地的规模化经营，增进农地经济效益最优化。明晰的农村土地产权制度能充分发挥广大农民的主体作用，尊重农民意愿，保障农村居民获取农地流转合法收入，为增加农民财产性收入提供有力的制度保障。同时，立法机构应深入调查，修订完善《中华人民共和国土地管理法》和《中华人民共和国农村土地承包法》的相关规定，加快制定农村土地流转法，依法规范农村土地流转行为。

（二）培育中介组织

农民普遍缺乏必要的农地流转知识和经验，需要第三方农地流转中介组织协助运作农地流转，地方政府应大力培育农地流转中介组织，引导中介组织发挥职能，按市场化规则协助农户运作农地流转。农地流转中介组织的引入有助于有序经营流转农地。

（三）健全农村社会保障体系，支持农地流转

农户对流转后的生活保障力有所担忧，流转后失地农民的生存保障是农地流转实施的关键因素。解决失地农民的基本生活保障问题，建立

健全农村社会保障体系，农民就可以安心参与到农地流转中来，以支持农地流转战略的落实，进而促进城镇化和农业现代化发展。在制定农村社会保障体系时，地方政府应统筹安排城乡社会保障标准，稳步缩小城乡居民基本社会保障标准的差距。① 重视失地后未就业的极度贫困农户家庭的脱贫致富问题，夯实农地流转的社会保障制度基础。

第五节 探索土地确权，保障农民土地承包经营权

一 开展土地确权

2004 年，“家庭承包经营为基础，统分结合的双层经营体制”这一农村基本经营制度的法律地位在《中华人民共和国宪法》中正式确立。2004 年、2005 年的中央一号文件都强调严格保护耕地。为开展土地流转，农村土地承包经营权证开始发放。2006 年的中央一号文件指出，保障农户（包括外出务工农民）土地承包经营自主权，防止片面土地集中，发展适度规模经营。2007 年 3 月 16 日，在全国人大通过的《中华人民共和国物权法》中，把土地承包经营权明确为用益物权，即农民的财产权。2008 年，在中央出台的《关于切实加强农业基础建设，进一步促进农业发展农民增收的若干意见》中，强调农村基本经营制度是宪法规定的，确保农村土地承包经营权证到户，坚决防止流转改变土地农业用途，侵害农户的行为。2008 年 10 月，党的十七届三中全会再次强调允许农民流转土地，发展适度规模经营。强调了保有 18 亿亩的耕地红线，要求搞好农村土地确权、登记、颁证工作，在有条件的地方，发展种养大户等农业规模经营主体。2009 年，中央一号文件提出要稳定农村土地承包关系，开展集体土地所有权确权登记颁证，农村土地承包经营权登记试点。在此基础上，2010 年中央一号文件要求，到 2013 年，把农村集体土地所有权证确认到每个农民集体经济组织。建立基本农田保护补偿机制，对耕地实行永久保护。2009 年、2010 年中央一号文件中提出把承包地块的面积、空间位置、权属证书、合同落实到农户，实行最严格的耕地保护和节约用地制度。2012 年中央一号文

① 吴强：《城市化背景下农村土地流转的问题与对策》，《农业经济》2016 年第 12 期。

件要求加快推进农村地籍调查，2012年基本完成覆盖农村集体各类土地所有权确权登记颁证，加快修改土地管理法，健全农村土地管理制度。2012年、2013年中央一号文件依然强调加快农村地籍调查，要求各地基本完成农村土地所有权确权登记颁证，同时，进一步要求推进农村集体建设用地确权登记颁证工作，主要包括农户宅基地的使用权确权登记颁证。中央要求加快修改土地管理法，以健全、严格规范农村土地管理制度。截至2012年1月，我国农村集体土地的确权颁证覆盖率已达86%。其中广西、天津、海南、安徽等省市的确权颁证覆盖率已超过95%。[①] 2014年中央一号文件提出农村土地承包经营权确权登记时，可以确权确地，或者确权确股不确地，赋予农民对承包地的占有、使用、流转等各项收益权能，允许承包经营权向金融机构抵押融资、担保。提出有关部门研究建立配套的抵押资产处置机制，推动修订实施办法。

2015年中央一号文件要求土地承包经营确地到户，确权登记颁证。严格确权确股不确地的范围。扩大土地承包经营权确权登记颁证整省推进试点范围。

二　开展农村林地、宅基地、草原确权

2013年中央一号文件要求全面开展农村集体土地所有权和建设用地使用权地籍调查，对农村土地、林地、农村宅基地确权登记颁证，尽快完成确权登记颁证工作。2013年、2014年都规定中央财政补助确权登记颁证工作经费等费用纳入地方财政预算。2014年中央一号文件提出加快农村宅基地在内的农村地籍调查，对农村集体建设用地使用权确权登记颁证。

2012年中央一号文件提出推进牧区草原承包工作。2013年中央一号文件要求启动牧区草原承包经营权确权登记颁证试点。2014年中央一号文件提出到2015年基本完成草原确权承包和基本草原划定工作。

2008年中央一号文件明确提出改革集体林权制度，集体林地所有权不变，不改变林地用途，承包人可依法自主经营商品林。6月，中央出台了全面推进集体林权制度改革的意见，提出明晰产权、勘界发林权

① 国务院发展研究中心农村经济研究部课题组：《稳定与完善农村基本经营制度研究》，中国发展出版社2013年版，第44页。

证、放活经营权（商品林、公益林分类经营管理）、落实处置权（承包人对商品林的经营权）、保障收益权五点要求。2009 年中央一号文件再次强调五年内全面推进集体林权制度改革，已改革地区，要尽快建立产权交易平台，加快林地流转制度建设。2010 年中央一号文件再次强调发展林业合作社，规范林地流转、采伐管理机制；积极推进林业改革，启动国有林场改革。

三 “三权分置”是农村基本经营制度的又一重大制度创新

改革开放初期，农村实行家庭联产承包责任制，土地所有权归集体，承包经营权归农户，极大地调动了农民的生产积极性，近年来，国家深化农村土地制度改革，完善农村基本经营制度，提出实行农村土地“三权分置”。农村土地“三权分置”是指土地所有权、经营权和承包权的分离。中央提出完善我国农地经营制度，稳定农户承包权，促进适度规模经营，落实农地集体所有权。发展现代农业的背景下，放活经营权是“三权分置”的关键。适度规模经营需要土地经营权的流转和抵押；发展现代农业需要对土地进行长期、大量的投资，而土地经营者只有具备了长期有保障的土地权利，才会对土地投资。“三权分置”有利于更好地维护农户权益，明晰土地产权关系，提高农地资源利用率，推动现代农业发展。贯彻落实“三权分置”首先是在尊重农民意愿的基础上，加强示范引导，不搞强迫，农民自主选择。“三权分置”强调坚持农地集体所有，坚持家庭承包经营土地关系的稳定。农村土地制度改革是一个长期和复杂的过程，因此，“三权分置”需要审慎稳妥、循序渐进推进，特别是我国各地经济社会发展差异较大，需要探索适合不同地区的“三权分置”办法。

2014 年中央一号文件提出落实农村土地集体所有权，维护妇女的土地承包权益。稳定农户承包权，放活土地经营权，承包土地的经营权可以抵押。

2016 年中央一号文件提出完善“三权分置”办法，稳定农户承包权。2016 年 10 月 22 日，中共中央办公厅、国务院办公厅印发《关于完善农村土地所有权承包权经营权分置办法的意见》，要求在 2020 年年底前基本完成土地等农村集体资源性资产确权登记颁证任务。加快推进房地一体使用权确权登记颁证，所需工作经费纳入地方财政预算。

2017年中央一号文件要求深化农村集体产权制度改革，落实“三权分置”办法。加快“房地一体”的确权登记颁证工作。探索农村集体组织出租、合作空闲农房及宅基地，增加农民财产性收入。对进城落户农民自愿退出的承包地、宅基地进行补偿。

第六节 创新农业生产经营组织

农业生产经营组织是推进现代农业建设的核心和基础。2013年中央一号文件提出采取奖励补助等多种办法，培育和壮大联户经营、家庭农场等新型农业生产经营组织。同时，提出提高农民的组织化程度，制订专门计划，加强新型农民和农村实用人才的职业培训教育，提高职业农民的生产技能、经营管理水平。给予返乡务农创业者补助和贷款支持。

2014年中央一号文件提出为扶持发展新型农业经营主体，国家每年专门单列一定比例的建设用地指标，用于新型农业经营主体建设配套辅助设施。鼓励地方政府和民间出资设立为新型农业经营主体提供贷款担保服务的融资性担保公司，加大对农业经营主体领头人的教育培训力度。对农民合作社发展农产品加工流通制定相关税收优惠政策。

2015年中央一号文件提出完善支持服务粮食生产大户的体系，探索多种农业规模经营方式。同时，提出推进农业产业化示范基地建设，引导农业产业龙头企业转型升级。鼓励工商资本发展现代种养业、农产品加工业。要求尽快制定工商资本租赁农地的相关办法，规范土地流转方式，严禁擅自改变农地用途。

2017年中央一号文件提出大力发展集生产、供销、信用“三位一体”的新型农业经营主体，发展综合合作社。完善家庭农场认定办法，扶持发展规模适度的家庭农场。扶持培育农机、仓储等农业经营性服务组织和供销、邮政等农业服务综合平台，转型发展现代农资综合服务。评价农业适度规模经营水平，探索土地流转履约保证保险，引导农业规模经营主体健康发展。

一 农地规模经营探索

2017年中央一号文件提出积极发展适度规模经营，通过村组内互换并地，实现按户连片耕种。通过代耕代种、土地托管等多种形式规模经营。

（一）家庭农场的经营模式探索

家庭经营是农业生产的经营方式之一。农业生产要求农民对自然的细微变化做出快速反应，家庭经营能够充分调动劳动者的积极性。家庭农场是当前各地现代农业经营组织的主要形式。发展适度规模的家庭农场是符合中国现实国情的。家庭农场的认定标准主要有：土地经营规模较大，土地流转关系长期稳定，拥有农业机械等集约化生产水平，经营者管理水平较高，示范作用明显。党的十八大要求构建新型农业经营体系。发展多种形式的新型农民合作组织和多元服务主体。提高组织化程度，实现与市场的有效对接。2013 年的中央一号文件核心内容也就上述内容做了详细规定，首次提出发展“家庭农场”，家庭农场是以家庭成员为主要劳动力，从事集约化、规模化、商品化农业生产的以农业收入为主要家庭收入来源的新型农业经营主体。这种经营形式可以解决以往家庭经营分散、小规模等问题，同时，“家庭农场”会逐渐吸引一批年轻人留在农村从事农业生产而成为职业农民，解决农业生产老龄化、兼业化等问题。文件还提出鼓励城市工商资本到农村开办企业化经营种养业。这是利用社会力量改造传统农业，引进先进科技、装备、经营管理方式，建设现代农业的新思路。集约化、组织化的现代农业发展思路是中国农业经营方式深刻转变的方向和目标，因此，完善创新新型农业经营体系是当前解决农业问题，推动农村经济发展的重要途径。文件指出，创新农业生产经营体系必须在稳定土地承包经营权前提下，尊重农户的生产经营主体地位。2014 年中央一号文件提出农民自愿开展家庭农场登记，2015 年中央一号文件提出发展规模适度的农户家庭农场。

（二）农地股份合作模式

农民用自己的承包地入股，变承包权为股权，成立股份合作制农业经营实体，由股份合作社集中连片发展农业规模经营或流转给其他经济组织，农民按股分配所得利润。2015 年中央一号文件提出引导农民以土地经营权入股专业合作社，构建新型农业经营体系。

二　农业产业化经营

农业产业化经营必须依托龙头企业，根据当地资源，确立农业主导产业和产品，系统有机地联结农业再生产过程的各个环节，把分散的农户小生产转变为社会化大生产，实现资源优化配置，是一种新型农业组织和经营方式。农业产业化经营为破解市场经济条件下，小农户如何进入大市场，如何提高农业经济效益提供了新思路。

农村实行家庭联产承包经营后，农民的生产积极性极大地调动起来了，农业持续增产，但是，随着我国加入 WTO，和欧美大国农业企业相比，中国的分散农户小规模经营难以与之竞争，出现增产不增收，比较效益低下等现象。从 20 世纪 90 年代开始，已经有一些地方提出发展"高产优质高效"农业，尝试将农业的产前、产中、产后实行"一条龙"服务和联结，形成了"贸工农、产加销"一体化经营的做法。山东潍坊市诸城县最早尝试了这种做法，该县为了发展肉鸡产业，由外贸公司为龙头企业，联结农户，统一供应小鸡，饲料，统一提供技术服务饲养肉鸡，待肉鸡长成后统一收购，统一加工出售，很快发展成为年产几千万只肉鸡的产供销一体化经济实体。1992 年，山东省政府将这种经营方式命名为"农业产业化"，并印发了《按产业化组织发展农业的初步设想和建议》报告，在全省推广农业产业化经营。①

1993 年，沿海的广东、江苏、浙江等地的农村地区也发展了农业产业化组织。1996 年，中央一号文件"二号文件"都指出要大力发展贸工农一体化经营，推进农业经济向产业化转变。随后，国家"九五"计划和 2010 年远景目标把农业产业化作为发展农业的重要政策。1996 年 6 月，江泽民在河南考察工作时充分肯定了农业产业化经营。国务院有关部门相继制定了一系列政策措施支持、引导、鼓励发展农业产业化发展，设立了专项资金和机构支持。财政部制订了中央财政支持农业产业化发展实施方案。并投资 1.7 亿元，选择了 12 个省区的 22 个项目作为第一批农业产业化试点项目。农业部成立了农业产业化工作领导小组。国家经贸委也拨款 3.8 亿元发展农业产业化专项资金。100 家规模较大的"龙头"企业被列入了中国农业银行的信贷重点支持范围。②

---

① 张新华：《新中国探索"三农"问题的历史经验》，中共党史出版社 2007 年版，第 202 页。

② 张新华：《新中国探索"三农"问题的历史经验》，中共党史出版社 2007 年版，第 203—204 页。

农业产业化经营这项农村改革发展的系统工程获得了中央和地方政府的政策支持与指导，成为中国农业和农村经济发展的重大战略举措。农业产业化经营把农业作为一个完整的产业系统，以规模生产为基础，一体化的经营弥补了家庭经营的分散缺陷，适应市场经济的要求，提高了农民的农业经营收入和效益。

2013 年中央一号文件提出培育壮大龙头企业。支持龙头企业在农村建设原料基地，培育品牌。2013 年、2015 年中央一号文件均提出引导城市工商资本到农村发展种养业企业，让农户分享更多收益。增加扶持农业产业化资金，扩大农产品加工增值税优惠范围试点。扩大试点农产品产地初加工补助项目。2013 年中央一号文件提出支持组建大型农业产业化企业集团，创建示范基地。2014 年中央一号文件提出发展混合所有制的农业产业化龙头企业，引导建立保底收购等与农户利益紧密联结的机制。2015 年中央一号文件提出农业产业化示范基地建设和龙头企业转型升级，引导农民以土地经营权入股专业合作社和龙头企业。鼓励城市工商资本发展农产品加工流通和农业社会化服务。要求尽快制定工商资本租赁农地的管理办法，严禁擅自改变农业用途。

现代农业产业园的基础是规模化种养基地，龙头企业带动，聚集科技等现代生产要素，统筹布局生产、加工、物流，发挥现代农业产业园的研发、示范、服务等功能。2017 年中央一号文件提出建设现代农业产业园。中央要求集中建设产业园基础设施和配套服务体系。吸引龙头企业和科研机构运营产业园，发展设施农业、精准农业、精深加工现代营销，带动新型农业经营主体和农户专业化、标准化、集约化生产，推动农业全环节升级、全链条增值。鼓励农户和返乡下乡人员通过订单农业、股份合作、入园创业就业等多种方式参与建设，分享收益。地方也应建设高标准农田，统筹配套项目资金，依托现代农业产业园综合开发农业。

三　农业专业合作社的发展

（一）发展农业专业合作社

农民合作社是农业生产专业化组织，既是带动农户进入市场的桥梁，也是发展农村集体经济的有效途径，同时，农民合作社也是农村社会管理的新载体。2013 年中央一号文件鼓励农民兴办多种形式的专业合作组织，要求重点扶持示范社，分级评定、建立示范社名录。各地增加对农民合作社发展的投入，国家部分财政投资项目直接投向示范合作社，合作社可以管护国家补助项目形成的资产，改善生产经营条件。国家对合作社发展给予一系列优惠措施和政策，第一，补助示范社建设农产品仓储物流设施，兴办农产品加工业。第二，完善合作社税收优惠政策，把合作社登记为单独纳税主体。第三，对合作社的生产经营给予保险服务。第四，建立合作社带头人人才培养机制，储备高级人才。第五，对合作社生产设施用地和附属设施用地按农用地管理。第六，对示范社进行信用评定，在此基础上开展联合授信，予以贷款贴息。探索农民合作社开展产品、产业合作与联合的登记管理办法，研究修订农民专业合作社法。各地逐步扩大合作社承担农村土地整理、农技推广等涉农项目的规模。

2014年中央一号文件依然鼓励发展多种形式的农民合作社，加强农民合作社能力建设。要求有关部门建立规范透明的资产移交合作社管护的管理制度。试点财政支持发展农民专业合作联社。2016年中央一号文件提出深入推进供销合作社综合改革，提升为农服务能力。

自《中华人民共和国农业专业合作社法》实施以来，我国各类农业专业合作社发展很快。这类组织绝大多数由农村能人和专业大户等牵头组织。2011年年末，农业专业合作社50多万个，由农村能人领办的45.8万个，占总量的90%。[①] 据工商总局统计，截至2017年年底，全国农民专业合作社数量有193.3万家，入社农户超过1亿户。各地方的优势特色产业是兴办合作社的重点领域。以种植业和畜牧业居多。从运作情况来看，绝大多数都是民办的互助互利组织。

（二）农业专业合作社的特点

农业专业合作社实行民主管理，民主决策，利益共享，风险共担。农业专业合作社的优势在于：第一，提高了农业生产效益。我国自实行家庭联产承包责任制以来，农户一直都是小规模分散耕作、经营，土地产出和劳动效率很低，已不能适应现代农业的发展要求。农业专业合作

① 国务院发展研究中心农村经济研究部课题组：《稳定与完善农村基本经营制度研究》，中国发展出版社2013年版，第51页。

社推动土地适度经营，土地产出率、劳动生产率明显提高。第二，农户联合在一起有助于把优势产业做大做强，解决“小农户、大市场”的矛盾。通过农民专业合作组织联合起来的农民，能够在质量把控、品牌塑造、市场开发中增强竞争力，降低生产成本，提高规模收益。第三，发展现代农业，农业专业合作社是重要载体。农业现代化要求农业经营产业化，也就是农业生产、加工、销售有机结合、垂直一体；要求农产品流通市场化，也就是农户经营市场化，以市场需求为导向，发展特色优势农业，提高农业经营效益；要求农业生产科技化，使先进技术广泛应用于农业生产领域；要求农业生产服务体系社会化，农业生产与销售信息服务组织建设完备。这些要求可以通过农业专业合作社来实现，从而更好地服务农业生产的全过程。因此，农民专业合作组织是农业服务社会化的最重要主体，农业专业合作社推进了农业服务社会化的发展。其组织运行统一了田间作业管理，提升了农业科技应用、农业机械化水平。农业合作社要求要素投入集约化，即改变传统农业粗放经营模式，对土地精耕细作，通过单位面积上资金、技术、劳动力的集约化投入来提高产出，农业专业合作社可以集中农业生产要素，推进农业发展方式转变。第四，农业专业合作社能够推进乡风文明建设。农业专业合作社是农民自愿合作组织，合作精神是乡风文明的重要内容；农业专业合作组织为了自身发展，需要为成员普及农业科技知识和市场经营知识、“三农”政策等，这对于培育新型农民有很大作用；同时，农业专业合作社的建立，使农民更加关注所在社区发展、关注农业生产经营，注重民主参与，引导农村形成发展生产、团结合作、崇尚科学的文明乡风，这也是建设文明乡风的强大动力。第五，促进了精准扶贫。以甘肃为例，甘肃省出台了加快贫困地区农民专业合作社发展的政策，鼓励贫困户以土地、人力贷款等方式参与农民专业合作社，带动贫困户早日脱贫。2016 年年底，甘肃省的入社贫困户达 46 万户，占贫困户总数的 68%①，有效推动了扶贫工作进展。

（三）实地调研案例：甘肃省的农民专业合作社发展

2007 年，国家颁布实施《中华人民共和国农民专业合作社法》和

① 宋振峰：《甘肃省多措并举发展壮大农民合作社》，《甘肃日报》2017 年 3 月 24 日第 5 版。

《农民专业合作社登记管理条例》，有了法律保障，大量农民专业合作社成立，大大促进了农民专业合作组织的发展。以甘肃省为例，据甘肃省农牧厅调查统计，2007 年，全省有 406 家农民专业合作社，2016 年已达到 75685 家，在全国排名第九位。[①] 参加农民专业合作社的农户 163 万户，带动了全省 54% 的农户。从农产品种类来看，甘肃省农民专业合作社农产品种类包括草食畜、高原夏菜、优质林果、中药材、现代种植业、酿酒原料等特色农业，形成了地域特色产业带、产业群。从行业分布来看，2014 年，甘肃省拥有农机合作社 297 个、休闲农业合作社 45 个、加工实体合作社 1122 个，产销加工一体合作社占合作社总数的 66.52%。[②] 2015 年，兰州七里河区振兴百合专业合作社、平凉市静宁县云翠果品专业合作社等六家合作社被评为“全国农民专业合作社示范单位”。截至 2018 年年底，甘肃省认定了县级以上农民合作社示范社 7600 家，其中国家级示范社 385 家，省级示范社 2005 家。[③] 这些示范社有自己的品牌、规模大、实力强、知名度高。从组织模式来看，农业专业合作社分传统型、股份型（农户以土地、出资入股，以股份多少承担相应权利义务、分红）、协会型（主要以农技推广和服务为主，可代表农民进行经济谈判）、农民专业合作社联合社（农民专业合作社间的联合）等多种形式。

值得一提的是，甘肃省农民专业合作社已经由农户间的专业合作转向合作社之间的联合，推动了综合性农民专业合作联社的发展，据甘肃省农牧厅调查统计，截至 2016 年年底，甘肃省已有 100 多家农民专业合作联社。在农资供应、生产技术、质量标准、品牌和市场营销等方面实现了合作和统一服务。

农民专业合作社在电子商务平台也取得了良好销售成绩，截至

---

① 宋振峰：《甘肃省多措并举发展壮大农民合作社》，《甘肃日报》2017 年 3 月 24 日第 5 版。

② 宋淑珍等：《甘肃农民合作组织存在的问题及发展建议》，《甘肃农业科技》2014 年第 9 期。

③ 祁玉洁：《我省农民专业合作社达到 10 万多家》，《甘肃经济日报》2019 年 1 月 22 日第 3 版。

2016年年底，甘肃省有760多家农民专业合作社开展了电子商务[1]，制作电子商务交易主页，网上销售土特产品，农民专业合作社成为农村电商平台的活跃力量，提高了农产品市场竞争力。

农民专业合作社的快速发展和政府财政支持是分不开的，甘肃省政府加大财政投入支持农民专业合作社发展。2016年，甘肃省投入2690万元扶持补贴农机合作社，并成立省农业信贷担保公司，投放4亿元担保信贷到130家农民专业合作联社，引导金融服务覆盖农村专业合作社，5年来，甘肃省投入合作社扶持资金2.6亿元，发放贴息及担保贷款45.8亿元[2]，有效地解决了农民专业合作社资金短缺问题。

第七节　农村集体经济改革

一　改革农村集体产权制度，有效保障农民的集体收益权利

（一）推进农村集体产权制度改革

为健全农村集体经济组织资金资产资源管理制度，保障农民的集体收益分配权。2013年中央一号文件提出，加强农村集体“三资”管理。以清产核资、资产量化、股权管理为主要内容，推进制度化、规范化、信息化管理。探索各地发展集体经济的多种有效实现形式，健全农村集体财务和资源登记等制度，严格农村集体资产开发利用、管理的民主程序，建设“三资”信息化监管平台。探索集体经济组织成员资格界定的具体办法，推进农村集体产权股份合作制改革。

2014年中央一号文件要求推动农村集体产权股份合作制改革，保障农民的集体资产股份收益、继承等各项权利，建立农村产权流转交易市场，加强农村集体资金、资产、资源管理，提高集体经济组织资产运营管理水平，发展壮大农村集体经济。

2015年中央一号文件提出改革农村集体产权制度，划分农村集体产权类型，探索提高非经营性资产公共服务能力的有效实现形式；明晰

① 宋振峰：《甘肃省多措并举发展壮大农民合作社》，《甘肃日报》2017年3月24日第5版。

② 宋振峰：《甘肃省多措并举发展壮大农民合作社》，《甘肃日报》2017年3月24日第5版。

经营性资产的产权归属，将资产折股量化到集体成员。发展多种形式的农村集体产权股份合作。开展农民在本集体经济组织内部的集体资产股份改革试点。防止侵蚀农民利益，管理监督农村集体“三资”收益分配，健全收益分配制度。

2016年中央一号文件继续提出深化农村集体产权制度改革。试点扶持村级集体经济发展。制定税收优惠政策，促进农村集体产权制度改革。探索将政府对农业农村的投资形成经营性资产，通过股权量化到户，让农民长期分享资产收益。5月30日，中共中央、国务院印发《关于稳步推进农村集体产权制度改革的意见》。进一步安排部署了农村集体产权制度改革工作。2017年中央一号文件提出改革集体林权制度，加快水权水市场建设，推进水资源使用权确权和交易。

（二）探索集体经营性建设用地入市

2014年、2015年中央一号文件提出允许符合规划和用途管制的农村集体经营性建设用地入市，要求各地要引导和规范农村集体经营性建设用地出让、租赁、入股，建立用地产权流转制度，与国有土地同等入市、同权同价，并推动修订相关法律法规；还提出建立农村集体经营性建设用地增值收益分配制度，兼顾国家、集体和个人。2015年、2016年中央一号文件提出适当提高农村集体经营性土地增值收益中农民个人的增值收益，2015年、2016年中央一号文件都提到集体经营性建设用地入市试点。2016年中央一号文件提出总结试点经验，出台土地增值收益调节金征管办法。编制村级土地利用规划。拓展试点城乡建设用地增减挂钩，国家统筹重大工程建设补充耕地，按照“谁投入，谁受益”的原则，土地整治增加的耕地和占补平衡补充耕地挂钩，返还指标交易收益，改善农民生产生活条件。2017年中央一号文件要求推进农村集体经营性建设用地入市试点，探索发展集体经济有效途径；建设农村产权交易市场，对农村集体资产清产核资，量化经营性资产，保障农民集体资产权利；制定支持农村集体产权制度改革的税收优惠政策；研究制定相关农村集体经济组织法律，赋予其法人资格。

二　征地制度改革

2013年、2014年中央一号文件提出修订征地制度有关法律法规，保障被征地农民分享土地增值收益并长期受益。2013年中央一号文件提出尽快出台农民集体所有土地征收补偿条例，严格征地程序，约束征地行为。加快修订土地管理法，推进农村土地综合整治，农村集体非经营性建设用地不得进入市场。2014 年中央一号文件还提出缩小征地范围，规范征地程序，健全征地争议调处裁决机制，保障被征地农民的知情权、监督权等各项权利。完善对被征地的农民保障机制。改变对被征地农民的补偿办法，采取多种方式保障农民长远生计。除补偿外，还必须给予农民住房、社保、就业培训等合理保障。2015 年、2016 年中央一号文件实施、推进农村土地征收制度改革试点。

2017 年中央一号文件提出合理安排农业农村各业用地。在不占用永久基本农田前提下，通过村庄整治、宅基地整理等节约建设用地，采取入股、联营等方式，加快编制村级土地利用规划。严格落实耕地占补管理办法和平衡责任，探索对土地资源匮乏省份补充耕地实行国家统筹。

三 宅基地制度改革

2014 年中央一号文件提出试点农民住房财产权的抵押、担保、转让，改革完善农村宅基地管理制度。2015 年、2016 年中央一号文件提到依法保障农民宅基地权益，改革农民住宅用地取得方式，探索农民住房保障的新机制。2015 年中央一号文件提到宅基地制度改革试点，指导监督试点工作。制定缩小征地范围的办法，完善被征地农民的保障机制。建立市场交易规则，健全服务监管机制。2015 年中央一号文件提出农村土地制度改革。改革要确保不改变土地公有制性质，坚守耕地红线，不损害农民利益。中央统一部署稳妥推进。2017 年中央一号文件要求落实宅基地集体所有权，农户依法取得宅基地占有和使用权。试点城乡建设用地增减挂钩，保证耕地数量不减少，质量有提高。

第八节 农村基本经营制度发展的实践经验总结

一 始终坚持农村土地集体所有

农村土地集体所有是农村基本经营制度的根本，无论是“家庭联产承包责任制”，还是“土地流转”“三权分置”，土地集体所有权人对土地都依法享有占有、使用、收益和处分的权利。农民集体是土地集体所有权的权利主体，要始终坚持农村土地集体所有，防止土地私有化。我国是个农业大国，土地承包制度使庞大的农民群体“耕有田，居有屋”，即使有很多农村剩余劳动力在城市打工，但当前不可能使其都变为市民，当农民工离开城市后，农村的土地依然是他们的生活保障，因此，必须坚持农地家庭承包经营制度，防止工商资本在农村攻城略地，迫使农民失去土地，失去稳定的生活来源。在充分维护农民集体对农地的发包、调整、监督、收回、收益等各项权益、权利的基础上，创新农地经营形式，可以更好地实现土地经营效益。

二　创新农业经营体制机制是未来的重要工作

近年来，国家通过鼓励农户流转承包地取得收益。农户通过多种方式流转承包地经营权，减少了土地撂荒，提高了土地收益。经营者对流转土地可以自主进行农业生产和生产配套附属设施建设，也可以抵押土地经营权。对于自愿退出承包地的农户，或承包地被征收的农户，均可获得相应补偿和社会保障安排。今后，完善农村基本经营制度的重点在于加快放活土地经营权，国家应继续探索、支持土地股份合作、土地托管、代耕代种等多种农业经营方式，发展家庭农场也是推进现代农业的重要途径。

三　稳定和完善农村土地承包经营权制度，实现土地产权权能

国家不断稳定土地承包关系，承包期从15年延长到30年，再到现在的长久不变并进行土地确权，形成了农民对土地的稳定预期。在此基础上，通过《中华人民共和国土地承包法》和《中华人民共和国物权法》对产权和农民的土地使用权予以法律保护，未来，如何更好地实现农民手中的土地产权权能将是农村基本经营制度的重要课题。

四　做好土地确权登记颁证，落实“三权分置”

稳定土地承包关系，确认“三权”权利主体，确实保护好农民的集体土地权益。推进农村土地确权登记颁证，形成承包合同取得权利、证书证明权利的确权登记制度，农民可以更好地实现和利用对农地的经营权功能。贯彻落实“三权分置”，积极探索农民依法行使集体所有权、监督承包农户和流转经营主体规范使用农地的路径。深入探讨农户集体、承包农户、流转经营主体在使用土地中的权利义务关系，逐步完善“三权分置”关系。

五 促进土地流转和适度规模经营，发展现代农业

土地经营权流转亟待健全市场运行规范，提供土地流转服务；加强流转合同管理；完善土地承包经营纠纷调解仲裁机制；严格工商资本租赁农地准入门槛，从而确保土地经营权有序流转，提高农地资源利用效率。

六 培育农业新型经营主体

农业新型经营主体主要有家庭农场、农民专业合作社、农业产业化示范基地、农业服务组织等。培育农业新型经营主体，第一，要培养职业农民。农民是发展现代农业、经营农业的行为主体，培养有文化、懂技术、会经营的职业农民是未来农村发展的关键。培养农业经营人才要依靠加强农民技术培训和学习、积累市场经验、管理能力来实现。第二，要引导新型经营主体和普通农户建立利益联结机制，带动普通农户分享农业规模经营收益。

七 完善农业相关法律法规

目前，需要完善土地承包权入股农业产业化经营、抵押贷款、有偿退出等方面的经验做法，加快相关农村土地承包法、农村集体经济组织、家庭农场发展的法律法规的修订完善。

第五章

破解城乡二元结构与统筹城乡发展

改革开放以来，尽管中国的城市化率从 1978 年的 17.9% 提高到 2017 年的 58.52%①，但中国社会科学院发布的“工业化蓝皮书”指出，从总体上看，全国各地区城镇化水平远远落后于工业化水平，这与中国“十二五”时期将步入工业化后期的现状不符。长期以来，由于城市化水平低，城镇人口占总人口比重偏低，城市中的社会化生产与小农经济长期并存为特征的城乡二元结构长期存在，导致了工业化对劳动力的需求不能满足，农民增收路径不畅，农村消费市场的规模与全国经济发展状态不相适应，这严重制约了城乡之间经济与社会的协调发展。城乡一体化发展是解决“三农”问题的根本途径，因此，逐步打破城乡二元结构并存的局面，增加农民收入，统筹城乡发展是理顺城乡关系、加快城市化进程、促进我国经济长期可持续发展的必由之路。我国逐步实行了推进农村剩余劳动力有序转移的举措，消除阻滞转移的因素，以改变我国二元经济结构，促进经济长期可持续发展。

第一节　农村剩余劳动力转移

一　农村剩余劳动力转移的起因与现状

（一）农村剩余劳动力转移的起因

1. 二元经济结构的长期存在

美国经济学家刘易斯于 1954 年首次提出了二元经济结构理论，该

① 资料来源：17.9% 根据国家统计局网站 1978 年总人口 96259 万人和城镇人口 17245 万人计算而来，58.52% 来自《中华人民共和国 2017 年国民经济和社会发展统计公报》。

理论将同时存在于发展中国家的自给自足的农业经济体系和城市现代工业体系称作“二元经济结构”。刘易斯认为，发展中国家的农业中存在边际生产率为零和数量丰富的剩余劳动力，该部分劳动力从有限的土地中转移出来并不会降低农业产量，农业剩余劳动力的非农化转移能够促使二元经济结构改善。

中国改革开放前后正处于二元经济结构阶段，我国农村人口数量庞大，耕地数量有限，人均耕地面积少，在现有的农业技术条件下农业产量在达到一定的临界值后，农业生产中的边际生产率趋于零，计划经济时期，农村劳动力过剩问题一直处于隐性状态。改革开放后，“家庭联产承包责任制”下农民从村集体承包土地生产经营，农业生产经营体制发生了革命性变革，农业劳动生产率大幅增加，短缺经济和计划经济下将农民禁锢在农村的局面得以改变，人多地少的矛盾开始显性化，农村劳动力过剩的问题由隐性变为显性。2005 年中央一号文件指出，农业依然是经济发展的薄弱环节，农村经济社会发展明显滞后的局面没有根本改观，只有推进建立逐步改变城乡二元经济结构的体制，才能促进农村经济社会全面发展和进步，实现全面建设小康社会的目标。随着我国经济快速增长，综合国力明显提高，国家具备条件改变城乡二元经济结构。

2. 农业生产力水平不断提高

改革开放以来，日益先进的农业生产技术被应用到农业生产过程中，减少了对劳动力的需求，农业的劳动力密集度大为降低，再加上国家对农业的大量持续投入，使农业水利条件、机械化程度和信息化水平均得以显著提升，农业生产方式不断改进，进而提高了土地产出率、资源利用率和农业劳动生产率。耕地减少与农业现代化带来的农村剩余劳动力增加成为农村劳动力向城镇转移的重要推动力。

3. 我国产业结构升级的需要

在当前我国经济的发展阶段和发展时点上，出现了“配第—克拉克定理”所描述的情形，即由于在经济发展过程中各产业之间的人均收入存在差异，劳动力转移的趋势是，从第一产业向第二产业，再向第三产业转移。同时出现了库兹涅茨描述的产业结构演化规律，即随着经济发展，第一产业（农业部门）比重持续下降；第二产业（工业部门）

在国民收入中的比重呈现上升趋势，在工业部门工作的劳动力比重大体不变或仅略有上升；而第三产业（服务部门）在国民收入中的比重也呈现上升趋势，在该产业就业的劳动力相对比重则会持续、稳定地上升。

改革开放以后，我国产业结构变化很大，农村涌现出了大量的乡镇企业，城市投资大幅加快，利用外资金额位居世界前列，根据我国人多地少、劳动力素质不高的现实国情，发展起来了一大批劳动密集型企业，吸引了大量的农村富余劳动力进入城市工作。1980—1998年，农村剩余劳动力转移增长稳定，速度较快，年均增长0.56个百分点；1998年以后，农村剩余劳动力转移加速增长，年均增长近1.8个百分点。[①] 这对我国经济社会发展产生了深远的意义。

但是，面对日益激烈的市场竞争，国际大型企业将生产加工基地从我国沿海地区转至东南亚国家，同时我国也加快了技术进步与产品升级进程，大量的劳动密集型企业主动或被动地转为资本和技术密集型企业，从而直接导致企业对劳动力需求减少，对劳动力素质要求提升，使企业对农村剩余劳动力的吸纳能力呈下降趋势。

4. 农村资源环境的约束限制了非农产业的发展

我国农业人口众多，土地资源相对稀缺，据统计，现阶段我国人均耕地、水资源、草地、林地分别不足世界平均水平的1/3、1/4、1/3和1/8。[②] 但是，与这一资源禀赋不相匹配的是我国大量劳动力集中在有限的耕地面积上，严重束缚了农村经济的发展。虽然，改革开放初期乡镇企业成为农闲时期农民务工的主要渠道，带动了农村经济发展和农民收入增加，但随着我国经济发展，企业之间的竞争日趋激烈，乡镇企业受制于自身所处的地理位置偏僻、资金筹集能力弱、技术创新能力不强、高层次技术及管理人才匮乏等因素，其竞争力大大削弱，导致了农村非农产业对劳动力的吸纳能力下降。

5. 城市化进程长期滞后于工业化水平

美国著名地理学家诺瑟姆通过对城市人口占总人口的比重变化研究

① 褚志远：《论产业结构优化升级与农村剩余劳动力转移》，《商业时代》2007年第12期。

② 杨健：《试论我国的精确农业》，《中国果菜》2006年第11期。

发现，一个国家或地区的城镇人口占总人口比重即城市化率的变化呈现为一条平缓的“S”形曲线，并把城市化过程分成三个阶段，分别是：第一，低城市化阶段。即城市化水平达到10%（1949年新中国成立时城市化率为9.9%），该阶段城市化进程开始启动，城市发展缓慢，区域处于传统农业社会状态。第二，城市化加速发展阶段。即城市化水平达到30%以上时，该阶段农村人口开始大量进入城市，城市人口数量迅速增加，城市地域规模扩大、数量增多，工业在区域经济和社会生活中占主导地位。第三，城市化稳定发展阶段。即城市化水平超过70%后的阶段，该阶段城市人口增长速度下降，城市人口增长处于稳定的发展时期，甚至会出现郊区城市化和逆城市化的现象。

由于行政干预城市化发展，长期以来，我国城市化水平与工业化水平不相匹配，刚刚改革开放的1978年，我国城市化率仅为17.9%，1992年召开党的十四大时为27.5%，1996年突破30%达到了30.5%，2003年为40.5%，2011年城市化率超过50%，城市人口超过了农村人口。根据联合国的估测，世界发达国家的城市化率在2050年将达到86%，我国的城市化率在2050年将达到72.9%。[①] 工业为城市化提供了广阔的依托平台，城市化为工业化提供了更为充足的要素市场和更为广阔的商品市场。在工业化初期，由于工业化对劳动力和原材料的需求增加，显著地推动了城市化，进入工业化中后期，高程度的城市化产生了更大的商品消费市场，呈现出了城市化带动工业化发展的特征，因此，我国农村人口向城市转移的进程远未结束，农村人口向城市逐步转移是实现城市化与工业化良性互动的必由之路。

6. 城乡收入差距较大以及农民对城市生活的向往

由于自然禀赋、国家政策等方面的原因，城乡居民资源占有不均，发展要素配置不均衡，城乡贫富差距较大，在市场规律的作用下，农村劳动力转移至城市可以获取比农村更多的收入，农村人口进城就业成为必然，这是导致农村剩余劳动力转移最直接的经济动因。随着农村居民进入城市就业，农村居民的生产方式、生活方式、消费方式、思维方式都在发生着变化，更多的农民向往城市生活，不断涌向城市。

① 倪嘉：《城市化背景下的城市可持续发展研究》，《决策探索》2011年第2期。

（二）农村剩余劳动力转移的现状

随着我国农村家庭联产承包责任制的实行，工业化的推进和城镇化的提速，在改革开放及社会主义市场经济深入推进的过程中，农村剩余劳动力向城市持续不断地转移。

1. 农村剩余劳动力转移数量较大

据国家统计局的调查数据显示，我国劳动力总数于2009年达到了最顶峰7.7995亿人（见表5-1），之后几年保持在7.64亿左右，但是我国农村劳动力的数量却是逐年下降的，从有确切记录的1999年起，农村劳动力总数由1999年的4.9572亿人逐年下降到2013年的3.8737亿人。与此同时，据国家统计局农村调查总队抽样调查结果显示，2003年，我国外出务工的农村劳动力有1.139亿，占农村劳动力的23.2%，到2010年我国农民工数量增加为2.422亿，2013年为2.689亿，占农村劳动力的69.41%；农村劳动力占全国劳动力总数的比重由1999年的70.23%下降到2013年的50.32%。

可见，我国农村剩余劳动力转移的数量和速度都很快，中国工人队伍结构发生了历史性的变化，农民工正成为产业工人的主体。农村剩余劳动力转移使我国城市数量不断增加，1978年年底，全国设市城市192个，其中人口超过100万的大城市13个。《中国城市发展报告（2016年）》显示，截至2016年年末，全国共有设市城市657个，建制镇数量增加至20883个。城市的数量、规模、面貌在质和量方面都发生了巨大的变化，近几年来，中国城市数量在经历了20世纪八九十年代的快速增长后，数量基本趋于稳定，但建制镇数量稳步增加。

表5-1　1999—2017年我国农村劳动力数量及比重　单位：万人，%

年份	全国劳动力	农村劳动力总数	农村劳动力占全国劳动力比重
1999	70586	49572	70.23
2000	72085	48934	67.88
2001	73025	49085	67.22
2002	73740	48960	66.40
2003	74432	48793	65.55
2004	75200	48724	64.79

续表

年份	全国劳动力	农村劳动力总数	农村劳动力占全国劳动力比重
2005	75825	48494	63.96
2006	76400	48090	62.95
2007	76990	47640	61.88
2008	77480	47270	61.01
2009	77995	46875	60.10
2010	76105	43817	57.57
2011	76420	40506	53.00
2012	76704	39602	51.63
2013	76977	38737	50.32
2014	77253	37943	49.12
2015	77451	40410	52.17
2016	77603	36175	46.62
2017	77640	35178	45.31

资料来源：2008 年《中国统计年鉴》和各年度国民经济和社会发展统计公报。

2. 农村剩余劳动力转移以青壮年为主

数据显示，到 2012 年，我国已实现转移农村剩余劳动力约 2.1 亿，年龄在 18—35 岁的高达 78.4%，居于第二位的年龄段为 36—45 岁，占比锐减为 15.8%，女性外出务工劳动力的年龄 60% 以上都集中在 20—30 岁。[①] 据 2017 年第三次农业普查公告显示，我国农村劳动力构成中男性明显多于女性，男性占 52.8%，女性占 47.2%。农村劳动力的年龄构成，35 岁以下的农村劳动力占 21.1%，36—54 岁的占 58.3%，而 55 岁以上的占 20.7%（见表 5－2），转移的农村劳动力年龄结构主要以有知识、有技能的青壮年为主，留在农村从事农业生产的劳动力年龄普遍较大，农村人口老龄化加快。

① 易远宏：《我国农村剩余劳动力流动的制度障碍》，《重庆科技学院学报》（社会科学版）2011 年第 6 期。

表5-2　　农村劳动力资源的性别及年龄构成

		全国	东部地区	中部地区	西部地区	东北地区
农村劳动力性别构成（%）	男性	52.8	54.0	53.7	50.0	54.7
	女性	47.2	46.0	46.3	50.0	45.3
农村劳动力年龄构成（%）	35岁以下	21.1	16.8	17.1	27.0	22.6
	36—54岁	58.3	57.8	58.7	57.9	59.2
	55岁以上	20.7	25.4	24.3	15.1	18.2

资料来源：《2017年第三次全国农业普查主要数据公报（第五号）》。

3. 农村剩余劳动力转移输入地和输出地都比较集中

从地区分布上看，农村剩余劳动力流入地是经济发达、收入水平高、工作机会多的地区，主要集中在上海、江苏、浙江等长三角省份和广东、浙江、福建等珠三角省份，以及北京、天津等首都经济圈的省市。劳动力输出的主要省份集中在我国中部地区的四川、江西、重庆、湖南、安徽等省，西部地区除四川和重庆因人口众多，转移农村剩余劳动力也多外，其他地区转移率较低。近年来，农村剩余劳动力转移在外出务工和本地务工的比例在逐年快速增长，2010—2017年我国农村外出务工农民的数量占69.2%左右，在本地务工的农民工占38.5%左右，选择在本地务工的农民比重也在缓慢增加（见表5-3）。2/3左右的农村剩余劳动力选择了在异地他乡务工创业。

表5-3　　我国近年来农民工数量及分布状况　　单位：万人，%

年份	农村劳动力总数	农民工数量	农民工数量比重	外出务工农民数量	外出务工农民占农民工比重	本地务工农民数量	本地务工农民占农民工比重
2010	43817	24223	55.3	15335	63.3	8888	36.7
2011	40506	25278	62.4	15863	62.8	9415	37.2
2012	39602	26261	66.3	16336	62.2	9925	37.8
2013	38737	26894	69.4	16610	61.8	10284	38.2
2014	37943	27395	72.2	16821	61.4	10574	38.6
2015	40410	27747	68.7	16884	60.8	10863	39.2
2016	36175	28171	77.9	16934	60.1	11237	39.9
2017	35178	28652	81.4	17185	60.0	11467	40.0

资料来源：根据相关年度国民经济和社会发展统计公报数据整理分析而得。

4. 农村剩余劳动力转移就业层次仍然较低

从受教育程度看，根据2017年全国农业普查公告，我国农村劳动力文化程度主要以小学和初中为主，分别占到农村劳动力总数的21.8%和47.0%，共计占68.8%，相比2008年的第二次农业普查，2017年第三次农业普查时高中和大专以上文化程度的农村劳动力占比提高，分别达到了19.6%和8.0%，比第二次农业普查分别提高了9.8%和7.8%，可见，农村劳动力文化程度提升速度很快，但整体文化程度较低（见表5－4）。

表5－4　农村劳动力资源的文化程度构成

农村劳动力文化程度构成（%）	全国	东部地区	中部地区	西部地区	东北地区
文盲	3.5	3.4	3.5	4.6	1.2
小学	21.8	23.4	20.6	25.6	9.8
初中	47.0	48.6	49.7	44.3	44.5
高中或中专	19.6	17.9	20.1	16.7	31.3
大专及以上	8.0	6.7	6.1	8.9	13.2

资料来源：《2017年第三次全国农业普查主要数据公报（第五号）》。

由于农村剩余劳动力文化层次较低，技能掌握不足，因此，大多主要转移至劳动密集型企业，从事知识技能较低的行业，主要集中在农业、工业、商业、饮食业和服务业等低层次领域。人力资源和社会保障部发布的2013年部分城市公共就业服务机构市场供求状况分析显示，超过80%的农村劳动力都集中在六大门类的行业当中，制造业的用人需求占到36.5%、批发和零售业占到14.5%、住宿和餐饮业占到11.1%、居民服务和其他服务业占到9.6%、租赁和商务服务业占到6.8%、建筑业占到4.9%。整体而言，这六大行业对劳动力的知识、技能要求较低，或需要高技能的人才比重较低。这种低就业门槛的工作性质决定了农村剩余劳动力转移到城市工作强度大、工作时间长，但收入水平较低。

二　农村剩余劳动力转移的意义

农村剩余劳动力转移到城市，收入普遍增加，生活水平得以改善，价值观念得以改变，技术和经营技能得以培养，这有力地促进了农业生产和农村的发展，对我国全面建成小康社会具有重要意义。

（一）对我国农村发展的意义

随着农村剩余劳动力大规模转移到城市，大量的劳动力从农业中释放出来，显著增加了农民收入。可用于农业投资的资金迅速增加，农业发展有了更充足的资金保证，进一步增加了农业收入。同时，外出务工开拓了农民的视野、提升了农民的技能素质和创新意识，直接或间接地影响农民自己的生产生活和周围的乡邻。农村剩余劳动力转移还加速了农村土地流转，为农业机械化、农业产业化奠定了基础，使农业逐步实现社会分工和专业化生产，标准化农业、生态农业等现代农业科学技术得以深入推广，农业科技应用水平和范围大幅提升。部分回乡农民从城市学到了技能和创业观念，丰富了农村的非农产业，发挥农村地区土地成本低、劳动力成本低的地缘优势，增加了非农业部门的就业人数，大大增强了农民的经济实力。

（二）对我国城市发展的意义

改革开放以来，大量青壮年农村劳动力通过劳务输出等形式进入城镇，成为我国城镇化的主要推动力量。农村剩余劳动力不断地转移到城市，改善了基础设施，为城市第二、第三产业发展提供了大幅增加的劳动力要素，第二产业有了充沛的劳动力就可以发挥我国发展劳动密集型企业的比较优势，而城市人口的增加可以带动城市现代服务业需求量显著增加，促使第三产业快速发展，加快我国产业结构升级速度。城市消费能力增强，促进了城市经济的繁荣和发展，使城镇化进程进入了良性发展轨道。

农村剩余劳动力转移使城市内建筑、环卫、修理服务、各种商业网点等劳动强度大、收入低的岗位被进城务工农民承接，对城市居民的消费、就业、创业等领域产生了多方面的影响，非常有力地促进了民营和个体经济的发展，带来了城市发展模式的转变。

三　农村剩余劳动力转移的影响因素

随着我国城市人口占总人口的比重超过一半，未来农村剩余劳动力数量将会变少，农村劳动力年龄结构偏大，文化程度偏低，仍然留守在农村的劳动力向城市转移的制约因素越来越多，其主要影响因素体现在以下几个方面。

第一，土地制度因素。家庭联产承包责任制后，土地制度既有对农村劳动力转移的推动力又有约束力，土地的财产性作用、养老保障作用使大量青壮年劳动力形成季节性转移、循环性转移，但并没有出现农村劳动力大规模永久定居城镇的现象，可见，土地依然束缚着农村剩余劳动力转移。

第二，户籍制度因素。绝大多数农村劳动力无法落户城市，增加了转移成本和风险，导致农村产生了大量的留守老人、留守儿童与留守妇女，造成农业副业化、兼业化，这种亦工亦农、亦城亦乡的农民就业模式阻碍了农村剩余劳动力转移的速度和规模。

第三，劳动力市场不健全。当前农村剩余劳动力流动大多处于盲目和无序状态。劳动力市场上存在招工程序不规范、用工信息不通畅、不签订劳动合同等现象。农村劳动力转移缺乏正规、持续的组织，给就业带来了不确定性和不稳定性，对农村劳动力转移就业后的工资、安全、职业病防治等保障带来了难度。政府部门通过有组织的培训，打造当地的劳动力品牌，主动与用人单位接洽等形式组织向外转移劳动力的比例较低，严重制约了农村剩余劳动力的转移。

第四，农民自身竞争力弱。尽管农村劳动力的文化素质比以前有了一定程度的提高，但大部分农民只是接受了九年义务教育，其文化水平和职业技能普遍较低，主要从事劳动密集型行业，就业竞争能力较弱，无法满足经济发展和产业结构调整、升级的用工需要，造成劳动者素质与市场需求不相适应，就业难和招工难的现象并存，抑制了农村剩余劳动力的转移。

第五，城镇化水平低。从发达国家的发展经验看，随着工业化、现代化进程的推进，相伴而来的是农业人口不断向城市迁移，实现工业化与城市化的协调发展。而我国城市化水平长期远远落后于工业化发展速度，城市基础设施发展严重短缺、公共服务供给不足，限制了农村剩余劳动力向城市的转移速度。

四　推进农村剩余劳动力有序转移的重要举措

农村剩余劳动力向城市转移是解决我国经济发展二元结构问题的必由之路，对解决“三农”问题和城市化发展都有重要的意义。改革开放以来，为解决我国农村剩余劳动力转移问题，国家主要做了以下几个方面的工作。

（一）分类推进户籍制度改革，推进公共服务均等化

2006 年全面取消农业税以前，农村地区大部分的公共服务资金都由农村居民自筹经费解决，政府给予的补贴较少，导致农村基本公共服务发展严重落后于城市，严重阻碍了农业生产效率的提升，拉大了城乡差距，加剧了二元结构。

为解决农村剩余劳动力转移问题，根据国务院最新划分的"五类七档"城市规模划分标准，确定与城市规模和容纳能力相适应的农村剩余劳动力进入城市的途径，使进入城市的农民与城市居民得到相同的发展机会；建立新的人口登记和管理制度，使符合条件和发展规划的农村剩余劳动力转为城市居民，并为外来务工农民提供相应的社会保障、住房、子女入托上学等社会福利，使他们能在城市安居乐业，建立了可以实现劳动力自由流动的宽松户籍管理制度。2013 年中央一号文件提出加快改革户籍制度，妥善安置农民工在城镇落户，推进人口城镇化；推动农民工平等享有城镇基本公共服务，高度重视农村留守儿童、留守妇女、留守老人问题，切实保障其基本权益和人身安全。

（二）提高农村劳动力的整体素质，建立城乡统一的劳动力市场

提高农民的文化素质和技术技能是农民进入城市实现高质量就业、获得更高收入的法宝。改革开放以来，中央首先巩固了农村地区基础教育，实行九年义务教育，提高了人口素质和科学文化水平，使其能够适应产业发展和产业升级后的就业需要；其次，抓好农村职业技术教育，积极组织农民进行职业技术和技能培训，取得各类职业资格认证，使每个农民至少具备一项长项技能，提高其就业层次。2015 年中央一号文件要求实施提升农民工职业技能计划。开展农民工职业病防治、患病帮扶行动。引导农民工返乡创业，落实创业定向减税政策，实行普遍性降费政策，降低创业成本和负担。创造条件，优化农民就地就近转移就业发展环境。

（三）保障农民工各项权益

随着农民工大量进城务工，工资偏低，拖欠工资，劳动环境条件差，缺乏工伤保险等社会保障，流动儿童入学难等问题突出，为了解决

这些问题，2006 年 3 月，国务院发布了《关于解决农民工问题的若干意见》，意见规定：第一，建立确保农民工工资支付制度，实行专户管理，保障农民工按时足额领到工资。强制发生过拖欠行为的用人单位，按期预存工资保证金。严格执行最低工资制度、休息休假和支付加班工资制度。第二，农民工依法签订劳动合同制度。第三，严格执行国家职业安全和劳动保护标准，配备防护职业病设施，发放符合要求的劳动防护用品，加强农民工职业安全、保护教育，对高危行业农民工专门培训、持证上岗，保障农民工职业安全卫生权益。第四，保护女工在孕期、产期、哺乳期的权益，用人单位不得在此期间降低其基本工资或单方面解除劳动合同；禁止使用童工。第五，建立服务农民工劳动就业、治安管理工作的机制，提供就业管理与就业信息服务，经费纳入各级财政预算支出范围。解决好涉及农民工利益的问题。第六，建立农民工工作联席会议制度。办公室设在劳动保障部，各部门分工负责，落实农民工各项政策。

（四）统筹城乡协调发展，加快城镇化建设

国家经济的可持续增长必然依托于城乡经济的协调发展，消除二元经济结构，必须完成农村剩余劳动力的转移。政府不断调整自身职能，构建新型工农、城乡关系，以适应市场经济体制的要求。城乡统筹要从规划布局、社会保障、收入分配、基础设施建设等方面整体规划，逐步消除城乡机会、资源不平等，使城乡的人力、技术、资金等相互交流，优势互补，增强城乡发展的均衡性和整体性。2006 年中央一号文件指出，全面落实科学发展观，统筹城乡发展，城市支持农村，协调推进农村各项建设。2013 年中央一号文件提出统筹城乡发展，缩小城乡差距的具体措施是：第一，加强交通、信息等农村基础设施建设。第二，大力发展农村社会事业。改善农村办学条件，实施农村重点文化惠民工程，健全农村三级医疗卫生服务网络和新型农村社会养老保险政策体系。第三，加快户籍制度改革，有序推进农民工在城镇落户，与城镇居民同等享有城镇基本公共服务。推进新型城镇化建设，使小城镇成为农村剩余劳动力转移的主渠道。

（五）积极推进农业产业化经营

改革开放以前，农民收入主要来自农业，随着乡镇企业的异军突起，农村非农产业发展壮大，农民收入有所增长，但近些年乡镇企业发展缓慢。在土地流转加速、新型农业经营主体不断增加的背景下，中央积极调整农业产业结构，在保证我国粮食安全的基础上，提高经济作物种植比例，适应农业规模化、产业化经营的要求，培育新型农民；因地制宜大力发展特色产业，当地企业发展特色农产品的加工、仓储、运输等相关服务业；政府做好交通、通信、保险、金融、信息、技术等基础设施建设和公共服务，推进“基地＋农户”等形式，实现产供销，农工商一体化经营。农业产业化经营就地安置了农村剩余劳动力就业，减少了因农村剩余劳动力转移而带来的农村留守老人和留守儿童问题，实现了经济与社会和谐发展的双重目标。

（六）建立城乡、区域间转移接续顺畅的社会保障制度

随着市场经济的快速推进，传统农业承受着越来越大的市场和自然风险，土地养老已经不能作为农村最主要的养老模式。改革开放以来，国家大力发展农村社会保障，扩大社会保障覆盖范围，建立广覆盖的农村社会保障体系，社会保障制度在城乡之间、区域之间、不同地区可以转移接续，解除农村剩余劳动力转移的后顾之忧，促进了农村人力资源跨区域流动，实现人力资源的快速、自发合理配置。因此，建立健全城乡一体化的社会保障制度，对推进农村剩余劳动力有序转移起着根本性和基础性的作用。

第二节　户籍制度改革

计划经济时期，我国的户籍制度根据是否需要购买商品粮将户籍划分为农业户口和非农业户口，城乡户籍存在超过60种社会福利差异。户籍制度曾经在新中国成立初期限制了农村人口向城市盲目大量流动，对缓解城市粮食供应危机起到了积极作用，但随着粮食产量稳定增加、城乡一体化进程持续推进，户籍制度已经严重阻碍了我国经济社会的发展。我国着手进行了户籍制度改革，现阶段绝大部分省市自治区相继取消了农业户口，统称为居民户口，户籍制度改革后的各项配套政策措施的建设和完善是当前需要解决的重大问题之一。

一 我国户籍制度改革回顾

新中国成立以来的户籍管理制度根据政策的变化大致可划分为以下五个阶段。

（一）自由迁徙阶段（1949—1957 年）

该阶段，农村劳动力可以自由迁徙，农村劳动力自发转移进入城市工作，成为新中国成立后经济恢复重建所需大量劳动力的主要来源，政府只做一些户籍登记方面的工作，并未限制农村劳动力进入城市。

1951 年 7 月，公安部颁布了新中国第一个与户籍相关的法律法规，即《城市户口管理暂行条例》，1955 年 6 月，国务院发布了《关于建立经常户口登记制度的指示》，用于统一全国城乡户口登记工作。

（二）严格控制、大起大落阶段（1958—1978 年）

1958—1960 年，我国开展了“鼓足干劲、力争上游、多快好省地建设社会主义”为总路线的“大跃进”运动，基本建设投资急剧膨胀，全国掀起了全民大炼钢铁和人民公社化的高潮，对劳动力需求过度增长，从而造成了到 1963 年，农业劳动力占社会劳动力的比重又升到 82.5%。

1958 年 1 月，户籍管理制度《中华人民共和国户口登记条例》颁布，该条例成为对我国二元经济形成影响最大的社会因素。

1956 年 10 月起由于农业大幅减产，20 世纪 50 年代后期，政府号召知识青年上山下乡，掀起城市知识青年到农村和边疆垦荒的热潮。

1963 年，由于受到三年自然灾害的影响，农业大幅减产，出现了城市粮食供应极端紧张的局面，公安部将享受国家计划供应商品粮的人口划分为“非农业户口”；享有土地分配权和使用权的人口划分为“农业户口”。

1964 年 8 月，国务院批转了公安部颁发的《关于处理户口迁移的规定》草案稿，该草案为城乡之间的人口流动构建了一道防线，农村人口流动到城市被大大限制了。

1977 年 11 月，国务院批转了公安部发布的《关于处理户口迁移的规定》，第一次正式提出严格控制“农转非”。

（三）户籍制度逐步放开阶段（1979—1991 年）

1978 年 10 月，全国知识青年上山下乡工作会议上决定停止“上山下乡”运动并妥善安置知青的回城和就业问题。

1984年后，国家全面展开经济体制改革，各项政策有所放宽，越来越多的农民脱离了农业，转入工业和服务业。1984年中央一号文件要求各省选择试点，允许经商、务工农民自理口粮到集镇落户，1984年3月，中共中央颁布了中央四号文件，决定把社队企业改名为乡镇企业，确立了乡镇企业在国民经济中的重要地位，10月，国务院发布通知，指出农民进入集镇对繁荣城乡经济有重要作用，应予支持。随着乡镇企业和农村商品经济的迅速发展，转移到集镇务工经商的农民越来越多，为了适应这种形势，国务院发布了《关于农民进入集镇落户问题的通知》，允许在集镇有固定住所，有经营能力，或在乡镇企事业单位长期务工的，只要农民及其家属申请，统计为非农业人口并落户为城镇常住户口。

从1984年开始到1988年，乡镇企业产值每年都以30%以上的速度高速增长，在乡镇企业快速发展带动下形成了农村劳动力转移的“黄金时期”，农业劳动力以空前的规模和速度向农村非农产业转移。

1985年中央一号文件允许农民进入城市提供劳务、兴办服务业，打破了城乡分割，推动了农村城镇化。

1985年9月，我国颁布了《中华人民共和国居民身份证条例》，启动实施了居民身份证制度，同时公安部决定针对流动人口实行《暂住证》《寄住证》制度，健全暂住人口登记制度，允许暂住人口在城镇居留，但要做到来人登记、走人注销的规定。1985年，国家鼓励集体和个人投资经营小城镇基础设施，多方筹资建设小城镇，从而推动了农村城镇化进程。

1988年7月，国家出台了关于加强贫困地区劳动力资源开发工作的通知，要求各地有关部门组织贫困地区劳动力流动到沿海经济发达地区、大城市。从1988年下半年开始，国家开始治理整顿经济过热、通货膨胀等问题，这3年间，乡镇企业投资减少，非农就业岗位锐减，几百万乡镇企业职工又回家务农。同一时期，乡镇企业以其顽强的生命力抓住机遇，引进先进技术和外资，通过承接外来加工订单等方式，大力发展对外经济贸易。1989年12月，国务院决定整顿居住在市镇的无户口人员，动员其返乡安置。1990年4月，国务院发出通知要求合理控制和积极疏导农村劳动力流动，引导其“离土不离乡”，就地转移农村剩余劳动力。1991 年，中国经济经过治理，进入高速增长期，乡镇企业率先摆脱困难局面，逐渐进入新的增长时期。

（四）农村人口向城市超常转移阶段（1992—1997 年）

从 1991 年下半年开始，农业劳动力转移呈现出加速增长的势头。1992 年，邓小平“南方谈话”后，乡镇企业抓住发展机遇，吸纳了大量当地农民就业，同时，更多的农村劳动力也流向城市，随之而来的是各级地方政府相继出台了更为宽松的投资移民、技术移民的政策。后续各地相继创新落户类型，主要有“投资入户型”“居住证型”“务工迁入型”“亲属投靠型”“准入与计划并行型”等，形成了以暂住户口、蓝印户口、常住户口为体系的户籍管理制度。

1993 年起，上海、深圳、苏州等地为促进当地房地产销售等原因，允许外地居民在当地购房并取得“蓝印户口”，成为一种介于正式户口与暂住户口之间的户籍，是由地方对到本地投资、购房或者是被当地政府或企业引进等不具有本地户籍的人口给予的优惠待遇，享受和当地正常城市户籍人口同等的待遇。

1996 年，我国初步建立了社会主义市场经济体制，经济运行的总体特征由卖方市场转变为买方市场，加之 1998 年亚洲金融风暴的影响，工业产品过剩现象严重，乡镇企业向两极发展，企业开工率大幅下降，劳动力转移出现了相应的下降。

1997 年 6 月，国务院选择基础设施建设和经济发展好的，已开展户籍管理制度改革的小城镇，进行两年的户籍管理制度改革试点。

（五）市场导向下农村劳动力有序转移阶段（1998 年至今）

1998 年 8 月，国务院批转了公安部此前发布的《关于当前户籍管理中几个突出问题的意见》，这个意见制定了许多关乎居民切身利益又很人性化的政策规定，婴儿落户可随父随母自愿选择，改变了过去只能跟随母亲的做法，给居民留下选择余地；夫妻分居的可以选择到其中一方落户，政策予以放宽；由于第一代独生子女已进入劳动年龄，数量逐年增加，国家允许跟随独生子女去外地就业的父母在子女所在城市落户；在一些城市投资、购买商品房达到规定限额的公民及其共同居住的直系亲属也可以在城市落户。

2001年3月30日，为了引导农村人口向小城镇有序转移，促进小城镇健康发展，加快我国城镇化进程，国务院批转公安部《关于推进小城镇户籍管理制度改革的意见》，规定在县级市市区、县城及镇范围内，有固定住所、稳定职业、稳定生活来源的居民及其直系亲属，以及过去在小城镇办理过蓝印户口、自理粮户口的可以转为城镇常住户口。这项政策全面推进了小城镇户籍制度改革。

2001年6月北京市推出了"北京市工作寄住证"，该证适用于在北京市高新技术企业或跨国公司总部及研发中心工作的外地人员，但其申请需由所在企业提出，持有该证后，这些工作人员在购房、子女入托、入学等方面享有北京市民同等的待遇，持寄住证3年者，经企业申请并报市人事局审批可转为北京市正式户口。

2003年起，全国很多省市开始陆续取消农业户口和非农业户口的差别，统一称为居民户口。2010年5月31日，国务院通知落实放宽中小城市、小城镇和中心镇的落户条件，在全国范围内实行由居住证取代暂住证、寄住证制度。这是我国深化户籍制度的重要改革。

2013年中央一号文件提出加快改革户籍制度，把农民工在城镇落户作为城镇化的重要任务，推进人口城镇化。2013年6月26日，第十二届全国人大常委会第一次明确提出各类城市的城镇化路径，根据不同规模城市的现实情况，全面开放小城镇和小城市落户；有序放开中等城市落户；逐步放宽大城市落户条件，合理设定特大城市落户条件，有序转移农业人口，推进城镇化。

2014年中央一号文件继续要求推动农业转移人口市民化。解决好农业转移人口在城镇的落户问题，促进城镇常住人口有序实现市民化。全面实行流动人口居住证制度，依据居住证，流动人口享有与城镇居民相同的基本公共服务。2014年，我国进一步推进户籍制度改革，推动了经济社会与户籍制度协调发展。发布了根据城市规模和定位的落户条件限制，建制镇和小城市只要有合法稳定住所即可落户，中等城市需要有合法稳定的就业和住所可落户，大城市落户除需要合法稳定职业、稳定住所外，还有参加社会保险年限限制才可落户，特大城市采用积分落户政策。

二 解决“三农”问题对户籍制度改革的要求及措施

中国的户籍制度改革一直在进行，在改革的推进步骤上，产生了逐步取消户籍制度的渐进改革与完全取消户籍制度一步到位的争论。渐进论者认为，现阶段与户籍制度改革配套的政策、设施、保障不完善，短期内取消户籍制度可能会导致经济秩序和社会混乱，引致失业率大幅升高，应稳妥有序地改革户籍管理制度；一步到位论者认为，现行的户籍制度已无任何调控作用，反而生成了社会差别①（陆益龙，2008），还有学者认为，考察各国历史来看，城市并没有无限扩张②（李星文，2007）。

理论上的改革争论一直存在，实践中的改革却呈现出不同的地方特色，许多地方进行了积极有效的探索，河北、辽宁等十多个省区市取消过去农业户口和非农业户口的差别，统一建立居民户口。但上述地方户籍改革，大多局限于取消形式上的户籍歧视，即户籍登记上体现的城乡不同身份，而与户籍相关联的各种差别待遇，如社会福利、医疗保险、基础教育等基本公共服务并未取消和实现平等。

党的十八届三中全会明确提出加快户籍制度改革。户籍改革目标是建立城乡统一的户口登记制度，放宽户口迁移限制，引导人口合理有序流动。户籍制度改革必须注意以下几点：

第一，分类推进户籍制度改革。我国的户籍管理制度与土地或房产直接联系，而发达国家的户籍制度仅仅是为人口基本信息和公民享受福利的管理，当前我国流动人口高速增长，限于我国目前各城市规模差异较大，各地对户籍制度进行了分类改革。2014 年起，我国分类推进户籍制度改革。首先，在稳定大城市人口的基础上实现户籍改革，调整好存量户籍人口的同时，逐步解决长期务工流动人口的落户问题；其次，降低中小城市户口准入门槛，公共资源条件较好的地区先行放开落户限制，着力增加城市户口接纳能力；最后，全面放开小城镇户籍，以促进人口有序流动。这种根据城市规模建立的有层次的户籍制度改革完善了

① 陆益龙：《户口还起作用吗——户籍制度与社会分层和流动》，《中国社会科学》2008 年第 1 期。

② 李星文：《户籍改革要警惕“快”，更要防止“慢”》，《北京青年报》2007 年 4 月 20 日第 6 版。

我国户口迁移政策，使有能力在不同规模城市就业和生活的人口落户到城镇，逐步提高了城镇化水平。

第二，增强中小城市及城镇户籍的吸引力。我国对中小城市及城镇户籍开放的时间已经较长，但中小城镇的就业机会有限，当前，由于国家取消农业税，而且对农业加大了补贴，农村户籍还能够有宅基地与承包地，越来越多的农村人口不愿意放弃农村户籍，必须增强城镇户籍的吸引力。

第三，打破户籍对社会保障、社会福利的制约。与户籍制度紧密相关的各项福利中，社会保障制度是最重要的一个方面，户籍制度改革的成效受制于能否建立起可携带的社会保障制度。[①] 户籍改革应与社会保障体制改革相配套，现行户籍制度下，政府对不同户籍的人群提供了不同的社会福利，“城市居民的户籍背后附加了医疗、教育等福利；农村居民户籍背后附加了承包土地的保障。”[②] 城市的优质教育资源引发了高考移民现象，而农村户籍近年来也不断地被赋予宅基地、农业补贴等社会福利，解决“三农”问题必须要打破目前城市和农村社会保障、社会福利范围、层次、力度等方面的差别。近年来，国家全力支持和监督在非公有制经济组织、城镇灵活就业的外出务工农民参加社会保险；完善社会保障的转移接续制度，在全国范围内建立城乡统一的社会保障制度，使外出务工人员在跨省、跨市流动就业时，各类保险关系能顺利转移和接续，使户籍不再成为影响劳动力资源配置的障碍。完善户口登记制度，变静态的户口管理模式为动态的人口管理模式，剥离基于户籍的权益配置，还原户籍制度用来登记人口的生老病死及流动情况的基本功能。

第四，户籍制度应有利于我国经济的发展。我国现行户籍制度下，农村劳动力在大城市落户，需要按苛刻的条件审批，限制了公民的自由迁徙，抑制了农村与城市之间、城市与城市之间劳动力、人才的自由流动，不利于形成全国统一的劳动力市场。“无城市户口者不能享受均等

① 王美艳、蔡昉：《户籍制度改革的历程与展望》，《广东社会科学》2008 年第 6 期。

② 赵登华：《现行户籍制度问题在于背后的社会福利》，《经济日报》2013 年 12 月 26 日第 3 版。

基本公共服务，就业不稳定、收入预期不乐观，他们是城市的劳动者、生产者，却不能把消费模式转变成和市民一样”。[①] 他们储蓄倾向较高，不愿也不敢将其收入过多地用于当期消费，因此，应该打造有利于我国经济持续增长的户籍制度。

导致我国户籍制度改革举步维艰的原因，主要是由于我国地区之间、城市与农村之间的公共服务供给差异较大，而且教育、医疗、社会保障等大部分公共服务供给差异是根据居民户籍身份自动产生的。因此，户籍制度改革需要推进公共服务均等化，不与户籍类型挂钩。需要指出的是，户籍改革后若想长久实现公共服务均等化，必然将给地方政府带来较大的财政压力和管理上的巨大考验，需要对现行的财政体制进行调整。

三　户籍制度改革对解决“三农”问题的作用

“三农”问题是全党工作的重中之重，一直以来都受到党和国家的高度重视，改革户籍制度是解决“三农”难题、改变我国二元经济结构的关键，对解决“三农”问题的作用有：第一，户籍制度改革释放长期沉淀的农村剩余劳动力，提高了农业劳动生产率，增加了农民收入；第二，返乡农民充实了农村实用人才队伍，加快了农业现代化步伐；第三，解开了身份户籍枷锁，从制度上保护农民的利益及提高农民的社会地位，给予农民作为公民应有的公正待遇和平等的社会地位，赋予农民与市民同等生存发展权；第四，户籍制度改革进一步解放和发展农业生产力，调整农业和农村经济结构，推进了农业产业化、农村工业化和城市化；第五，户籍制度改革改变了进城务工农民“边缘化”的社会地位，对缩小城乡、区域、贫富三个差距有非常重大的意义；第六，打破户籍的二元制度后，城市居民和农村居民实现了自由迁移与流动，可以显著减少留守儿童、留守老人、留守妇女群体等社会问题的发生，促进农村社会的和谐安定。

---

① 蔡昉：《户籍制度改革可兼得效率与公平》，《领导文萃》2013 年第 4 期。

第三节　统筹城乡发展

我国在国民经济与社会发展“十二五”规划纲要中提出，要把统筹城乡发展作为全面建设小康社会的根本要求，打破“二元经济”发展模式，促进农村经济发展，这是根本解决“三农”问题的重大创新，也是实现我国经济持续增长的必由之路和客观要求，对实现全面小康社会的目标具有全局性意义。

一　城乡发展的历史回顾

（一）城乡二元结构发展的历史

综合蓝海涛[①]（2005）、邵西梅[②]（2005）、白永秀[③]（2012）等的研究成果，我国城乡二元结构发展的历史可分为以下三个大的阶段。

1. 城乡二元结构形成（1949—1978 年）

新中国成立初期，我国为了尽早实现工业化，实行了城市发展优先和重工业优先的赶超型战略，国家利用行政手段通过工农产品的价格“剪刀差”，农产品统购统销和要素流动控制等政策与制度，实现了农业对工业、农村对城市长期单向的供给，完成了城市和重工业发展的原始积累，农民对城市和工业化做了很大的贡献，农村为国家经济的发展做出了很大的牺牲。

2. 城乡分离与对立阶段（1978—2002 年）

这个时期，前改革时代“级差式”发展方式和“分离化”改革措施加速了中国城乡分离与对立。

（1）城乡差别有所缩小（1978—1984 年）。

从 1978 年 11 月安徽省凤阳县凤梨公社小岗村实行家庭联产承包责任制开始，到 1983 年年初，全国农村已有 93% 的生产队实行了家庭联产承包责任制。农村生产力在短期内有了快速的提升、农村经济发展加快。与此同时，20 世纪 80 年代起，乡镇企业从无到有迅速发展，充分

---

① 蓝海涛：《我国城乡二元结构演变的制度分析》，《宏观经济管理》2005 年第 3 期。

② 邵西梅：《我国城乡二元结构变迁的历史探索》，《安徽农学通报》2005 年第 11 期。

③ 白永秀：《城乡二元结构的中国视角：形成、拓展、路径》，《学术月刊》2012 年第 5 期。

利用了农村的自然及社会经济资源，就近吸收了大量的农村剩余劳动力，成为国有经济的重要补充，显著地促进了农村地区经济繁荣和人们物质文化生活水平的提高，丰富了农村的产业结构，城乡差别和工农差别得以逐步缩小。

（2）建设大批城市和发展小城镇（1985—1992 年）。

农村家庭联产承包责任制这一实践于农村的重大改革对城市国有企业管理方式的变革产生了启示，此后国有企业也进行了放权让利、抓大放小等方式的改革，国家也开始探索逐步扩大沿海开发开放区域，为农村剩余劳动力创造了大量就业岗位，推动了大批城市和小城镇的发展。为了促进农村小城镇建设，国家调整了建制镇标准，规定总人口 20000 人左右的乡，非农人口占全乡总人口的 10% 以上时，可以在乡镇府驻地设镇，少数民族地区、边远地区、矿区、边境口岸、小港口非农人口占总人口不足 10%，但确有必要，也可设镇。1985 年，国家鼓励集体和个人投资经营小城镇基础设施，多方筹资建设小城镇，从而推动了农村城镇化进程。

（3）兼顾城乡发展（1993—1996 年）。

1992 年，党的十四大会议召开后，我国经济体制开始全面由计划经济向市场经济转型，此后，我国经济活力被快速释放，各地加快基础设施建设，争先进行招商引资。1993 年起，宏观经济增速持续快速增长，促进了农村劳动力向城市以及不同地区之间劳动力的快速流动，但带来的副作用是通货膨胀率快速升高，我国采取积极有效措施实现了宏观经济的软着陆，开始探索建立与我国社会主义市场经济体制相符的养老、医疗、失业、救助等社会保障制度，城乡二元经济结构初步得以改变。这些措施在社会主义市场经济体系建立初期兼顾了城乡发展。

（4）城乡差距不断扩大（1997—2002 年）。

1997 年以后，受到亚洲金融危机的影响，我国城乡经济进入结构调整时期，宏观经济形势出现了重要转变，经济增速下滑，工业生产出现了相对过剩现象，国民经济进入通货紧缩时期，城市下岗失业人员增多，严重影响经济、社会正常发展，国家出于稳定经济增长、维护社会稳定等诸多考虑，财政支出倾向于对下岗职工的救济和培训、下岗失业人员再就业保障，农民得到的财政补贴较少，且由于内需不足，大量乡镇企业难以为继，对农村剩余劳动力的需求减少，农民收入增长缓慢，城市居民的收入增幅远高于农村居民，城乡差距有扩大趋势。

3. 遏制城乡二元结构失衡，统筹城乡发展（2003年至今）

经过30多年改革累积，城市的优势越来越明显，城市面貌日新月异，城乡之间各方面的差距日趋扩大，严重阻滞了国民经济增长。因此，加快改变城乡分离的各种体制与政策安排，提高城镇化水平和质量，促进经济社会协调、可持续发展迫在眉睫。2002年11月，党的十六大会议提出“统筹城乡经济社会发展，发展农村经济，增加农民收入，是全面建设小康社会的重大任务”。2004年，在党的十六届四中全会上，胡锦涛提出我国总体上已经到了以工促农、以城带乡的发展阶段，应当自觉调整国家收入分配格局，积极支持“三农”发展。中共中央在制定第十一个五年规划的建议中明确要求调整财政支出结构，完善财政转移支付制度，改善农村金融服务，形成促进农业和农村发展的财政投资体制。

2005年10月，党的十六届五中全会提出开展新农村建设，打造“生产发展、生活宽裕、乡风文明、村容整洁、管理民主”的新农村，从2006年起，我国全面取消农业税，加大农业基础设施投入，减免农村义务教育费用，增加对农村地区的财政支出等政策，减轻了农民负担，提高了农民的生产积极性，对缩小城乡收入差距有重要的意义。与此同时，农村繁荣后启动了农村市场建设，农村居民消费能力得以释放，城市和农村紧密地联系起来，我国进入了逐步解决城乡二元经济结构问题的新阶段。

（二）城乡二元结构的具体表现

长期以来，城乡二元户籍制度不仅把中国社会分割成了城市和农村，而且降低了社会流动性。[①] 党的十八大报告指出，城乡发展一体化是解决“三农”问题的根本途径。加大统筹城乡发展力度，增强农村发展活力，逐步缩小城乡差距，促进城乡共同繁荣。具体来讲，我国城乡二元结构表现为以下三个方面。

---

① 孙博：《城乡二元结构的形成及影响》，《时代金融》2014年第3期。

1. 城乡居民收入差距扩大

如图 5 -1、图 5 -2 所示，改革开放以来，随着我国经济的持续发展，城乡收入差距不断扩大，导致城乡居民贫富差距悬殊，城乡收入差距表现为城乡居民人均收入及恩格尔系数的差距。

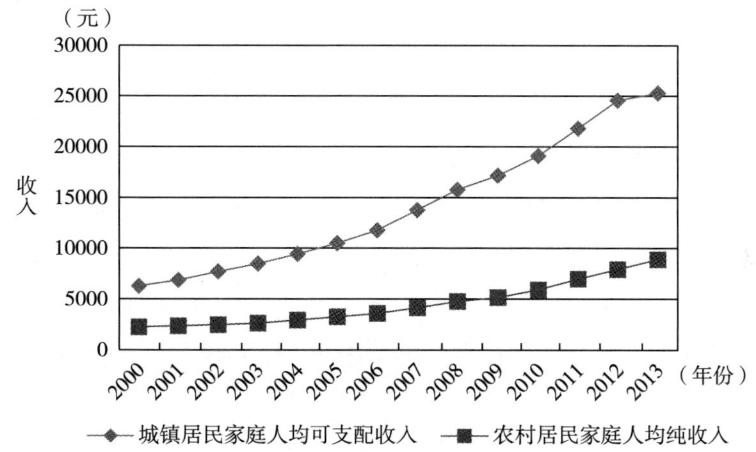

图 5 -1 2000—2013 年我国城乡居民人均收入状况

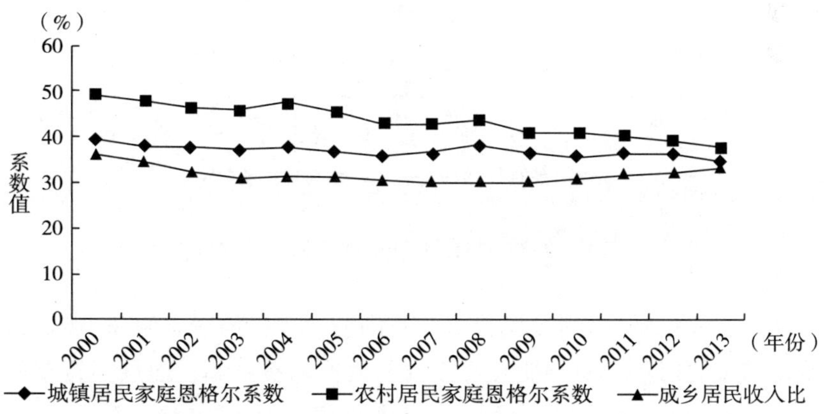

图 5 -2 2000—2013 年我国城乡居民恩格尔系数及收入比

从图 5 -1 和图 5 -2 可以看出，我国城乡居民收入水平不断提高，城乡居民恩格尔系数及城乡居民收入比（农村居民收入/城市居民收入）在减小。从2000年来看，城镇居民家庭人均可支配收入6280元，农村居民家庭人均纯收入2253.4元，两者相差4026.6元，城乡居民收入比35.88，即农村居民人均纯收入占城镇居民家庭人均可支配收入的35.88%；从2013年来看，城镇居民家庭人均可支配收入26955.1元，农村居民家庭人均纯收入8895.9元，相差18059.2元，是2000年两者差额的4.48倍，但是城乡居民收入比缩小至33.00%，说明农村居民人均纯收入增长速度较城市居民家庭人均可支配收入增长速度快。从城镇居民恩格尔系数值来看，自2000年以来，农村居民恩格尔系数始终大于城市居民恩格尔系数值，但这种差距在逐渐缩小，2000年两者的差值为9.7，2013年为2.7，可以看出，农村居民生活水平确实在不断提高。

2. 城乡居民消费差距扩大

随着收入差距的扩大，我国城乡居民消费水平存在显著差异，2000—2012年，城乡居民消费状况如图5-3所示。

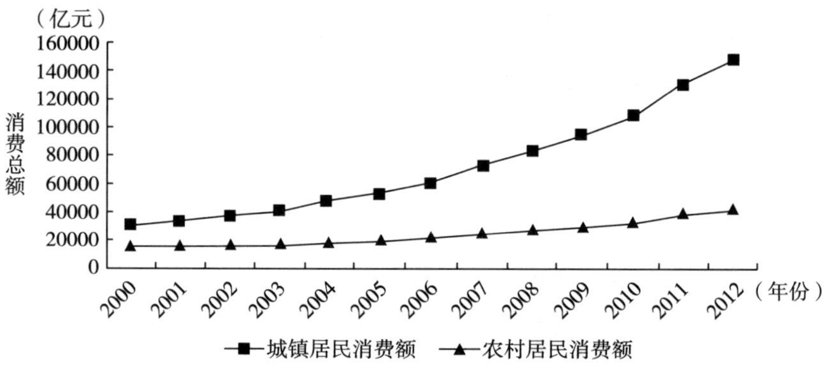

图5-3　2000—2012年我国城乡居民消费状况

从图5-3中可以明显地看出，我国城乡居民消费总额在不断上升，但我国城镇居民消费总额明显高于农村居民消费总额，而且消费差距明显扩大。从2000年来看，城镇居民消费是农村居民消费的2.03倍，2013年扩大为3.5倍，增加了72.41%。

3. 城乡民生工程建设差距明显

民生工程包含教育、医疗卫生、社会保障、住房保障等多个方面。在确保财政可持续基础上，落实好各项民生政策，开展重点民生支出评估。2013年，中央财政支出项目中农林水事务支出6005.4亿元，增长0.2%；社会保障和就业支出6571.75亿元，增长14.2%；医疗卫生支出2588.12亿元，增长26.4%；教育支出3883.91亿元，增长2.7%；科学技术支出2460.59亿元，增长7.4%；文化体育与传媒支出531.55亿元，增长7.5%；住房保障支出2320.94亿元，下降10.8%；节能环保支出1803.9亿元，下降9.7%。[①] 尽管如此，我国城乡民生事业仍存在着很大差异。

（1）城乡教育事业差距。教育公平是社会公平的重要起点，我国因城乡之间、区域之间的发展差异，教育发展也呈现出不均衡态势：第一，接受高等教育机会不平等，农村贫困地区孩子高等教育的入学机会远远低于城市孩子，能进入重点高校的贫困地区农村孩子相对较少，这引起社会有关“寒门再难出骄子”的普遍忧虑。第二，校内外学龄人口总数存在地区差异，2012年教育部教育统计数据显示，校内外学龄人口总数为92967734人，北京市707908人，上海市733449人，广东省7642049人，西藏448865人，青海555297人，宁夏276043人[②]，发达地区与欠发达地区校内外学龄人口总数存在明显差异。第三，教师资源分布均衡，广大农村地区教师资源缺乏，使农村教育质量不能令人满意，制约了农村孩子的全面发展，城镇学校学科教师配置、专业水平普遍高于农村学校，城乡教育差距逐渐扩大。第四，城乡教育公共基础设施建设差距明显，教育经费投入不均，城市学校得到的资金投入较多，基础设施较好，从而限制了城乡教育均衡发展。

（2）城乡就业差异。就业是民生之本，也是安国之策，只有解决好就业问题，才能够有效统筹城乡发展，缩小城乡收入差距。根据国家统计局相关数据显示，2012年我国个体就业40592.7万户，个体就业人员8628.3万人，城镇就业人数5642.7万人，乡村就业个体人数2985.6万人；城镇私营企业就业人数7557.4万人，城镇私营企业投资者就业人数1646万人，乡村私营企业就业人数3738.7人，乡村私营企

---

① 人民日报：《关于2013年中央和地方预算执行情况与2014年中央和地方预算草案的报告（摘要）》，人民网，http://lianghui.people.com.cn/2014npc/n/2014/0306/c376088-24540866.html，2014年3月5日。

② 资料来源：教育部：《2012年教育统计数据》，http://www.moe.edu.cn。

业投资者就业人数554.1万人[1]，可见，城乡就业差异显著，统筹城乡发展存在很大障碍。

（3）城乡医疗卫生差异。卫生和社会服务事业直接关系到人民群众的实际生活，国家统计局数据显示，2012年，城市医疗机构床位数273.34万张，农村医疗机构床位299.14万张；城市人均卫生费用2969.01元，农村人均卫生费用1055.89元；全国2852个县级区划数中开展新型合作医疗县（区、市）数2566个，参加新型农村合作医疗8.05亿人，新农合补偿受益人次17.45亿人次；在民政部医疗救助中，城市医疗救助689.90万人次，农村医疗救助1483.80万人次，城市医疗救助支出708802万元，农村医疗救助支出1329105万元。[2]尽管近年农村医疗卫生公共事业取得了进步，但是农村公共卫生医疗建设依然存在较大困难。

（4）城乡社会保障差异。社会保障作为社会的福利性制度安排，是各种具有经济福利性的、社会化的国民生活保障系统的统称，包括经济保障、服务保障和精神保障三个层次。[3]社会保障是社会发展到一定阶段必然的社会化产物，有利于调节国民收入分配和再分配，实现社会公平。我国社会保障制度存在地区差异和城乡差距，从2009年起，我国开展新型农村社会养老保险（简称为新农保）试点。但由于政府财力有限，财政全额支付的基础养老金标准较低，每人每月只有55元，远低于城镇居民养老保险给付标准。农村最低生活保障给付标准城乡、地区差异也很大，城镇居民医疗保险和新型农村合作医疗保险给付标准差距也比较明显。

二　统筹城乡发展的重大意义

城乡发展是城乡相互联系、相互依存、相互促进的良性循环关系，统筹城乡经济社会发展是我国经济社会发展的必然趋势。我国全面建设小康社会的难点和弱点主要在农村，有意识地通过以城带乡、以工促农策略，实现城市和农村的协同推进，增强可持续发展能力，有利于我国

① 资料来源：国家统计局：《2012年就业人员和工资》，http：//data. stats. gov. cn。

② 国家统计局：《2012年卫生和社会服务》，http：//datd. stats. gov. cn。

③ 郑功成：《论中国社会保障制度的改革》，人大复印报刊资料（社会保障制度）1998年第11期。

全面建成小康社会；缩小城乡差异也有利于我国社会稳定，城乡统筹发展后农村居民的消费需求会成为我国内需增长的重要来源，对于我国经济的持续增长、社会均衡发展意义重大。公共财政对农业的支持力度将会加大，农村基础设施将会不断完善，农村教育、医疗、社会保障等公共服务将与城市均等化发展，有利于解决我国二元经济结构问题。因此，提出城乡统筹发展的重大决策具有极为重要的战略意义。

三　改革开放以来统筹城乡发展的重要举措

党的十八大报告明确提出统筹城乡发展，城乡一体化发展是解决“三农”问题的根本途径。实现城乡一体化主要靠以土地制度改革、社会保障制度改革和户籍制度改革为主的三大制度改革。除此之外，还要大力推进城镇化建设，建立城乡统一的劳动力市场。

（一）土地制度改革

改革开放以来，中央通过推进农村土地管理制度改革，修订土地管理法规，提高农民的土地增值收益分配比例，增加了与农民收入密切相关的农村土地承包经营权流转、宅基地使用权、公共工程建设征地及其补偿等与土地相关的基本政策，从制度和法律上保护了农民的土地权益，建立了规范有效的土地承包使用权管理机制，促使农村中已经离土离乡不离地的农民彻底向非农产业转换，使土地制度改革成为城市化进程的重要推动力。2016 年中央一号文件也要求引导进城落户农业人口依法自愿有偿转让土地承包权、宅基地使用权等权益。

（二）社会保障制度改革

新中国成立初期，我国在农村仅建立了“五保户”等社会救助体系，改革开放后，我国综合国力不断提升，农村社会保障范围不断扩大，保障的种类或项目不断增加，保障力度不断加大，先后建立了农村养老、合作医疗保险、最低生活保障等社会保障体系。近年来，中央探索建立与城市社会保障体系接轨的农村社会保障制度，建立全面覆盖城乡居民的统一社会保障体系，促进了劳动力资源在全国流动，实现城乡统筹发展。

（三）户籍制度改革

我国城市、农村户口被赋予了过多的利益，造成了城乡居民享有不同就业、教育、基础设施等社会福利。我国推进社会主义市场经济的过程中，渐进地进行了户籍制度改革，按照经常居住地登记常住户口的原则，建立全国统一的户口登记管理制度，使户籍制度仅仅保持人口出生、死亡、流动统计等基本功能，使社会管理制度与经济发展相协调，以实现农业转移人口有序市民化，平等享有城镇基本公共服务。2015年、2016年中央一号文件提出农民进城落户不得与放弃在农村享有的权益相挂钩。要求加快户籍制度改革，促进农民转移就业和创业，建立居住证制度。

（四）大力推进新型城镇化

统筹城乡发展，要求统筹城乡规划，协调城乡空间布局，构建科学合理的城镇体系。其根本目标是提高人民生活水平。改革实践已经证明，新型城镇化是我国实现城乡统筹发展的有效途径。

1. 加强小城镇建设

改革开放以来，乡镇企业迅速发展也带动了小城镇建设速度加快，国家对建设小城镇有了深刻认识，截至1996年年底，全国村镇达到16124个，占全部乡镇总数的37.4%，非农业人口占总人口的45.8%。[①] 1994年9月，建设部、国家计委等六部委印发《关于加强小城镇建设的若干意见》，1995年，国家决定试点综合改革一批小城镇，逐步实现农村现代化。主要内容是：探索多元投资建设小城镇体制；推行合理布局、统一规划、配套建设、综合开发的建设方式；培育小城镇的市场；鼓励乡镇企业向小城镇集中；扩大完善小城镇政府管理职能；探索集体土地流转制度；建立小城镇科技服务体系。1998年党的十五届三中全会通过的决定中要求科学规划、合理布局小城镇，加强基础建设，注意节约用地、保护环境。同时，指出要进一步改革小城镇户籍管理制度。2000年6月，国家出台了关于促进小城镇健康发展的若干意见文件，提出“循序渐进、因地制宜、科学规划、协调发展”等小城镇健康发展的四项基本原则。力争将少部分具备条件的小城镇发展成为小城市。要求政府引导，各地制定优惠政策，依靠社会资金建设小城镇，地方政府重点支持公用设施和公益事业建设，总体集约规划小城镇

① 张新华：《新中国探索“三农”问题的历史经验》，中共党史出版社2007年版，第230页。

建设用地。同时提出改革小城镇户籍管理制度。从2000年起，凡在小城镇有固定住所、稳定职业或生活来源的农民，均可自愿转为城镇户口，享受城镇居民待遇，其承包土地既可以保留，也可以依法流转。全国选择100个建制镇进行经济综合开发试点，这些镇示范作用明显。又对58个第二批示范镇给予政策、资金支持，以加强小城镇建设。

2. 开展新型城镇化综合试点实践

2013年12月12日，中央召开了改革开放以来的第一次城镇化工作会议，提出了城镇化的六项任务。2014年3月12日，国务院印发《国家新型城镇化规划（2014—2020年）》，国家发改委划定新型城镇化综合试点，在江苏、安徽两省等62个城市（镇）开展，重点试点探索农民工市民化。2015年又增加了北京房山区、天津东丽区、成都市等59个地区为试点地区。并同时将北京市大兴区、山西省泽州县等14个农村土地制度改革试点列为城镇化试点。到2020年，在全国范围内全面有序推广试点成功经验。实现到2020年我国户籍人口城镇化率达到45%左右的目标，第一批试点提出建立农业转移人口市民化成本分担机制，重点探索农民工融入城镇、培育新生中小城市，产城融合发展，新型城市建设等任务。县集聚了全国新增城镇人口的54.3%，是城镇化的重要层级。内蒙古包头市的试点方案中，转移人口市民化成本分担机制体现了政府、企业、个人共同参与的责任。河北白沟镇的试点方案突出了新生中小城市培育，开发区转型，优化行政区划设置，加快了新型城镇化建设。以居住证为载体，享受义务教育、就业支持等基本社会公共服务，辽宁省前阳镇试点对农民进城落户实行低门槛户籍制度，既保留他们原来在农村享受的土地承包等权益，落户后还享受当地城镇居民的基本公共服务。为全面、合理反映城镇化的发展状况，2015年，国家酝酿提出科学的新型城镇化指标体系，这个指标体系既有可以数量化测定的人口、经济、空间指标，还有社会、资源环境两个质量性判断指标。[1] 2016年中央一号文件要求探索实行财政转移支付同农业转移人口市民化挂钩，新增城镇建设用地与吸纳农业转移人口落户数量挂

---

① 梁倩等：《多城镇将重点探索农民工市民化》，《经济参考报》2015年11月30日第3版。

钩。2016 年 2 月 2 日，国务院印发意见，要求推进新型城镇化建设。

（五）建立城乡统一的劳动力市场

实现城乡统筹必须积极推进农村劳动力流入城镇后得到平等的待遇和社会保障，这需要建立城乡统一的劳动力服务体系，建设就业信息网络，消除户籍身份对劳动力流动的障碍，使城乡劳动者能平等地参与就业竞争和职业选择，加快农业剩余劳动力的转移。党的十六届五中全会通过的国家“十一五”规划建议中明确指出要逐步建立城乡统一的劳动力市场，公平竞争的就业制度。2015 年、2016 年中央一号文件要求依法保障农民工劳动报酬权益，建立农民工工资正常支付的长效机制。健全为城乡劳动者共同服务的机构，提供使城乡统一劳动力市场能够有序运作的制度框架，2016 年中央一号文件要求落实和完善农民工随迁子女在当地参加中考、高考政策，以及将符合条件的农民工纳入城镇社会保障、住房保障实施范围。

（六）推进公共服务均等化

统筹城乡发展，实现城乡协调一体发展，需要加快农村社会事业发展，使农民在教育、医疗、住房、文化等方面逐步享受到与城镇居民同等的待遇，这是缩小城乡差距、区域差距最有效率、最为公平的实现方式；统筹解决转入城市中的剩余劳动力及其家庭成员获得教育、医疗等均等化的公共服务。我国“十二五”规划纲要明确提出“要推进基本公共服务均等化，逐步缩小城乡区域间生活水平和公共服务的差距”。必须加快转变政府职能，明确基本公共服务的标准和范围，建设服务型政府。2013 年中央一号文件提出推动农民工平等享有城镇基本公共服务，高度重视农村留守儿童、留守妇女、留守老人问题，切实保障其基本权益和人身安全。2015 年、2016 年中央一号文件要求保障进城农民工享受城镇基本公共服务。

四 城乡一体化发展的具体内容和趋势

在城市和乡村无论资源禀赋、生存发展环境及外部支撑条件都存在巨大差异的背景下，2003 年 10 月，党的十六届三中全会提出通过“五个统筹”来落实科学发展观这一重大战略思想，其具体内容为统筹城乡、区域、经济社会发展、统筹人与自然和谐发展、统筹国内发展和对外开放，这五个统筹的最后一项即为城乡统筹，我国开始在国家重大战略上更加注重农村的发展，为缩小城乡差距，国家开始积极倡导提出了工业“反哺”农业、城市支持农村的方针。把城乡作为一个整体，实现城乡之间在城乡规划、产业发展、市场体系、公共服务等方面的统筹。结合我国当前经济社会发展的实际，城乡统筹的主要内容如下：

一是统筹城乡规划建设。从2008年起，国家实行新颁布的《中华人民共和国城乡规划法》，要求改变过去城市规划不考虑农村地区、城乡建设各成一体的局面，统一编制城乡一体、配套衔接的城乡规划，促进城镇有序发展，实现大中小城市及城镇的合理分布，统筹城乡用地规划，统一城市、农村规划，在更高层次上根据城市定位，系统地对城乡用地规划、基础设施布局、生态文化用地等做出更为全面的统筹安排。

二是统筹城乡产业发展。统筹城乡发展要本着实现“四化”（新型工业化、信息化、城镇化、农业现代化）的要求统筹产业发展，将这四个方面有机结合起来，实现产业布局科学化、合理化、高效化；农业为工业提供大量原料，工业提升农业附加值，在工农业发展过程中，服务业的广度和深度得以不断扩大，站在统筹城乡产业发展的角度，制定城乡产业发展规划，合理规划产业布局，在农村推进土地流转以实现农业规模化，提高农业机械化、产业化速度，从而在城乡产业统筹的过程中实现城市和农村、工农服务业协调发展。

三是统筹城乡管理制度。统筹城乡发展，还要以促进城市与农村劳动力的自由流动为出发点，建立与此相适应的户籍管理制度、教育制度、土地征用制度、社会保障制度等，逐步剥离各种社会福利与户籍的依附关系，发挥市场在资源配置中的决定性作用，促进城乡要素自由流动和资源优化配置，建立城乡一体的行政、财政和社会管理体制，使农村居民有与城市居民相同的平等发展机会。

四是统筹城乡收入分配。统筹城乡收入分配是当前我国实现跨越式发展，避免“中等收入陷阱”的重要手段，当前我国要根据经济社会发展阶段的变化，调整国民收入分配结构，增加农民财产性收入，改变过去国民收入分配中偏重于城市的做法，建立城乡一体的财政支出体制，保障农村发展所需基本财政经费，防止出现“黄宗羲定律”所述的税负降低后一段时间内又会增加到比原来还多的现象，扩大财政对地方公共支出的范围。

五是统筹城乡市场体系。以统筹城乡发展为契机，在多个方面解除农民后顾之忧，稳妥推进农村产权制度改革，进行农村土地和房屋确权、登记以及颁证等工作，明确农民各种资产的产权，促进土地、劳动力、资本、技术等生产要素在城乡之间自由流动，形成有序的土地流转市场、城乡一体的劳动力市场、有利于农村居民的普惠制金融市场，促进形成完整的城乡统一市场体制，加快土地规模化经营和农业现代化进程。

六是统筹城乡公共服务。统筹城乡发展，就要在城乡之间公平分配或布局教育、医疗、文化、基础设施等基本公共服务，政府要保证农村地区基础设施建设资金，重点增加农村道路、电力、电信、物流等基础设施投入，建立健全基层农业社会化服务机构，提高农业科技推广、农业职业教育和农民技术培训水平，以缩小城市与农村公共服务硬件和软件设施差别，实现公共服务均等化发展，建立城乡居民共享改革发展成果的体制机制。

以上六个方面的统筹，从不同侧面重点解决了城乡统筹的主要矛盾和问题，但它们又是相互依存、互为条件的，必须协调推进，努力形成城乡经济社会发展一体化新格局。

五　西部大开发战略回顾

长期以来，城乡二元结构、东西部地区发展差距严重制约着社会主义建设和发展的整体大局，1999年党中央和国务院决定实施西部大开发战略，政策适用范围涉及重庆市、四川省、贵州省、云南省、西藏自治区、陕西省、甘肃省、宁夏回族自治区、青海省、新疆维吾尔自治区和内蒙古自治区、广西壮族自治区。西部大开发战略是惠及人民社会生活的一项系统性工程，主要涵盖资源开发、基础设施建设、科技与教育、产业结构转型发展、优化西部资源配置等诸多领域，是我国协调区域发展政策的必然选择，对我国社会主义现代化建设产生了深远的影响。

（一）西部大开发的重点思路及措施

1. 重点投入基础设施建设

基础设施投资是西部大开发战略得以落实的基础，加快西部基础设施投资建设也是吸引外来投资和经济资源的重要保障。从交通建设来看，西部大开发以“拓展路网规模，强化内外通道，提高运输能力，适应开发需要”为目标，重点加快国际通道建设，加大对已有线路的改造与完善，建设青藏铁路、西安至合肥、重庆至怀化等重大铁路项目；建设民用机场和重要港口，铺设西气东输、西电东送等电气干线管网；实施国家高速公路网西部路段项目，完成联通东西部地区的丹东到拉萨、青岛到银川等8条国道主干线建设，打通兰州到云南、成都到西藏樟木等8条省际间公路；实施通县沥青工程建设、“送电到乡”工程、“广播电视到村”工程，加快西部落后农村地区的信息化建设。①

2. 区域发展是西部大开发的重点

西部大开发主要以西部地区自有资源为基础重点建设西部地区的旅游区和经济区。西部大开发区域发展在于开发适宜于西部地区特色优势的国内外知名旅游景区和线路，整合跨区域旅游资源；发展文化旅游、红色旅游产业，实现西部重要风景区可持续发展。区域经济增长极在于发展关中—天水经济区、成渝经济区以及环北部湾（广西）经济区，逐渐形成以线串点、以点带面，依托交通枢纽和中心城市来发展经济区、城市群体系。

3. 大力发展特色产业，培育经济增长点

国家“十一五”规划明确指出要逐步发展特色资源加工和优势产业。② 特色产业建设主要依据因地制宜原则和地理资源禀赋条件，按照产业的比较优势、专业化程度、竞争优势以及产业的主体功能而确立的能够发挥区域特色优势，形成地方经济核心竞争力的产业发展战略。西部大开发战略实施坚持本土化原则，合理规划地区特色优势产业空间布局，根据国家“十一五”战略规划，将西部地区重要矿产及加工、能源及化工、农牧业、装备制造业、高技术产业和旅游产业确定为特色优势产业，随后西部各省根据这一战略规划，制定了符合本省建设的优势特色产业。从表5－5可看出，农产品加工是西部各省（区市）普遍的特色优势产业，因此，西部大开发战略对西部各省（区市）发展农业特色产业也是一个良好的契机。

---

① 国家发展和改革委员会编：《国家专项规划汇编（2003—2007）》（下册），中国经济出版社2008年版，第1071—1072页。

② 国家发展和改革委员会编：《国家专项规划汇编（2003—2007）》（下册），中国经济出版社2008年版，第1966页。

表 5 - 5　　西部优势特色产业省市区空间布局①

地区	优势资源空间布局
新疆	能源、矿产加工、农产品加工、旅游业、装备制造业
青海	能源、矿产加工、农产品加工、旅游业
西藏	能源、农产品加工、高新技术、旅游业
四川	能源、矿产加工、农产品加工、高新技术、装备制造业、旅游业
云南	能源、矿产加工、农产品加工、旅游业、现代物流
广西	能源、矿产加工、农产品加工、高新技术、装备制造、旅游业、现代物流
贵州	能源、矿产加工、农产品加工、高新技术、装备制造业、旅游业
重庆	能源、矿产加工、农产品加工、高新技术、装备制造业、旅游业、现代物流业
陕西	能源、矿产加工、农产品加工、高新技术、装备制造、旅游业
宁夏	能源、矿产加工、装备制造、农产品加工、旅游业
甘肃	能源、矿产加工、农产品加工、装备制造业、旅游
内蒙古	能源、矿产加工、农产品加工、装备制造旅游业

特色产业的空间优化布局，不仅有利于发挥西部地区的资源环境优势，推动产业发展和结构优化，而且有利于培育西部地区产业经济增长极，开发和利用西部地区优势资源，从而建设以特色产业为主体，发挥比较优势的现代产业体系，为实现西部地区产业结构转型和构建现代产业结构体系打下良好的基础性条件。

总之，西部大开发的基础设施建设、重点区域经济开发、大力发展特色产业以培育经济增长点、资源开发利用与生态环境保护、基础产业发展建设和产业结构调整等多方面的内容和思路，最终还是为实现统筹城乡发展、缩小区域差距，实现城乡共同进步、地区均衡发展，构建西部经济空间格局的终极目标服务的。

（二）西部大开发对解决“三农”问题的作用及影响

西部大开发战略实施以来，西部地区社会经济发展水平不断提高，产业结构不断优化升级，西部地区各项事业不断推进，公共基础实施供给能力和社会公共管理能力不断加强，西部大开发对于解决“三农”问题，改善农业生产条件以提高农业产出，改善农村居民生活条件以实

① 国家发展和改革委员会编：《国家专项规划汇编（2003—2007）》（下册），中国经济出版社 2008 年版，第 1968—1972 页。

现社会稳定，扩宽农民收入来源渠道以增加农村居民收入，以及建设社会主义新型农村都产生了重大影响。

1. 西部地区整体实力不断提高

西部大开发战略实施以来，西部地区社会事业取得了良好发展，人口稳定，地区生产总值不断增加。从表5－6可看出，2000年西部地区生产总值仅有13208.5亿元，占全国的14.77%，2005年增加到33493亿元，占全国的18.29%，2010年增加至81408.5亿元，占全国的20.29%，2010年较2000年增加了约3.89倍；人均生产总值由2000年的4624元增加至2010年的22476元，增加17852元，增长了约3.86倍，增速较快；第一产业从2000年的2769.8亿元增加至2010年的10701.3亿元，增加了7931.5亿元，增长约2.86倍，增幅较大；产业结构发生较大变化，2000年三大产业的结构比例为21.16∶42.70∶36.14，2010年调整为13.15∶49.98∶36.87，农业的比重下降，工业比重上升，第三产业的比重有所上升，产业结构有所优化；对外贸易总额从2000年的125.11亿美元增加至2010年的1284亿美元，增长约9.26倍；财政收入和固定资产投资水平提高，投融资建设投入规模加大。

表5－6　　西部大开发整体状况①

指标	2000年		2005年		2010年	
	西部	全国	西部	全国	西部	全国
年末总人口（亿人）	3.62	12.66	3.60	13.06	3.61	13.41
国内生产总值（亿元）	13208.5	89404.0	33493	183084.8	81408.5	401202
人均国内生产总值（元）	4624	7078	9338	14185	22476.0	29678.08
第一产业生产总值（亿元）	2769.8	14212.0	5924.6	23070.4	10701.3	40533.6
第二产业生产总值（亿元）	5590.37	45488.0	14331.6	87046.7	40693.9	187581.4
第三产业生产总值（亿元）	4731.81	29704.0	13237.1	72967.7	30013.3	173087

① 刘江：《中国中西部地区开发年鉴：2000—2001》，中国财政经济出版社2001年版，第32、511—514页；国家发展和改革委员会编：《国家专项规划汇编（2003—2007）》（下册），中国经济出版社2008年版，第1960—1961页；中华人民共和国国家统计局编：《中国统计年鉴》，中国统计出版社2001年、2006年、2011年版。

续表

指标	2000年		2005年		2010年	
	西部	全国	西部	全国	西部	全国
产业结构比（%）	21.16：42.70：36.14	15.9：50.9：33.2	18.2：45.6：36.2	12.6：47.5：39.9	13.15：49.98：36.87	10.1：46.8：43.1
进出口总额（亿美元）	125.11	4742.90	451.3	14219	1284	29740
财政收入（亿元）	1129.5	13395.2	2465	31649.3	7873	83101.5
固定资产投资（亿元）	3943	32917.70	17645.0	88774	61892	278122

2. 基础设施建设和社会事业建设加强，农民收入水平不断提高

从表5－7来看，全社会固定资产投资总额规模不断扩大，从2000年的3943亿元扩大到2010年的61892亿元，增加了8.63倍，增速较快；铁路运营里程从2000年的2.21万千米增加至2010年的3.5万千米，公路建设从2000年的55.39万千米提高到2010年的156.8万千米，增加了101.41万千米，高速公路通车里程从2000年的0.38万千米增加到2010年的2.13万千米，增加了1.75万千米，铁路、公路等基础设施建设极大地改善了西部地区交通设施状况；"两基"工程完成效果显著，2010年实现义务教育普及化和基本扫除青壮年文盲现象；城镇居民、农村居民收入水平不断提高，农村居民人均纯收入从2000年的1632.3元增加至2010年的4418元，增加了2785.7元，增长了约1.71倍。

表5－7　　西部地区基础设施建设与收入状况①

指标	2000年		2005年		2010年	
	西部	全国	西部	全国	西部	全国
全社会固定资产投资总额（亿元）	3943	32917.70	17645.0	88774	61892	278122
铁路营业里程（万千米）	2.21	5.87	2.76	7.54	3.6	9.1

① 刘江：《中国中西部地区开发年鉴：2000—2001》，中国财政经济出版社2001年版，第511—514页；国家发展和改革委员会编：《国家专项规划汇编（2003—2007）》（下册），中国经济出版社2008年版，第1960—1961页；中华人民共和国国家统计局编：《中国统计年鉴》，中国统计出版社2001年、2006年、2011年版。

续表

指标	2000 年		2005 年		2010 年	
	西部	全国	西部	全国	西部	全国
公路里程（万千米）	55.39	140.27	78.03	193.05	156.8	400.8
高速公路通车里程（万千米）	0.38	1.63	1.05	4.10	2.13	7.41
“两基”覆盖率（%）	75	85	91.5	95	100	100
城镇居民人均可支配收入（元）	5490	6280	8783	10493	15806	19109
人均消费水平（元）	2248	3397	3880	5463	6854	11707.53
农村居民人均纯收入（元）	1690	2253	2379	3255	4418	5919

3. 农业生产总值增加，但各省（区市）差距较大

西部大开发战略实施以来，西部地区农业产业增加值逐年增加，1999 年西部地区第一产业增加值为 3636.72 亿元，2013 年增加到 15700.82 亿元，增加了 12064.1 亿元，增加了约 3.32 倍，增速较快。(见图 5－4)

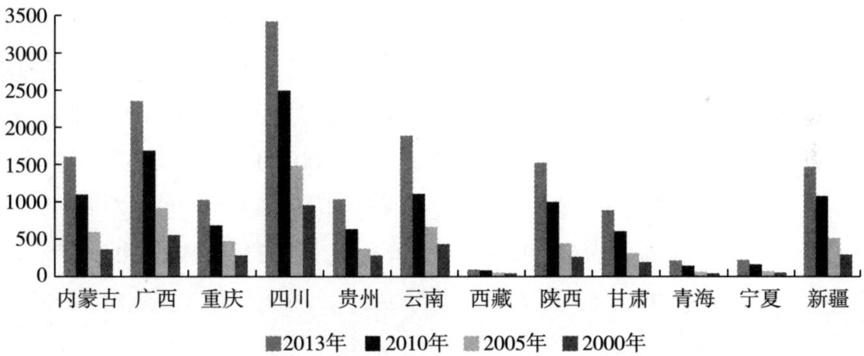

图 5－4 西部各省（区市）第一产业增加值

从各省（区市）的具体情况看，各省（区市）之间的第一产业增加值差异显著。四川省的第一产业增加值大于其他省（区市）的第一产业增加值，1999 年和 2013 年第一产业增加值分别为 926.03 亿元、3425.61 亿元，高于其余各省份，西藏地区的农业第一产业增加值一直小于其他各省份，1999 年和 2013 年第一产业增加值为 34.25 亿元、86.82 亿元；1999 年，四川省的第一产业增加值是西藏地区的 27.04

倍，差距很大，2013年，四川与甘肃、青海、宁夏、西藏四地第一产业增加值相差2546.24亿元、3218.02亿元、3202.63亿元、3338.79亿元，差距为29.14倍、15.50倍、14.36倍、39.46倍。从地理区位、环境条件来看，西藏自治区的自然环境要差于四川的自然环境，按照农业生产“因地制宜”原则，西藏地区如何利用地区农业发展基础条件，改善地区农业生产环境以增加农业产出，消除粮食危机，保障农民基本生活水平是当地西部大开发面临的挑战。

4. 乡村就业人口总数增加，但各省乡村人口就业差异显著

就业是民生事业的重要指标之一，与就业相对应的一个指标是失业，失业威胁着社会和家庭的稳定。西部大开发以来，乡村就业人口不断增加，1999—2011年，从西部地区乡村就业人口总数来看，1999年乡村总就业人口为14536.19万人，2011年增加至16401.58万人，净增加1865.39万人。

从各省（区市）的乡村就业人口总量来看，与第一产业增加值的分布差异一样，各省（区市）就业人数存在很大的差异。四川省的乡村就业人口数大于其他省（区市）的乡村就业人口数，1999年和2011年乡村就业人口数分别为3798.15万人、3947.71万人，这两个年份均高于其余各省（区市），西藏地区的乡村就业人口数一直小于其他各省（区市），1999年和2011年乡村就业人口为100.91万人、126.08万人；1999年四川省的乡村就业人口数是西藏地区的37.55倍，差距很大，2011年这一差距缩小到31.31倍，尽管如此，2011年四川和西藏乡村就业人口数相差3821.63万人（见图5－5）。因此，解决好乡村人口就业问题以实现社会公平仍是西部大开发要继续深入解决的问题。

5. 民生事业建设速度加快

民生事业是关乎农民生存的重大事业。西部大开发以来，农村民生事业建设步伐加快，森林覆盖率5年提高2.63个百分点，化学需氧量排放量、二氧化硫排放量5年减少29.4万吨、79.4万吨，生态环境得以改善；卫生机构人员数增加，2010年较2005年增加73.9万人，使农民的生命健康得以保障；受教育人数增加，2005年至2010年，高校大学生在校生人数提高，五年间高等学校在校学生数增加602万人（见表5－8）。

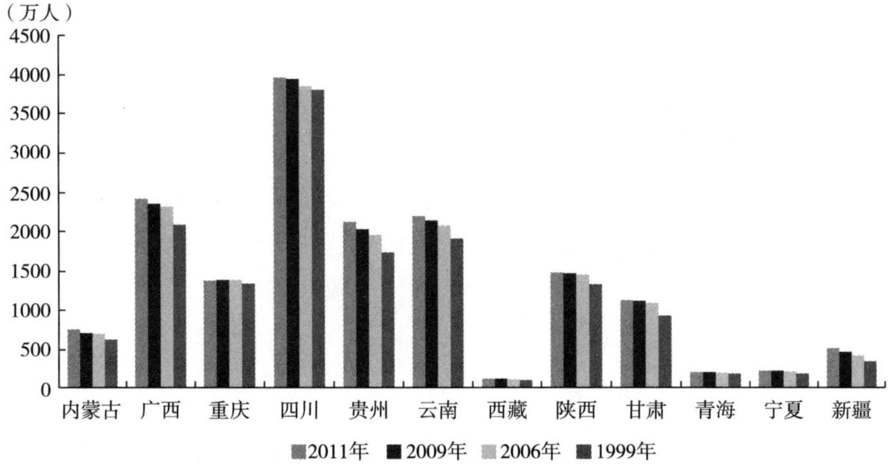

图 5－5　西部各省（区市）乡村从业人口

表 5－8　　民生事业有关指标①

指标	2005 年		2010 年	
	西部地区	全国	西部地区	全国
森林覆盖率（%）	14.42	18.21	17.05	20.36
化学需氧量排放量（万吨）	396.2	1414.2	366.8	1238
二氧化硫排放量（万吨）	896.8	2549.2	817.4	2185
卫生机构人员数（万人）	133.3	542.7	207.2	819.7
高等学校在校学生数（万人）	1210	1613	1812	2231.8

（三）西部大开发战略解决“三农”问题的评价

总体而言，西部大开发取得了良好的效果，使西部地区整体实力不断提高，农业生产总值不断增加，乡村就业人口总数不断增加，农村基础设施建设得以改善，民生事业得以发展，从而有效地解决了“三农”问题，有利于构建社会主义和谐社会，为以后西部地区建设和国家政策资源配置提供了良好的基础。

但是，西部大开发在解决“三农”问题的过程中依然存在制度供

① 资料来源：根据中华人民共和国国家统计局编：《中国统计年鉴》，中国统计出版社 2006 年、2011 年版整理而得。

给的持续性问题。保持制度的连续性是提高农民对政策认同和接受的关键。从现阶段西部大开发的政策制度供给来讲，西部很多乡村地区的贫困、教育、医疗等传统的"看病贵、上学难、就业难"社会问题都在西部大开发期间不断得以解决，农民不断地享受西部大开发带来的益处，由此农民对政策制度的认同在加强。一旦政策制度供给不稳定，农民在政策中所能得到的益处将减少或者消失，那么，农民对政策的认同与接受自然会降低，使政策执行难度加大，政策目标难以实现。

第六章

农业支持保护制度变迁

第一节　取消农业税对解决“三农”问题的影响

农业税曾经是国家财政收入的主要来源，事关国计民生。新中国成立以来，农业税为我国现代化建设，实现社会经济繁荣发展做出了巨大贡献。进入21世纪，“三农”问题已成为我国现代化进程中最突出的矛盾，由于农民负担加重及农业税制存在缺陷等多种原因，2006年，我国正式取消了农业税，从此进入后农业税时代。农业税的取消对于“三农”问题的解决产生了重要和深远的影响。

一　改革开放以来农业税的基本内容和收缴情况回顾

（一）农业税的基本内容

1958年，《中华人民共和国农业税条例》颁布实施。从此，原来实行的累进税制废止，在全国范围内统一实行分地区的比例税制。这一税制一直延续到改革开放以后，直至取消。在1950—1978年的29年中，农业税征收总额为978亿元①，农业税条例的实施，为社会主义现代化建设发挥了重要支持作用。改革开放以来，农业税收制度变动过程可以划分为以下两个阶段。

1979—1982年，我国实行农业税起征点政策，主要目的是减轻低收入农民负担。由于“文化大革命”期间，农村经济受到严重破坏，

① 马宝成：《取消农业税：农村税费改革的现实选择》，《湖北行政学院学报》2005年第1期。

从1979年起，国家免征人均口粮在起征点以下生产队的农业税。1980年，国家对一些生产条件较差、长时间产量较低且粮食短缺，难以维持再生产的生产队，免征1—3年的农业税。这一政策的实施，促进了落后地区农业生产的恢复和发展，相应增加了农民的收入。

1983—1999年，国家开征农业特产税。主要目的是加强农业税制与工商税制的衔接，稳定农业税负担。1994年1月，《关于对农业特产收入征收农业税的规定》颁布实施。该规定取消了产品税，将产品税中农林牧水产品部分应税品目改征农业特产税。将烟叶、牲畜产品列入农业特产税的征收范围，并相应调整了税率。

（二）农业税的收缴情况

农业税是国家向从事农业生产的单位和个人就其取得的农业收入征收的一种税。长期以来，由于农业税以征收粮食为主，所以习惯上又被称为“公粮”。农业税收通常包括农业税、牧业税、农业特产税、耕地占用税和契税。耕地占用税是针对从事非农林牧渔业生产建设占用耕地所征收的税款。契税是针对以买卖、典当、赠予或交换形式取得土地房屋产权行为所征收的税款。我们经常讲的农业“四税”是指农业税、农业特产税、屠宰税和牧业税。屠宰税和牧业税属于牧业类税。

农业税税额计算公式为：农业税应纳税额 = 计税土地面积（亩）× 每亩常年产量 × 税率 - 减免税额 + 地方附加税额。农业税地方附加税额 = 应征农业税正税税额 × 地方附加比率。农业税主要涉及三个因素：一是农作物常年产量；二是农业税税率；三是地方附加税额。在常年产量确定和地方附加税额确定之后，决定税收的主要是农业税税率。2000年新一轮税费改革后，基本上把农业税税率定为7%，附加税上限定为20%。关于农业税税率所依据的常年产量的确定，中央政府要求各地废除按1958年确定的，“以1998年前五年农作物的平均产量确定，并保持长期稳定”。①

如表6-1所示，1950年，农业各税占国家税收收入的比重为39.0%。据资料统计，1949—2000年，我国农民缴纳了7000多亿千克

① 王爱华：《与新的税费制度相适应的乡村财务管理规范体系框架研究》，《山东农业大学学报》（社会科学版）2003年第3期。

粮食。[1] 改革开放以来，我国农村经济发展进入了一个新的历史时期，但随着改革的不断深化，对农民的收费在总体上呈现出增长态势。

表 6－1　　新中国成立以来农业各税占税收收入的比重[2]　　单位：亿元

年份	税收收入	农业各税	比重（%）	年份	税收收入	农业各税	比重（%）
1950	48.98	19.10	39.0	1978	519.28	28.4	5.5
1951	81.13	23.35	28.8	1979	537.82	29.51	5.5
1952	97.69	27.35	28.0	1980	571.7	27.67	4.8
1953	119.67	27.51	23.0	1981	629.89	28.35	4.5
1954	132.18	33.13	25.1	1982	700.02	29.38	4.2
1955	127.45	30.72	24.1	1983	775.59	32.96	4.2
1956	140.88	29.65	21.0	1984	947.35	34.84	3.7
1957	154.89	29.67	19.2	1985	1344.73	42.05	3.1
1958	187.36	32.59	17.4	1986	1398.33	44.52	3.2
1959	204.71	33.01	16.1	1987	1475.65	50.81	3.4
1960	203.65	28.04	13.8	1988	1714.43	73.69	4.3
1962	162.07	22.83	14.1	1990	2105.86	87.86	4.2
1963	164.31	24.00	14.6	1991	2259.04	90.65	4.0
1964	182.00	25.89	14.2	1992	2576.13	119.17	4.6
1965	204.30	25.78	12.6	1993	3576.7	125.74	3.5
1966	221.96	29.55	13.3	1994	4418.39	231.49	5.2
1967	196.63	28.95	14.7	1995	5159.6	278.09	5.4
1968	191.56	30.02	15.7	1996	5941.34	369.46	6.2
1969	235.44	29.56	12.6	1997	8234.04	397.48	4.8
1970	281.20	31.98	11.4	1998	9262.8	398.8	4.3
1971	312.56	30.86	9.9	1999	10682.58	423.5	4.0
1972	317.02	28.37	8.9	2000	12581.51	465.31	3.7
1973	348.95	30.52	8.7	2001	15301.38	481.7	3.1
1974	360.40	30.06	8.3	2002	17636.45	717.85	4.1
1975	402.77	29.45	7.3	2003	20017.31	871.77	4.4
1976	407.96	29.14	7.1	2004	24165.68	902.19	3.7
1977	468.27	29.33	6.3	2005	28778.54	936.4	3.3

注：农业各税包括农业税、牧业税、耕地占用税、农业特产税和契税。

---

① 《农业税拟废止，农民将不用缴“皇粮”》，《京华时报》2005 年 12 月 25 日，新华网，http：//news. sina. com. cn/。

② 咨询快递：《建国以来农业各税占税收收入的比重》，《地方财政研究》2007 年第 6 期。

二　农业税取消的政策背景和现实依据

农业税为我国工业和国民经济体系的建立发挥了重要作用，农民作为纳税人为此做出了历史性贡献。针对农民增收难、负担重的突出问题，2006年，中央决定在全国范围内取消农业税。取消农业税的历史社会背景和理论依据如下：

1. 农业投入低，农村发展缓慢，农民负担沉重

改革开放初期，农民收入迅猛增长，但是，相对于城市的快速发展，农村发展缓慢。城乡二元经济结构仍未消除，严重影响“三农”问题的解决。1978年实行家庭联产承包责任制后，农业税费负担的主体就由人民公社变为农民个人。从此，农业税和村提留等税费开始由个体农民负担。随着改革的不断深化，对农民的收费总体上呈现增长态势。20世纪80年代后，在农村出现了“三提五统”之外大量的集资性收费，即对农民乱收费、乱罚款、乱摊派。有的地方自行扩大“三提五统”收费标准，有些乡政府擅自规定在农业税、农业特产税的一些税目上另外加收收费项目。农民税费负担过重，成为我国一个突出的社会问题。1990—2000年，农民常规负担总额自421亿元增加到1085亿元，年增长率为15.8%，同期常规负担占农民收入的比重平均为6.45%。[①]

从1985年开始，农民收入增长速度放慢，20世纪90年代中期经济体制转轨，一度出现粮食收购价低，农资价格过高，农民税费负担与日俱增现象。当时农民负担包括各种税金和乡统筹、村提留、摊派、各种社会集资、行政事业性收费。1991年年底，国务院发布了《农民承担费用和劳务管理条例》，标志着国家开始法制化规范管理农民负担。1988—1992年，全国农民人均纯收入年均增长9.5%，但是农业税、“三提五统”费却增长了16.7%。[②] 农民人均负担较重。为了增加农民收入，国家首先开始制定政策切实减轻农民负担。

为维护农村社会稳定，国家制定了相关政策和法规，严禁各级政府

---

① 赵阳：《从“农民负担”走向“公共财政”——从财税的视角对改革30年国家与农民关系的回顾》，《经济研究参考》2008年第31期。

② 朱守银：《农业税费制度改革实验报告》，《管理世界》1998年第2期。

乱收乱征。如 1985 年国家下发了《关于制止向农民乱派款、乱收费的通知》，1990 年制定实施了《关于坚决制止乱收费、乱罚款和各种摊派的决定》，还有此后下发的《关于严禁在农副产品收购中代扣代缴各种款项向农民乱摊派的通知》《关于坚决制止向农村和农民摊派报刊征订任务的通知》等。但这些政策的实施仍没有从根本上解决问题，农民的税费负担依旧沉重。

为进一步减轻农民承担的费用和劳务，1992 年 7 月，国务院办公厅发出做好监督管理农民承担费用和劳务的通知，提出坚决减轻农民负担。1993 年 3 月和 7 月，中央发布紧急通知，命令取消了中央和国家机关的几十项集资、收费项目，纠正了数十种错误收费项目，大大减轻了农民负担。1995 年 8 月，中央规定提留统筹费不超过上年农民人均纯收入的 5%[①]，又提出暂停审批新的收费项目，停止原来一切不符合规定的集资、摊派项目，取消后任何部门不得恢复，禁止一切需要农民负担钱、物的达标升级活动，这些措施遏制了农民负担过重问题。1995 年以来，在全面治理整顿“三乱行为”的情况下，农村税费改革也取得了明显成效。1996 年 12 月，中共中央、国务院又召开农村工作会议，要求切实减轻农民负担，进一步完善了解决粮食收购价低、农资价格过高、农民负担过重问题的政策规定。

1998 年 9 月，江泽民在安徽视察时指出，农民收入问题是关系全局的问题，关系到农村实现小康，长远来看影响农产品的供给；同时也关系到扩大内需，带动工业和国民经济增长。党的十五届三中全会上中央提出减轻农民负担问题的方针政策是“多予少取”，即坚持定项限额农民合理负担的具体政策，调动农民的生产积极性，增加农民收入，保障农民获得物质利益。同时，会议提出逐步改革税费制度。2000 年胡锦涛在全国农村“三个代表”重要思想学习教育工作会上指出，增加农民收入是农业和农村工作的中心任务。

因此，解决农民负担问题，就必须从根本上调整国家与农民之间“取”与“予”的利益分配关系。在这种背景下，中央决定开展农村税

---

① 张新华：《新中国探索“三农”问题的历史经验》，中共党史出版社 2007 年版，第 217 页。

费改革试点工作。为给农民减负，2001 年 2 月，中央召开全国市县乡镇机构改革工作会议，会议要求确保精简减 20% 的市县乡镇机关行政人员，清退超编和临时聘用人员，压缩财政供养人员，安置分流人员，切实减轻农民负担。2006 年中央一号文件指出改革乡镇机构，精简机构和人员。在具备条件的地方，推行“省直管县”“乡财县管县用”财政管理体制改革。

2. 农民收入低，城乡差距大

自 1997 年起，因农业生产成本持续上升，粮食价格下降，农民进城打工报酬下降等因素影响，农民收入增幅持续下降。直到 2002 年才出现恢复性增长。根据相关资料计算，城乡差距越来越大，即城镇居民人均可支配收入和农村居民人均纯收入之间差距越来越大。1978 年前者为后者的 2. 56 倍，1990 年为 2. 20 倍，1997 年为 2. 47 倍，2003 年为 3. 24 倍，2005 年为 3. 22 倍。[①] 农民缺乏流动资金，无法增加对农业生产的再投入，工业品在农村的有效需求不足，这影响了我国宏观经济运行与发展。

我国经济在高速增长的同时，城乡贫富差距也进一步拉大，而农民在改革开放中受益最小。城乡二元社会经济体制是造成这一问题的根源所在。税费减免毋庸置疑会增加农民收入，促进农村经济的发展。据研究，减免农业税费，会使农民人均收入增加 5. 4%，城乡居民之间的收入差距会缩小 13%。农民自身收入差距的基尼系数将会下降 1. 4%。与改革前的 1999 年相比，2006 年全国农民减负总额约 1250 亿元，人均减负 140 元。[②]

3. 农业税在国家财政收入中所占比重逐年下降

自改革开放以来，我国经济增长速度加快，相应地国家财政收入也逐年增长。相反，农业税在国家财政收入中所占比重却逐年下降。2001 年，农业各税只占国家财政收入的 5. 6%。2002 年，农村费改税后，全国农业各税收入为 717. 85 亿元（其中农业税为 500 亿元），占国家财政收入的比重为 3. 73%。2004 年，全国农业税收入为 65. 8 亿元，占全国

---

① 董全瑞等：《农民收入长效增长机制研究》，《经济问题探索》2006 年第 9 期。

② 谢旭人：《中国财政 60 年》，经济科学出版社 2009 年版，第 550—557 页。

税收收入的比重仅为0.2%，占国家财政收入的比重仅为0.92%；2005年，占总人口70%的农民创造的农业增加值只占全年GDP的13.2%，2005年，中国第一、第二和第三产业占经济总量的比例关系大约是13∶46∶1。[①] 这表明农业在中国经济结构中已由主体地位转变为次要地位，农业税收已不是国家财政收入的主要来源。

4. 农业税制不合理

农民负担重，表明农业税制设计存在缺陷。在2005年年底农业税废除之前，我国是世界上征收农业税的唯一国家。农业税是以基于土地使用权之上的收益为课税对象，本质上不是税，而是地租。它的计税依据为常年产量，不考虑农产品的商品率，且不做任何费用和生计扣除，所以，它既不是流转税，也不是所得税和财产税。我国的农业税法律制度基本保持了1958年的框架，落后的农业税法律制度造成单纯的农业税税负偏低，致使县、乡、村财政支出困难，特别是不能满足农村公共支出。

由于"城乡二元体制"的差别，我国广大农村地区的公共产品主要由农村基层政府来生产和提供。这就导致广大农村地区公共产品的供给严重不足。1994年的分税制改革只是缓解了中央与地方政府之间的财权紧张，却未彻底解决各级政府间财权与事权的合理划分，反而促成各级政府在财政困境下不断向下传递压力。

我国农业税的税收行政效率（征收效率）、税收经济效率和税收社会效率都很低。如北京在废除农业税前，能收约8000万元农业税，直接征收成本就有6000万元。[②] 新时期的实践表明，对农民征收农业税在经济上是低效的，在政治上是被动的。政府有必要通过税收杠杆，协调城乡经济发展。取消农业税，统一城乡税负，既体现了国民待遇原则，又符合了现代公共财政制度的要求。

5. 农产品的国际竞争力弱，粮食安全形势严峻

长期以来，我国农业劳动生产率低，农业生产成本高。2001年加

① 陈锡文等：《中国农村改革30年回顾与展望》，人民出版社2008年版，第232页。

② 徐瑗：《国税总局原副局长曝中国废除农业税真相》，《南风窗》2011年6月26日，http：//finance. ifeng. com/news/index. shtml。

入世界贸易组织后，我国农产品出口面临的国际竞争压力进一步增大。发达国家普遍免征农产品生产环节的税收，而且对农业实行各种补贴。美国农民收入的40%来自农业补贴。德国政府不但通过法律、法规来确保农业的特殊地位，还利用补贴、信贷等经济手段促进本国的农业发展。德国农业税收约占全部税收的1.7%，农业投资却占国家预算的7%。法国是欧盟农业补贴的最大受益国。农业收入1/3以上来自欧盟的补贴。日本政府通过价格补贴和政策支持等措施来加强对本国农业的保护。比起税收来，日本的农业补贴对农民优惠更多，农民收入的60%来自政府的补贴，日本政府对农业每年补贴的总额高达4万亿日元以上。①

粮食产业是关系社会稳定与国家安全的特殊产业。自2002年开始，我国开始试点种粮补贴，2004年全面推开，目前已经实行了种粮直补、良种补贴、农机具购置补贴、农资综合直补等补贴，每年占农民人均纯收入的4%不到。② 根据测算，当前我国粮食生产的成本增长高于产值增长，收益率呈下降趋势。如果再对农业课税，无疑会提高农产品价格，必然会削弱我国农产品的国际竞争力，反而有助于发达国家农产品进入我国市场。而我国已经是农产品出口大国变为进口大国。因此，取消农业税，实施农业补贴，是“以工补农、以城带乡”的重要体现，是推进现代农业建设，增加农民收入的必要手段。

6. 财政支农有限

历年中央一号文件中都明确提出要增加农民收入。2001年，农业占我国国内生产总值的比重下降到15.3%，农民收入中农业纯收入的比重下降到49.2%。第二产业收入占农民收入比重达到22.5%，第三产业收入占农民收入的比重达到22.6%。2002年，中央对地方转移支付的总额为7332亿元。2003年，中国人均GDP达到1090美元，比2002年增长9.1%，当年财政收入达2万亿元，我国农业在GDP中的

① 马晓河、蓝海涛：《加入WTO后我国农业补贴政策研究》，《管理世界》2002年第5期。

② 陈锡文等：《中国农村改革30年回顾与展望》，人民出版社2008年版，第232、260—265页。

比重降到14%以下，城镇化水平达到40%以上。[①] 这是农业走向工业化、现代化的必然趋势。由此可见，农业生产能力跟农业收入呈正相关。而农业生产能力的提高，需要国家在资金、技术等方面的支持。

从1978年到2005年，无论是财政农业支出还是财政农业净支出，其绝对量逐年增加，但其相对数比较则差强人意。首先，财政支农支出合计在财政总支出中所占份额从1978年的13.43%下降到2005年的7.22%，下降了6.21个百分点。其次，农业财政净支出在财政总支出中所占份额由1978年的10.9%下降到2005年的4.46%，下降了6.44个百分点。[②] 最后，我国历年财政支出的增长速度远远大于财政支农支出和财政支农净支出的增长速度，农业财政支出的增长速度又大于财政支农净支出的增长速度。

财政支农支出的结构也不合理。第一，农业事业费支出比重基本处于攀升状态；第二，农业基建支出份额则呈逐年下降的趋势；第三，财政对农业科技投入增长缓慢。农业发展一靠政策，二靠科技，只有将大量的资金投入农业科技领域，农业发展才有希望。

三 实施农村税费改革

2000—2006年，农村税费改革分两个阶段进行。

第一阶段为2000—2003年，主要开展取消针对农民的收费项目，调整农业税税率工作。2000年年初，全国农村税费改革全面试点和推广扩大工作正式启动。2000年3月，国务院决定在安徽省进行农村税费改革试点，探索规范农村税费制度，减轻农民负担。2002年2月，中央政治局会议讨论通过了进行农村税费改革试点工作的通知，并于3月发布实施。为配合改革税费制度，国家提出加快推进乡镇机构改革，精减人员，节俭开支。中央还加大了财政转移支付，支持税费改革后的乡村收支缺口。据统计，税费改革试点地区的农民负担一般都减轻了25%以上。这些试点为国家全面改革农业税费制度提供了宝贵经验。2002年3月，国家决定增加河北、内蒙古等16个省份作为农村税费改

① 徐全红：《转型期“三农”公共财政政策》，社会科学文献出版社2010年版，第234—243页。

② 徐全红：《转型期“三农”公共财政政策》，社会科学文献出版社2010年版，第234—243页。

革试点，此时，加上原有试点，农村税费改革试点扩大至20个。[①]

2003年，农村税费改革全面推开。为支持税费改革带来的乡镇财政空缺，中央财政拨出305亿元专项转移支付。[②] 在此阶段，第一，国家逐步取消了乡镇统筹款，教育集资收费以及各种行政事业性收费，屠宰税等收费项目；逐步减少直至取消劳动义务出工。第二，规定农业税税率上限为7%，同时，规定征收附加农业税以农业税的20%为上限，代替了原来的村提留。[③] 对因自然灾害、合法征占减少的耕地，核定农业税积税面积时据实核减；逐步缩小农业特产税征收范围，降低税率，直至取消。第三，确立了“轻灾少减、重灾多减、特重灾全免”的农业税减免原则，实行先减免后征收。对涉农收费项目，国家要求必须在规定范围和标准内收费，并对改革后的农村税费加强监督管理。

2003年农村税费改革，全国共减轻农民负担137亿元。在减轻农民负担监督管理方面探索出了一些有效的方法。一是统筹城乡发展，增加对农民的支持。二是取消农业特产税。2003年，全国14个省（区、市）通过取消特产税和降低特产税税率，为农民减轻负担19.46亿元。[④] 三是实施负担监督和重点监控制度，有效地防止了负担反弹情况的出现。

第二阶段为2004—2006年，国家逐步取消了农业税。为了使粮食生产稳中有升，减轻农民负担，增加农民收入，2004年3月，中国政府宣布在5年内取消农业税。2004年开始，国家取消除烟草外的农业特产税。除吉林、黑龙江两省试点免除农业税外，国家扶贫开发重点县试点免征农业税，牧区试点取消牧业税，国家还下调了农业税税率，农业税附加随正税同步降低或取消。四川、河北、辽宁、内蒙古、江苏、江西、山东、安徽、河南、湖北、湖南11个省份农业税税率降低3个

① 张新华：《新中国探索“三农”问题的历史经验》，中共党史出版社2007年版，第219页。

② 张新华：《新中国探索“三农”问题的历史经验》，中共党史出版社2007年版，第269页。

③ 张新华：《新中国探索“三农”问题的历史经验》，中共党史出版社2007年版，第269页。

④ 贾康等：《中国财政通史》（当代卷），中国财政经济出版社2006年版，第121页。

百分点，其余省份降低1个百分点。仅2004年，农民减负294亿元。[①] 2005年，全国有28个省份全部免征农业税，取消除烟叶外的农业特产税。[②] 2005年12月，全国人大常委会废止了《中华人民共和国农业税条例》，2006年1月1日，全国彻底取消农业税。

四 取消农业税对解决“三农”问题的作用及影响

（一）正面作用及影响

1. 维护了农民合法权益，调动了农民的生产积极性

农村税费改革理顺了农村分配关系，维护了农民的合法权益。取消农业税，农民不再上缴公粮，地方政府也不再“搭车收费”。农村人口众多，市场潜力很大，农民负担变轻，可支配收入在一定程度上增加，农村有效需求得到释放，明显提升了农村居民的生产积极性。为农村经济社会发展注入了活力，也促进了社会主义新农村的建设步伐。据统计年鉴显示，2006年农村居民人均纯收入为3587元，2007年农村居民人均纯收入为4140元，增长率分别为7.4%和9.5%。[③] 加之2006年以来的各项粮农专项补贴，农民收入持续增加。

2. 有利于转变基层政府职能，精简机构和人员

取消农业税，解决了农村基层政权和农民的经济利益矛盾，缓和了农村党群、干群关系，我国农村地区在政治上和经济上实现了善治。政府的职能范围主要包括提供公共产品和服务、稳定宏观经济环境、调节社会分配、维护市场秩序四个方面。就乡镇政府而言，一方面，存在明显的政府干预过多问题；另一方面，基层政府财政吃紧，单位人浮于事、冗员过多的问题非常严重。取消农业税要和建立新型的农村公共服务体系结合在一起，因此，精简乡镇机构，减轻财政负担，完善乡村社会的公共管理和公共服务体系，关键是如何顺利转变乡镇政府职能，提高公共服务供给效率。农村基层政府将会把更多时间和精力放在促进农民增收和农村社会发展上，进而有利于社会主义新农村建设和小康社会

---

① 张新华：《新中国探索“三农”问题的历史经验》，中共党史出版社2007年版，第273页。

② 农村综合改革办公室：《我国农村改革的新篇章——农村税费改革和农村综合改革回顾与思考》，《预算管理与会计》2008年第7期。

③ 黄晓艳：《进一步增收的制约因素》，《中国商界》2008年第4期。

建设的加速推进。

3. 有利于推进乡镇财政管理体制改革

不解决财政体制“缺口下移”问题，就不能根本解决乡镇机构经费短缺难，农民负担重等问题。[①] 在保证乡村财政稳定运转的基础上，理顺县、乡两级财政的权利义务，建立县、乡一体化的农村公共财政体制是解决这些问题的重要举措之一。在贫困地区，中央加大了转移支付力度，在不降低城市居民福利水平的前提下，公共财政应向农村倾斜，统筹城乡基本公共服务，积极发挥财政的社会再分配功能。加大农村基础设施建设投入和教育投入，提供更多、更好的公共服务，形成以工补农、以城带乡的格局。

4. 有利于提高农业综合实力

加入WTO后，我国农业保护的基本目标是提高农业综合实力。主要体现在对农业生产领域和农业流通领域的保护，从而提高农民收入。对农业实行保护，本质上是要消除工业对农业的剥夺，实现工业对农业的补贴，使中国农业在WTO规则下能够健康发展。因此，对农业的保护应建立在推进农业现代化基础上，随着农业生产率的提高和农业现代化，一般采用优惠的财政、税收、信贷支农政策。税收支农，主要是减少农业税种，降低或减免农业税率。同时，我国应充分利用WTO的“绿箱政策”，加强对农业的支持与保护。

（二）负面作用及影响

1. 农村基层财政压力增大，公共服务发展延缓

乡镇政府的财权和事权应是统一的，其职能的发挥要有一定的财政基础。乡镇政府的主要职能就是提供所辖范围内的公共产品和服务，如乡村公共安全、乡村道路、灌溉排水、土地整治等农村基础设施建设以及农村卫生和防疫、农村义务教育、环境保护、农村养老院等福利项目及其管理。而脆弱的农村基础设施建设现状和落后的教育卫生服务水平是城乡差异的最主要表现。

基础性公共产品和服务是我国农业、农村、农民实现现代化的重要保证。20世纪50年代以来，我国的公共产品供给一直实行城乡分割的

① 张湘涛：《中国农村改革研究》，湖南人民出版社2005年版，第181页。

"双轨"制，在乡镇财源不丰裕的情况下，减免农业税必然导致乡级财政缩减，使乡级政府无力承担农村公共产品和服务的支出，农村基础设施投入总量不足，严重滞后于农业现代化、农村可持续发展的需求。

2. 农资价格快速上涨，提高了农民的生产成本

农资是农业生产的物质保障，其价格高低直接决定着农民的生产成本，间接影响着农民收入。一方面，随着农业税取消，农民种粮的积极性有所提高，对农业生产资料的需求大量增加；另一方面，由于原材料价格快速上涨及供给能力没有提高，造成农用物资的大幅度涨价。农药、种子、柴油等农资价格暴涨，不仅抵消了增收的积极影响，可能在有些地方还会倒挂。2006 年 3 月，国家发改委、农业部、财政部、供销总社联合专门召开全国稳定农业生产资料价格工作的电视电话会议，以遏制农资价格过快上涨，但成效不大。单从化肥的价格来看，碳铵、磷肥、尿素、钾肥、复合肥的每袋零售价格两年间均上涨了 10—30 元不等。

3. 不利于土地政策的稳定，加剧了农村土地纠纷问题

税费改革后，农民的税费负担大幅度减轻，农民不再抛荒弃地，农村土地承包的矛盾开始显现。一是农村土地承包纠纷增多。返乡农民工要求转包户返还原承包的土地；错过土地二轮延包的农户，要求重新调整享有农村土地承包权；原来自动放弃土地承包权的农户，也纷纷主张土地权益。二是免征农业税后公益占地补偿问题出现新矛盾。三是各个利益相关方存在矛盾。村和社（组）希望卖地，以土地补偿费作为集体收入来源；农户通过各种方式来占取宅基地，农民之间的土地边界纠纷明显增多。①

五　对取消农业税的评价

取消农业税，是我国税制改革的重大成果，总体上利大于弊。从宏观经济层面来讲，减免农业税不但不会导致财政收入减少，反而会由于减税所引起的农业经济和宏观经济扩张而使财政收入增加。从社会效益层面来讲，取消农业税在一定程度上化解了部分社会矛盾，改善了农村干群关系，提升了农民收入，缩小了城乡差距，加速了农村社会的改革

① 于静涛：《认真解决免征农业税后农村发展问题》，《税务研究》2006 年第 8 期。

步伐。农业税的取消，彻底堵死了借农业税征收而导致的各种乱收费。

从现实层面来讲，全面取消农业税后，基层政府的收入来源减少，导致农村出现新的问题。农村基础设施建设由于缺乏资金保障，农村公共物品供给更加短缺。在农村社会事业方面，会导致农村教育、文化建设等资金短缺。农村改革实施中相关配套政策出台有一定滞后性，导致新旧体制交替中出现政策盲点，因此，取消农业税后，农村相应配套改革必须要跟上。当前，要全面建成小康社会，必须进一步推动制度创新，建立城乡统一税制，加快城乡经济一体化进程。

第二节　农业补贴制度和农业支持制度

农业补贴政策是指国家通过政策措施，对农业生产和贸易给予各种直接或间接的补助。农业补贴是财政支农不可替代的政策手段，也是国际上普遍采用的支持与保护农业生产的有效手段。近年来，我国政府为保证国家粮食安全、保障农民收益和实现农村经济可持续发展，在全面取消农业税的基础上，逐步构建起了农业补贴制度体系。

一　农业补贴制度回顾

政府实施农业补贴是一种调节经济的行为。我国的农业补贴最早始于20世纪50年代，当时以国营拖拉机站的“机耕定额亏损补贴”形式出现，之后扩大到农业生产资料价格补贴、农业生产用电补贴、贷款贴息补贴等方面。从世贸组织农业协议来看，我国的农业补贴有“绿箱”补贴、“黄箱”补贴。目前，农业补贴项目主要集中在流通环节。

1978年以来，我国的农业补贴政策经历了三次演变：一是从1979年到1992年，实行农业生产资料价格补贴和城镇居民粮食补贴；低价销售化肥、农药、农膜、农机等农业生产资料的价格补贴，目的是降低农业生产成本。二是从1993年到2003年，对粮食实行保护价收购，以推动和保障农产品市场化；对不同农产品采取不同的保护方式（分为强保护和弱保护）。三是从2004年起实行农业补贴，包括直接补贴、农资直补、农机补贴和良种补贴等多项农业补贴政策。对农民直接补贴逐步成为支持农业的重要方式，农业补贴总额大幅提高。

基于农业在国民经济中的基础性地位及弱质性，通过影响农产品价格和农业生产要素，达到支持弱势产业和土地资源优化配置的目标。改革开放以来，农业补贴政策的推行提高了农民的种粮积极性和农产品质量，增加了农产品供给，对保护耕地、确保粮食安全和增加农民收入有明显的积极意义。

我国还处于社会主义初级阶段，且农业现代化水平与发达国家存在较大差距。相对发达国家而言，我国农业补贴支持标准仍然较低。对农民增收效果有限，影响力较弱。随着城市化、工业化步伐的加快，农民务工收入明显高于务农收入，农业补贴制度对农民增收、农业增效功能逐渐弱化。

二　农业补贴制度的主要内容

农业补贴政策工具可归纳为两种类型：一是对农业生产者和农产品的支持措施，包括价格支持措施和直接补贴措施；二是政府对农业的一般服务支持措施，包括科研推广、农业基础设施建设和资源环境保护等支持计划。为稳定经济发展基础，发达国家加大了对农业的补贴力度。其中，对农民实行生产性补贴是发达国家通行的政策。当前，我国农业补贴政策主要有种粮农民“四项补贴”、养殖业补贴、对科技进步和提高农民素质进行的科技补贴、农业救助补贴、产粮大县奖励政策等。

1. 对种粮农民的补贴政策

（1）种粮农民的粮食直接补贴，即粮食直补。粮食直补是与粮食流通体制改革相辅相成的。粮食直补资金来源于粮食风险基金，是原来在粮食风险基金中安排补给粮食流通环节的资金，国家通过改革把它直接补到农民手里，变暗补为明补。国家财政分粮食主产区和非主产区，按“谁种地，谁受益”的原则，基于农户的实际种植面积直接给予补贴。

从2004年开始，国家全面推行对种粮农民的直接补贴，2004年以来，粮食直补金额达到了粮食风险基金的一半。2008年，国家对粮食直补每亩13.5元，水稻良种补贴，早稻每亩10元，中稻每亩15元，晚稻每亩7元。[①] 2009年，中央财政安排种粮农民直接补贴190亿元，

① 武力、郑有贵：《中国共产党“三农”思想政策史》，中国时代经济出版社2013年版，第529页。

2010年，中央财政安排粮食直补金额151亿元。[①] 2005年中央一号文件要求继续加大对种粮农民的直接补贴力度，对部分地区农民实行良种和农机具购置补贴。2006年中央一号文件又提出完善重点粮食品种最低收购价政策，保护粮农利益。种粮农民直接补贴政策有效地调动了农民种粮的积极性，稳定了种粮农民队伍，也有效减轻了谷贱伤农，维持了种粮农民的基本收益，减少了农民抛荒毁地现象，保证了我国粮食综合生产能力，种粮直接补贴政策还倒逼国有粮食企业加快了市场化改革，对保障我国粮食生产安全具有至关重要的意义。

2009年中央一号文件要求稳定发展农业生产，稳定粮食生产，增强综合生产能力，4月，国务院审议通过了2009—2020年全国粮食生产能力规划，提出2020年我国粮食生产能力增加500亿千克，建立粮食生产持续稳定发展长效机制，确保国家粮食安全。2010年，中国粮食总产量达到5464亿千克，首次实现连续7年增产，连续4年产量保持在5000亿千克以上。[②] 这与国家坚持实施一系列正确的粮食生产扶持政策是分不开的。2011年2月，国务院召开常务会议，研究部署了进一步加大促进粮食生产的政策措施。2012年中央一号文件强调实施全国新增千亿斤粮食生产能力规划，稳定粮食增产，支持专业化统防统治农作物病虫疫情，提高单产和品质。

（2）粮食、油料主产区补贴。为了缓解产粮大县财政困难，调动地方政府抓好粮食生产的积极性，保护好国家粮食安全的基础，从2005年起，中央财政实行产粮大县奖励政策。中央财政对产粮大县（含县级市、区）的奖励，坚持“测算到县、拨付到县”的原则。奖励条件是：以县为单位，1998年至2002年5年平均粮食产量大于4亿斤，且粮食商品量大于1000万斤；或达不到以上条件但对区域内的粮食安全起着重要作用，对粮食供求产生重大影响的县。2007年，为解决油料生产连续下滑问题，中央又出台了油料大县奖励政策。2008年，国家对油菜种植每亩补贴10元。2008年针对粮食、生猪、油料生产这几

① 宋洪远：《中国“三农”重要政策执行情况及实施机制研究》，科学出版社2016年版，第32页。

② 武力等：《中国共产党“三农”思想政策史（1921—2013）》，中国时代经济出版社2013年版，第527页。

项的奖励资金达到180多亿元①，对农业生产支持效果明显。

（3）农资综合直接补贴。化肥、农药、农膜等农资价格上涨，增加了农民的种粮成本。农资综合补贴是中央财政对农民从事农业生产的化肥、种子、农药等基本生产资料给予直接补贴，通过粮食风险基金拨发，补贴时统筹考虑农资涨价幅度、粮价变化水平和财政补贴力度等因素，动态调整。目的是将农民种地投入有效稳定在一定水平上，通过补贴促进农村粮食增产，促进农民收入增加。目前，农资综合直补已经成为我国所有补贴政策中额度最大的补贴之一。2012年，中央财政拨付粮食直补和农资综合补贴共1278亿元。② 2013年、2014年中央一号文件提出动态调整农资综合补贴机制，2015年中央一号文件提出继续实施农资综合补贴等政策。2017年中央一号文件提出深入改革农资综合补贴制度。

（4）良种补贴。为提高农产品品质，提高农业产量，推广优质良种，我国对积极使用优良作物种子种植的农户给予一定资金补贴，2005年中央一号文件要求对部分地区农民实行良种补贴。2007年，良种补贴品种扩大到水稻、小麦、玉米、棉花、油菜、大豆六个品种，补贴面积合计达到5.8亿亩以上，补贴资金66亿元以上，惠及农户1.21多户。③ 2008年良种补贴为121.7亿元，2008年，国家对水稻良种补贴，早稻每亩10元，中稻每亩15元，晚稻每亩7元。2009年良种补贴为198.5亿元，2010年良种补贴总额204亿元。④ 2013年、2014年中央一号文件提出的农业补贴政策也包括了对种粮农民的良种补贴。

（5）农机具购置补贴。为改变我国传统农业生产方式，提高农业机械化作业比率，由中央及各省、市、区财政分别安排专项资金，对农民和农场等农业生产经营组织购买和更新农机具给予专项补贴。这对改

① 武力等：《中国共产党“三农”思想政策史（1921—2013）》，中国时代经济出版社2013年版，第527页。

② 宋洪远：《中国“三农”重要政策执行情况及实施机制研究》，科学出版社2016年版，第32页。

③ 武力等：《中国共产党“三农”思想政策史（1921—2013）》，中国时代经济出版社2013年版，第529页。

④ 宋洪远：《中国“三农”重要政策执行情况及实施机制研究》，科学出版社2016年版，第32页。

善农业装备结构、提高农机化水平、增强农业综合生产能力、发展现代农业、繁荣农村经济具有重要意义。2004年《中华人民共和国农业机械化促进法》生效，当年开始实行农机具购置补贴。2004—2011年中央财政共安排补贴资金529.7亿元，带动地方和农民投入1596.7亿元，补贴购置各类农机具1672万台（套），受益农户达到1489万户，全国农机总动力增长了61%，农作物综合机械化水平8年的增幅超过了政策实施前30年的增幅。2010年农机购置补贴144.9亿元，全国农作物耕、种、收综合机械化水平达到了52.3%，标志着我国农业生产方式实现了由人畜力作业为主向机械化作业为主的历史性跨越。2011年农作物耕种收综合机械化水平达到54.5%，较上年提高了2.2个百分点，连续六年保持2个百分点以上的增幅。[①] 2013—2015年中央一号文件要求各地扩大农机具购置补贴规模，落实补贴政策。同时，提出增加农机以旧换新补贴试点；2015年中央一号文件提出农机具购置补贴向粮食主产区和新型农业经营主体倾斜，扩大农业节水灌溉设备的购置补贴。2016年、2017年中央一号文件提出完善农机购置补贴政策，加大对粮棉油糖和饲草料生产机械化机具的补贴力度。

2014年全国一般预算公共支出用于农业生产资料与技术补贴531.02，农资综合补贴1019.21亿元，技术推广405.37亿元。[②] 2015年国家财政用于农业生产资料与技术补贴756.00亿元，农资综合补贴755.87亿元，农业技术推广与服务补助资金419.39亿元。[③]

从2016年起，国家将农作物良种补贴、种粮农民直接补贴和农资综合补贴“三项补贴”调整合并为农业支持保护补贴，同时，还增加了包括耕地地力保护补贴、农机购置补贴、玉米生产者补贴等项目。政策定位更加侧重于功能性补贴和环节性补贴，从而支持耕地地力保护和粮食适度规模经营。2016年，国家用于农业生产支持补贴为1605.55

---

① 刘恒新：《农机购置补贴实施方法思考》，《农业科技推广》2012年第6期。

② 中华人民共和国财政部预算司：《2010—2016年全国一般公共预算支出决算表（2010—2016年）》，yss. mof. gov. cn。

③ 中华人民共和国财政部预算司：《2010—2016年全国一般公共预算支出决算表（2010—2016年）》，yss. mof. gov. cn。

亿元，科技转化与推广服务 390. 12 亿元。[①]

2. 养殖业补贴

畜牧业是大农业的重要组成部分，畜牧业发展对农牧民脱贫致富乃至国民经济增长具有重要意义，我国实行了对畜禽养殖补贴和对渔业生产及柴油补贴。

为了促进养猪业发展，稳定猪肉价格，从 2005 年开始，国家实施畜牧良种补贴政策，2007 年出台了一系列生猪生产发展的政策措施，包括实施能繁母猪补助政策，实行生猪保险补贴、标准化规模养殖场（小区）及配套设施建设补贴、人工授精补贴、疫苗补贴。2008 年，国家对能繁母猪饲养每头补贴 100 元，一共安排能繁母猪补贴 22. 5 亿元。2012 年畜牧良种补贴资金达到 12 亿元。[②] 另外，为促进奶牛养殖业和养鸡业的发展，国家实施了奶牛良种补贴、后备母牛饲养和蛋鸡补贴。2013 年中央一号文件提出扶持畜牧业补贴和税收减免政策，对生猪养殖大县实行奖励政策。2014 年中央一号文件提出开展改进农业补贴办法试点，加快建立利益补偿机制。同时，继续实施畜牧良种补贴政策。2015 年中央一号文件要求对生猪、牛羊养殖调出大县实施财政奖励补助政策。

2006 年以来，为缓解渔民渔业成本上升的压力，国家安排了专项资金，主要对从事近海、内陆捕捞、水产养殖并使用机动渔船的渔民和渔企实施柴油涨价直接补贴。2008 年渔业生产柴油补贴为 126. 4 亿元。2010 年实施《渔业成品油价格补助专项资金管理暂行办法》，从制度上切实规范了海洋捕捞及水产养殖渔民和渔业企业的机动渔船油补发放工作。2012 年国家补贴渔业柴油资金 239. 97 亿元。[③] 2013 年中央一号文件提出落实远洋渔业补贴，实行补贴、税收减免政策。2016 年中央一号文件提出发展渔业保险。

---

① 中华人民共和国财政部预算司：《2010—2016 年全国财政决算（2010—2016 年）》，yss. mof. gov. cn。

② 武力等：《中国共产党“三农”思想政策史（1921—2013）》，中国时代经济出版社 2013 年版，第 529 页。

③ 郭睿：《渔业柴油补贴政策实施三年来成效显著》，《中国渔业报》2009 年 2 月 3 日第 3 版。

3. 农业科技支持补贴和推广补助

国家为提高农业科技水平，主要出台了下列补贴措施：

（1）测土配方施肥补助。植物生长所需养料主要来自化肥。测土配方施肥，不仅能提高作物产量，还可以改良土壤环境，促进农业可持续发展。2005年，我国全面推广应用测土配方施肥技术。中央、地方财政给予补贴，免费为农民提供测土配方施肥的技术服务。2005—2008年，中央拨付16亿元资金，在全国1200个县推广应用测土配方施肥技术。2012年，在全国范围内组织开展测土配方施肥技术普及行动。筛选确定了100个县（场）、1000个乡（镇）、10000个村作为试点，实施测土配方施肥整县、整乡、整村推进，实现全国测土配方施肥技术推广13亿亩，为1.8亿农户免费提供测土配方施肥技术服务。①

（2）科技入户技术补贴。2005年，为提高农业科技成果入户率和覆盖率，建立依靠科技促进粮食增产、农业增效、农民增收的长效机制，稳定提高农业综合生产能力，国家启动了农业科技入户示范工程。"科技入户"是科技人员直接到户、良种良法直接到田、技术要领直接到人的长效机制。2005—2007年，科技入户示范工程在300个县实施，共培育25万个科技示范户，辐射带动周边500万农户，三年累计新增粮食50亿千克，促进农民增收150亿元。种植业示范户年均亩增产10%以上，节本23元以上，每亩新增效益100元左右；畜牧业示范户奶牛养殖综合效益提高10%以上；渔业示范户及其带动户亩均节本增效1000元以上。2007年，科技入户技术补贴专项资金为2亿元。② 从2008年起，农业部全面实施农业科技入户工程。通过普及配方施肥技术以及有关农作物高产技术攻关等活动，大大促进了农业增产和农民增收。

2012—2014年，中央一号文件都重点强调大幅度增加农业科技投入，确保国家粮食安全。2012年，国家财政拨款用于农林水事务（类）支出11973.88亿元，占国家财政拨款支出9.51%，科学技术（类）支

① 中华人民共和国农业农村部、农业部办公厅：《关于印发2012年全国测土配方施肥技术普及行动方案的通知》，http://www.moa.gov.cn，2012年2月24日。

② 姚润丰：《我国将在全国培育25万个科技示范户》，《农民日报》2007年12月9日第2版。

出 4452.63 亿元，占国家财政拨款支出 3.54%。[①] 2013 年、2014 年中央一号文件提出继续实施农业关键技术补助，土壤有机质提升补助，2014 年中央一号文件提出试点补助低毒低残留农药和高效缓释肥料使用，专业防治病虫害，防灾减灾稳产增产。

（3）农民培训补贴。我国农民科技文化素质不高，直接影响农业经济收入。加强农民培训对于增加农民收入，提升农民精神生活质量具有重要意义。党的十六届五中全会专门强调，要培养有文化、懂技术、会经营的新型农民，提高农民的整体素质。2004 年，中央财政对农村劳动力转移就业培训给予补贴，到 2007 年，中央财政累计投入农民转移就业培训补贴 12.5 亿元。2008 年国家补贴金额为平均每人 310 元，2009 年国家补贴金额为平均每人 360 元。2006 年，中央财政还投入 2 亿元设立了新型农民培训补助专项资金，用于农村实用技术的学费补助。2010 年、2011 年国家用于技术推广和技能培训专项资金分别为 284.13 亿元和 299.51 亿元。[②] 2012—2016 年，国家用于支农的科技转化与推广服务资金分别为 364.18 亿元、353.27 亿元、405.37 亿元、419.39 亿元、390.12 亿元。[③]

2018 年 4 月，国家农业农村部、财政部发布了《2018 年财政重点强农惠农政策》，明确 2018 年财政将从八大方面强农惠农，其中包括培训新型职业农民 100 万人次等。

4. 农业救助补贴

（1）农业救灾资金。农业灾害，是指对农、牧、渔业生产构成严重威胁、危害和造成重大损失的农业自然灾害和农业生物灾害。农业救灾资金是中央财政预算安排用于预防、控制灾害和灾后救助的专项补助资金。2008 年，国家安排救灾资金 27 亿元用于南方冰冻雨雪灾区恢复农业生产；安排地震灾区动物防疫消毒无害化处理和鼠害防治补助

① 中华人民共和国财政部预算司：《2010—2016 年全国一般公共预算支出决算表（2010—2016 年）》，yss. mof. gov. cn。

② 农业部新闻办公室：《我国农业补贴政策实现了历史性跨越》，中华人民共和国农业农村部，http：//www. moa. gov. cn/ztzl/nyfzhjsn/nyhy，2012 年 9 月 6 日。

③ 中华人民共和国财政部预算司：《2010—2016 年全国一般公共预算支出决算表（2010—2016 年）》，yss. mof. gov. cn。

6500万元；安排农作物重大病虫灾害防控资金3.17亿元，重大动物疫病补助资金28亿元。[①] 2010—2016年，国家财政用于灾害救助的资金分别为47.39亿元、54.58亿元、53.78亿元、51.07亿元、37.22亿元、36.44亿元、46.87亿元；用于病虫害控制的财政资金分别为113.2亿元、121亿元、116.83亿元、133.95亿元、144.14亿元、148.27亿元、140.87亿元。[②]

（2）农业保险保费补贴。农业保险保费补贴是国家财政对农户投保农业保险业务给予一定比例的保费补贴。农业保险风险较高，因此，保险费率较高，农民难以承担，需要财政提供补贴帮助农民支付保费。2007年，我国开始实施中央财政农业保险保费补贴政策。2007—2011年，我国农业保险保费收入分别是51.84亿元、110.7亿元、133.9亿元、135.7亿元和170亿元，分别是2006年没有实施保费补贴政策时的6.13倍、13.09倍、15.83倍、16.04倍和20倍。[③] 2010—2015年，国家财政用于农业生产保险补贴的资金分别为111.25亿元、127.13亿元、171.91亿元、225.48亿元、244.73亿元、268.05亿元，较上年分别增长6%、14.27%、35.2%、31.16%、8.53%、9.53%。[④] 2016年12月，财政部印发了《中央财政农业保险保险费补贴管理办法》，进一步提高了农业保险保费财政补贴资金。

2015年中央一号文件提出提高各级财政对稻谷、小麦、玉米等主要粮食作物保险的保费补贴比例、保险覆盖面和保障水平；扩大畜产品及森林保险覆盖范围。中央、省级逐步减少或取消产粮大县县级保费补贴，鼓励有条件地区的保险机构开展特色优势农产品保险、互助合作保险，中央财政通过以奖代补等方式提供保费补贴支持。同时，中央财政还支持建立农业保险大灾风险分散机制，规范大灾风险准备金管理。

2016年中央一号文件提出开发天气指数保险、农产品目标价格保

---

① 陈锡文等：《中国农村制度变迁60年》，人民出版社2009年版，第129页。

② 中华人民共和国财政部预算司：《2010—2016年全国一般公共预算支出决算表（2010—2016年）》，yss.mof.gov.cn。

③ 冯文丽：《政策性农业保险补贴规模可以有多大?》，农博网，http：//www.aweb.com.cn，2012年2月9日。

④ 中华人民共和国财政部预算司：《2010—2016年全国一般公共预算支出决算表（2010—2016年）》，yss.mof.gov.cn。

险、设施农业保险、森林保险等农业保险新品种，稳步扩大“农业保险＋农产品期货”试点，创新保险公司支农融资业务。扩大农业保险覆盖面，完善大灾风险分散机制，提高风险保障水平。

5. 新型农业生产经营主体补贴

2013 年、2014 年中央一号文件提出农业补贴重点是专业大户、农民合作社等新型生产经营主体。2015 年中央一号文件要求实施推广重大农业生产技术的补助政策，扩大现代农业示范区奖补范围。

三　农业保护和补贴制度的发展经验

1. 建立比较完善的农业补贴法律制度体系

农业补贴政策的有效实施，必须先制定完善的农业补贴政策并将之法制化，通过农业补贴立法，保障农业补贴政策的稳定性、权威性、系统性和科学性，这样才能为农业补贴措施的顺利推行提供有力的制度保障，从而实现农业补贴政策的高效性和长效性。目前，应加快立法进程，制定农业补贴条例、农业保险法、农业灾害救助条例等相关农业补贴的法律法规体系，增加对农业补贴的法定性和程序性规定。农业补贴法律条款应具体细致，对补贴对象、标准、资金监管等各项事务要清晰明了，便于执行。现阶段，建立健全公开透明的农业补贴制度，核心目标是保障粮食安全、确保主要农产品供给和促进农民增收。政策目标不宜过宽过泛，必须集中力量解决目前农业发展中的突出矛盾和关键问题。

2. 优化农业补贴结构

农业补贴政策要与发展现代农业，培育新型农业经营主体相适应，这也是农业补贴政策调整的重要取向。

第一，实施专业农户补贴。专业化是我国农业发展的一个方向，近些年，专业种植和养殖成了农民致富的主要途径。但在农户生产经营过程中，资金短缺现象普遍存在，这限制了专业农户的投资和扩大再生产能力。对于收入较低的大田作物种植、种植效益好但发展滞后的经济作物种植要给予财政专项补贴，引导农民通过专业种植致富。

第二，实施农业环保补贴。在建设社会主义生态文明要求下，农业补贴政策的环境保护功能初步显现。我国的农业生态补贴主要在植树造林项目补贴、水土保持补贴方面。应当借鉴国外实行生态补贴的先进经验，加快转变发展方式，加强节能降耗和减少排污，减少或取消农药和除草剂的农资补贴，节约用地，促进经济社会发展与人口资源环境相协调，走可持续发展之路。

第三，增加农业科技研发及推广服务补贴。政府应当通过补贴扶持农业高新科技的开发，加大对农业基础性、前沿性科研的支持，鼓励农业科技创新，分化科研投入的风险。推广应用农作物良种繁育和农业防灾减灾技术，补贴基层农村技术推广人员以及农民的科技培训。优化农机购置补贴结构，提高农机装备水平和生产效率。

3. 扩大补贴资金来源，强化补贴资金监管

农村金融体系和农业财政补贴体系是构成支持和保护农业发展的两大重要支柱。深化农业投融资改革，加大外资和民营企业直接投资农业力度，我国利用外商直接投资农业所占比例远低于其他发展中国家。因此，应引导一些社会团体、组织和企业等参与到农业补贴中来，引进外资，扩大农业对外开放。还可以将财政补贴和银行信贷支持结合起来，积极发挥中等政策性金融机构的作用，为广大农户提供信贷支持。另外，要提高农业补贴资金使用效益，坚决遏制截留、挤占、挪用甚至贪污、私分补贴资金的违纪违规行为，严格规定用途和使用标准，专款专用，加强审计监督，加强绩效评价。

4. 创新农业保险体系

根据发达国家经验，健全的农业保险体系对规避农业风险非常必要，有助于减少农民突遇自然灾害的损失，也是市场经济条件下农业支持保护的一项重要措施。由于我国农业和农村经济发展极不平衡，农业风险差异大，应建立健全经营主体多元化、差异化的农业保险体系，实施不同的保费补贴政策，重点发展大宗农产品保险、特色农业保险，建立多方共担风险机制。保险公司应当开发适应农业生产的保险产品，积极推进农业保险与信贷、担保等金融服务的结合，提供多元化的农业保险服务。

5. 不断完善农业支持保护体系

为增加农民收入，国家不断健全农业支持保护体系，保持农业补贴政策的连续性和稳定性。WTO 为了规范成员国对农业实施的支持与保护政策，根据乌拉圭回合下《农业协议》规定，“绿箱”农业支持政策

的费用由纳税人负担，包括农业科研、农业技术推广、食品安全储备、农业自然灾害救济、环境保护等。2013 年中央一号文件提出进一步健全农业支持保护制度，加大农业补贴力度，完善生态补偿、耕地保护补偿、主产区补偿办法，提高小麦、稻谷最低收购价，完善农产品价格市场调控机制，搭建重要农产品抵御市场风险的保护网，让农业获得合理利润。2015 年中央一号文件要求逐步扩大不引起国际农业贸易扭曲的“绿箱”支持政策实施规模、范围；“黄箱”政策是产生贸易扭曲的政策，WTO 协议要求各方用综合支持量为尺度予以削减，主要包括：价格、面积补贴，种子、肥料等投入补贴。国家要求调整改进“黄箱”支持政策，助力农民增收。2016 年中央一号文件提出加大对农产品主产区、重点生态功能区的财政转移支付，推动省级农业信贷担保机构建立并运营。2017 年中央一号文件提出农业补贴重点补粮食主产区，这说明国家越来越注重农业补贴的精准性。

四 农业支持制度的总结

近年来，中央出台各种政策，支持农业、农村发展。

（一）增加“三农”财政投入和支出

2013 年、2014 年中央一号文件均提出增加“三农”财政投入。支持农业综合开发，发展现代农业。2013 年重点支持粮食及地方优势特色产业发展。

2014 年中央一号文件提出通过贴息、奖励、风险补偿、税费减免等措施，引导资金投入农业农村。完善“三农”投入稳定增长机制。整合和统筹使用涉农资金，改革下放项目审批权限、项目管理制度，提高专项涉农资金监管水平。同级预算统筹农业结余资金，限时用于农田水利等建设，并在黑龙江省进行试点。

2016 年、2017 年中央一号文件提出财政优先重点保障农业农村固定资产投入。2016 年，国家要求专项建设基金支持扶贫、农村产业融合等“三农”重点项目，试点涉农资金整合统筹管理，改进使用绩效考核办法，提升支农效能。2017 年，中央提出实行涉农资金预算整合、以奖代补和贴息等创新财政资金使用方式。建立各级农业信贷担保体系，实现实质性运营。政府和社会资本合作，建设运营农林水利、农垦等项目。探索设立各类农业农村发展投资基金，以市场化方式筹集资金，用于农业农村基础设施建设投资。鼓励加大地方政府债券支持农村基础设施建设力度。

（二）发展农业新业态，拓展产业链

2017年中央一号文件提出发展农业新业态，拓展产业链，重点支持乡村休闲旅游养老等产业，融合发展农村三产。整合乡村各类资源，丰富乡村旅游业态和产品，推进林业与旅游、文化等产业深度融合；农村集体经济组织发展乡村休闲农业、森林康养等旅游产业；改善乡村旅游基础设施条件，制定乡村旅游行业标准和监管规范；保护传统村落，探索区域连片保护和适度开发。

（三）提供农业技术服务

1988年，邓小平指出农业的出路最终要靠科技。1989—1991年，我国调整了农业政策，增加农业投入，1991年，财政支农支出347.5亿元，其中，农业基本建设支出75.5亿元，比1988年增长了90.2%。①

1. 改革农业科研体制，加强农业科技投入

1986年，开始实施农业科研体制改革，1991年10月，国务院发出通知，明确指出要加强农业社会化服务体系建设，为农业生产提供市场、信息、科技等服务，发展现代农业。主要包括：产前的农业科技服务，产中的农产品加工、储存，产后的销售、经营信息服务、法律服务等全程农业生产供应服务。11月，党的十三届八中全会要求树立大农业观念，加强农业综合开发，还要求依靠科学技术进步和提高劳动者素质来推进农业发展。各级政府纷纷采取措施增加农业科技投入，改造农田，建设农业基础设施。

20世纪90年代，农村种植业生产不稳定，发展缓慢，非农产业经济效益下降。1992年8月，国家科委，国家体改委发布分流人才、调整结构，进一步深化科技体制改革的意见，提出稳定基础研究、应用基础研究、高新技术研究和重大技术攻关。放开技术开发、技术服务，面向市场，加强科技转化工作。9月，国务院发布发展优质高效农业的决定，提出依靠科技进步等措施发展优质高效农业的九项规定。1993年1

① 张新华：《新中国探索“三农”问题的历史经验》，中共党史出版社2007年版，第177页。

月，党的十四届三中全会特别指出农村经济发展进入调整结构、提高效益的新阶段，要求优化品种结构，发展高效农业。同年，国家又制定若干政策措施，规定有计划地在各地建立一批特色高产优质高效农业示范区，连续5年，每年以10亿元专项贷款予以支持。1993年，在广东、浙江等沿海地区农村相继出现各种不同形式的产业化组织。国家对农业产业化经营给予充分肯定，并将其作为中国农业、农村发展的重要目标，设立专项资金和专门机构扶持发展。1993年11月，国务院提出要依靠科技进步，提高劳动者素质，全面实现科技教育兴农的发展战略。截至1994年，全国共选建了47个高产优质高效农业示范区。①

1994年、1995年，农业部提出调整农业科研和开发方向、任务，分流科技人员，分类管理科研项目、经费，制定合理分配制度，促进科研结构合理分化，完善科研院所管理体制，充分调动科研人员的积极性。同时，农业部提出加快农业科技进步，“九五”期间重点推广一大批优质、高产、高效农业新技术，实施“农业节本增效工程推广计划”。1995年5月，国务院出台加速科技进步的决定，要求大力推进农业科技进步，推动传统农业向现代农业转变。

1998年，党的十五届三中全会再次强调调整和优化农业产业结构，提出若干政策措施，推动农业发展。2000年10月，党的十五届五中全会上，江泽民再次强调加大农业支持保护力度，增加对农业、农村的投入，改善农业生产条件，支持农田水利建设，加大农业科技推广。

2001年1月，中央农村工作会议指出推动农业和农村结构调整，依靠科技，优化品种、提高农业效益。培育市场，建立健全农业质量标准体系、农产品质量检测检验体系、市场信息体系。2001年，国务院、农业部也发文提出相同要求。

2. 重视农业科技进步和创新

中央一直重视农业科技进步和创新，2004年，提出不断提高农业科技创新能力，促进粮食增产、农民增收。2005年和2006年的中央一号文件要求加强农业信息化建设。2007年中央一号文件提出建设农业

① 武力等：《中国共产党“三农”思想政策史（1921—2013）》，中国时代经济出版社2013年版，第495页。

科技创新体系。启动专项农业科研项目，推进农业技术创新和成果转化。2007年中央一号文件指出，推进现代农业建设。现代农业是指用科学技术、现代装备改造传统农业，提高农业水利化、机械化、信息化水平，用现代产业体系经营农业，培养新型农民发展农业。建设现代农业，首先，需要增加科技和基础设施建设投入，开发多功能农业，建设完备农业产业体系；其次，需要培育农业市场流通主体，发展多元化、多层次的农业市场体系。

2008年中央一号文件又强调提高农业科技创新和推广能力，广泛建立现代农业示范区。党的十七届三中全会上，中央确立了积极发展现代农业、调整农业结构，加快转变农业发展方式的战略目标。随后，有关部门制定了《国家农业科技创新体系建设方案》，争取在重点领域、关键环节实现农业科技创新能力整体提升。2009年中央一号文件要求加大农业科技投入，设立创新基金，重点支持关键、核心农业技术科学研究，促进农业新品种产业化。

2012年中央一号文件强调把农业科技的重点放在良种培育上，开发具有重要应用价值、自主知识产权的生物新品种，加强农业重点实验室等农业科技平台建设。2010年中央一号文件又提出增加特设岗位计划，鼓励高校农业人才从事农技推广工作。2012年中央一号文件提出依靠科技创新建设现代农业，突破农业重大关键技术，保障粮食安全，发展优质高效生态农业。稳定支持农业基础性、前沿性、公益性科技研究，增加种业基础性、公益性研究，加快培育一批突破性新品种。有效整合科技资源，推进建设现代农业产业技术体系。加大国家农业科技投入，引导社会资金投入农业科技研发。

3. 加强公益性农业技术推广服务

2008年、2009年中央一号文件都要求加强公益性农业技术推广服务，采取委托、招标等形式，调动各方力量参与农业技术推广。引导农民专业技术协会等开展公益性农业技术推广服务，在全国普遍健全农业技术推广、疫病防控等农业公共服务机构，增强农业科技服务能力。2012年中央一号文件指出强化基层公益性农技推广服务，增强基层农技推广服务能力，改进服务手段，探索多种公益性服务实现形式，推动家庭经营向先进科技、先进生产手段转变。引导高校、科研院所积极开展农技服务。2013 年中央一号文件强调推广先进农业生产技术，保障国家粮食安全。

（四）支持农业现代化

中国共产党一直重视实现农业现代化，20 世纪 90 年代中期，一些乡镇企业集中、经济实力较强的地区，进行了以改善农业基础设施条件和农产品加工生产装备为主的农业现代化实践与探索。面对经济全球化的挑战，江泽民在党的十五届三中全会上提出实现农业现代化。为了实现这个发展目标，1998 年 1 月，国家科学技术委员会颁布国家农业科技政策，规定了农业科技体制改革任务和目标，要求到 2010 年基本形成中国特色的农业科技体制。沿海地区经济发展较快，但是农业生产效益不高。1998 年，江泽民在江苏等地考察时指出，沿海地区要建设发达农业，有条件的地方率先基本实现农业现代化。发达地区农业和农村经济发展到了一个新的节点，因此，推进农业现代化建设对确保农业的稳定持续发展意义重大。1999 年 8 月，中共中央、国务院发布决定，提出必须要加快农业和农村经济发展中关键技术的创新、推广，支持农业现代化。

积极发展现代农业离不开农业产业化，2008 年，中央要求培育壮大一批带动力强的龙头企业，促进优势产业集群发展，增加农业产业化专项资金，中央和地方财政支持龙头企业，发展“一村一品”，支持农业产业化经营。2009 年，中央继续要求扶持龙头企业发展，鼓励发展农产品加工。带动农民分享加工流通增值收益。2010 年，中央提出着力提高农业生产经营组织化程度，发展农户联合与合作，壮大农村集体经济组织实力，发展农村社会化服务组织，为农民提供多种有效服务。推进“一村一品”工程和专业示范村建设，建立农业产业化示范区。这些农业产业化措施对农业现代化建设和农民增收产生了重大影响。

2013 年 3 月，国务院召开全国春季农业生产工作会议，会议强调农业基础薄弱、农村发展滞后、城乡差距较大的局面尚未根本改变，保持粮食和重要农产品供求平衡是一项长期艰巨的任务。2013 年 4 月，国务院召开常务会议，会议部署了开展现代农业综合配套改革试验工作，确定黑龙江省试点开展试验工作。会议就发展现代农业，农民增收提出了任务，包括：第一，培育壮大家庭农场、专业合作社、股份合作社等新型生产经营主体，发展多种形式适度规模经营。第二，实行支持现代农业发展的差别化用地管理政策，创新耕地保护机制。第三，创新农村金融服务，支持农业生产。第四，完善农民培训体系，增强农业科技自主创新能力。第五，建设现代农产品物流网络，创新农产品交易方式。第六，实行最严格的水资源管理制度，积极推进农业水价改革。第七，统筹整合涉农资金，提高使用效益。第八，完善粮食主产区利益补偿机制。第九，探索城镇化与新农村建设协调发展新模式。

（五）加强农村基础设施建设

农村基础设施建设主要包括“六小工程”以及小流域治理、秸秆气化、改水改厕、河渠整治、干旱地区雨水集蓄等项目。2003 年，国家在做好农业和农村工作的意见中指出要扩大农村节水灌溉、饮水、道路建设等“六小工程”投资规模，充实建设内容。同年，水利部出台了农村小型水利工程管理体制改革实施意见。2004 年中央一号文件提出逐步提高农村中小型基础设施建设投入，扩大基础设施建设范围。2005 年中央一号文件指出继续增加农村“六小工程”投资，建设改善农村公路，合理确定农村公路投资补助标准，继续推进农村沼气、太阳能、风能等新型清洁能源建设，搞好农村电网改造工程的经营管理，贫困地区农村进行治水、改土修路等整村规划的基础设施扶贫建设。重点解决特殊地区饮水安全问题。2005 年，温家宝在作政府工作报告中讲到加强农村基础设施建设的重点任务和主要措施的具体部署：第一，加大农村公路建设力度。第二，加大以小型水利设施为重点的农田基本建设。第三，加大农村饮水安全工程建设力度。第四，推广沼气等农村清洁能源建设力度。第五，加大农村电网建设和信息化建设力度，抓好农村“金农”工程和农业综合信息服务平台工程建设。第六，治理污染，建设改善农村人居环境。第七，建设改善农村教育文化卫生基础设施。2008 年政府工作报告再次强调加强农村水利基础设施建设，发展节水灌溉；开发整理复垦土地，建设高标准农田；加强农村道路、饮水、电网、文化等基础建设；大力发展公共交通，改善农村人居环境。2009 年 10 月，国务院常务会议指出改善产粮大县粮食生产条件，加强农田水利设施等基础田间工程建设，建设华北、东北、西北地区保护性耕作工程区，配置保护性耕作机具等配套设施，提高农业生产能力。2009

年，中央财政安排了45亿元小型农田水利设施建设专项资金，比上一年增加了一半。加上地方财政投入46.5亿元和农民投资，安排1230个专项工程，启动400个第一批小型农田水利建设重点县；安排8.43亿元中型灌区节水配套改造项目资金，比上一年增长177%。[①] 2010年政府工作报告全面部署了农业农村基础设施建设重点任务。第一，国家财政支出优先投入支持农业农村基础设施建设，重点支持农田水利建设和节水灌溉。第二，以粮食主产区为重点，增加农业综合开发投入，安排中长期政策性贷款，有计划地分片推进中低产田改造，在全国800个产粮大县建成高标准农田，推广保护性耕作技术，创建农业示范工程。2010年，中央经济工作会议要求加大农村水利、电网、危房改造，环境整治、农村公路、沼气建设；完成了大中型灌区水库除险加固工作，加强了大中型灌区节水改造。2011年，中央一号文件提出把水利建设作为国家基础设施建设的优先领域，重点建设农田水利，严格水资源管理，建设节水型社会。3月，在第十一届全国人民代表大会第四次会议上，温家宝强调加强农业农村基础设施建设，重点加强农业水利建设，大力推进农村土地开发整治，建设高标准农田，增强粮食生产能力。

① 武力等：《中国共产党“三农”思想政策史（1921—2013）》，中国时代经济出版社2013年版，第539页。

第七章

乡镇企业的发展历程

第一节　乡镇企业的出现及发展

乡镇企业是具有中国特色的乡村企业，其前身是人民公社体制时期的社队企业，它是在原人民公社和生产大队农民集体创建的企业基础上发展起来的经济组织形式。它由农民兴办的各种不同经济成分、多种经济层次和多种产业的经济实体所组成，是分布在乡村、集镇乃至于进入城市的所有农民办的企业的总称。乡镇企业的崛起很大程度上促进了我国农村经济发展，被称为“中国奇迹”。

一　乡镇企业的萌芽——社队企业

乡镇企业萌芽于新中国成立初期的农村副业和手工业。旧中国农村副业、手工业在国民经济中占一定地位。新中国成立后，恢复、发展农村副业、手工业是恢复国民经济的一项不可或缺的内容，也是恢复农业生产的一条重要措施。在“三年国民经济恢复”时期，全国农村副业、手工业在国家积极扶持和保护下，获得了迅速发展，有力地支援了农业生产，增加了农民的经济收入。但是，在社会主义改造时期，由于要建立单纯的所有制经济结构，农村副业受到很大约束，发展缓慢。

1958 年，随着公社工业化口号的提出，社队企业相应诞生。中央肯定了公社工业化的发展，确定了公社工业的产业地位。1959 年 3 月，中共中央政治局第二次扩大会议，毛泽东发表了重要讲话，指出发展公社工业是实现国家工业化的过程。同年 4 月的上海会议就原来的公社管理体制做出了调整：下放公社权利，实行以生产大队为基础，公社、生产大队、生产队三级管理人民公社体制。由此，社队企业包含了公社工业。

1961 年，中央制定了“调整、巩固、充实、提高”的方针，决定在农村进行“整风整社”，普遍整顿人民公社，同时对社队企业也进行了调整。1964 年，全国人民公社工业总产值从 1961 年的 19.8 亿元下降到 4.6 亿元，社队企业数从 1961 年的 4.5 万个下降到 1.1 万个。[①] 1965 年，国家颁发了《关于大力发展农村副业生产的指示》，指出要进一步贯彻执行“以农为主，以副养农，综合经营”的方针。提出大力发展集体副业。

1966 年，毛泽东发出“公社农民以农为主（包括林、牧、副、渔）。……在有条件的时候，也要由集体办些小工厂”的号召[②]，许多社队开始兴办企业，弥补了国家工业品生产的不足。1970 年，全国社办工业企业从 1965 年的 1.2 万个增加到 4.5 万个，产值由 5.3 亿元，上升到 26.6 亿元[③]，社队企业重新兴起。

1970 年的北方农业会议提出要充分利用农村本地资源，大力兴办小化肥厂、小机械厂、小水泥厂等小企业，加快发展农业生产，尽快扭转南粮北调的问题。1971 年，国务院召开了农业机械化会议，提出了提高农业机械化水平的十年计划，社队企业在全国各地迅速发展起来。1976 年，社队企业工业产值比 1971 年增加了 2 倍多。

到 1978 年年底，社队企业数增长到 152.4 万个，比 1976 年增加了 40.9 万个；社队工业总产值达到 385.3 亿元，比 1976 年增长 58.2%；安置农村剩余劳动力 2826.5 万人，占农村总劳动力的 9.5%。[④]

---

① 《当代中国的乡镇企业》编辑委员会：《当代中国的乡镇企业》，当代中国出版社 1991 年版，第 40 页。

② 《当代中国的乡镇企业》编辑委员会：《当代中国的乡镇企业》，当代中国出版社 1991 年版，第 39 页。

③ 《当代中国的乡镇企业》编辑委员会：《当代中国的乡镇企业》，当代中国出版社 1991 年版，第 40 页。

④ 《当代中国的乡镇企业》编辑委员会：《当代中国的乡镇企业》，当代中国出版社 1991 年版，第 49 页。

二　乡镇企业的兴起和发展

1. 社队企业的历史性转折和乡镇企业的“异军突起”

1978年，党的十一届三中全会确定了我国农村发展大农业的总方针，提出党和国家的工作重心转移到经济建设上来。1979年，党的十一届四中全会提出社队企业要有大发展。到1985年，社队企业的总产值占三级经济收入的比重要提高到一半以上。这表明，社队企业获得了合理、合法的重要经济地位。之后一段时期，社队企业在经营范围、经营方式、管理制度、管理体制等方面进行了改革，还得到了国家的财政、税收、信贷政策扶持，社队企业获得了迅速发展。乡镇企业的发展正是我国农村产业结构调整、妥善安排农村剩余劳动力的一个重大成果。1979—1983年，国家采取一系列政策措施，银行共发放了672亿元贷款支持社队企业发展，到1983年，社队企业达到55.3万个，企业人数增加到2168万人，产值686亿元。[①] 1983年全国社队企业吸收农村劳动力3234.64万人，比1978年增长14.41%；总产值从1978年的493亿元增加到1019亿元，年均增长速度21%。[②] 从1978年到1983年的这5年里，社队企业固定资产平均每年增加49.2亿元，1983年达到475.6亿元。[③] 这一时期，社队企业工业结构日趋合理，产品质量不断提高，管理水平大幅度提升，取得了较好的经济社会效益，为其进一步发展奠定了基础。

1984年年初，根据中央一号文件和全国农村工作会议精神，农林牧渔部召开了全国社队企业工作会议。会上讨论了上报中央的《关于开创社队企业新局面的报告》。鉴于政社分设后，公社大队逐步为乡、村所取代，《报告》建议将“社队企业”名称改为“乡镇企业”。乡镇企业是农村集体经济组织或农民投资超过50%，实际控股和经营支配的在乡镇举办的各类支农企业，其前身是社队企业。同年3月，中共中央、国务院批转了这个报告（中央1984年4号文件），同意社队企业

① 张新华：《新中国探索“三农”问题的历史经验》，中共党史出版社2007年版，第149页。

② 张湘涛：《中国农村改革研究》，湖南人民出版社2005年版，第356页。

③ 《当代中国的乡镇企业》编辑委员会：《当代中国的乡镇企业》，当代中国出版社1991年版，第84页。

更名的建议，并规定乡镇企业包括社（乡）队（村）举办的企业，部分社员联营的合作企业，其他形式的合作工业和个体企业。4 号文件明确指出了发展乡镇企业的意义和作用，制定了指导乡镇企业发展的总方针及若干具体政策，突破了就地取材、就地生产和就地销售，外引内联拓宽市场，为随后乡镇企业大发展做好了铺垫。

1984 年中央一号文件再次提出鼓励农民兴办各类企业。3 月，国务院转发开创社队企业新局面的报告，通知要求将乡镇企业和国营企业同等对待，给予必要扶持。并指出乡镇企业是多种经营的重要组成部分，既是农民致富的重要途径，也是国家财政收入的重要来源。国家财政支持农村养殖户，对乡镇企业实行贷款、税收优惠，支持城市各类科技人员停薪留职到乡镇企业工作。把发展乡镇企业列入国家“七五”计划和“星火”计划。有了这些支持，农村迸发出大办乡镇企业的积极性，农民依靠自己的力量开办了乡镇企业，发展中国特色的农村工业。党的十一届三中全会以后，乡镇企业迅猛发展起来。在 20 世纪 80 年代开创了“异军突起”的奇迹。乡镇企业的产品除了农副产品，还有手工业、采集业、采矿业、建筑业、运输业、服务业，丰富了市场供应，拓宽了农村剩余劳动力转移的路径，为国家上缴了越来越多的税金。乡镇企业的发展也带动了中国农村经济大发展。家庭联产承包责任制和乡镇企业带来了农村面貌的深刻变化。

从 1984 年开始，国家允许农民集体和个人从事长途贩运，允许农民进入城镇经营工商业和开店、提供劳务，放宽农副产品购销政策，鼓励城乡经济交流，国家在发展多种经营的基础上，继续调整农村产业结构，为了促进乡镇企业的发展，出台了一系列政策。1985 年 1 月，国务院提出十项进一步活跃农村经济的政策，扶持乡镇企业的发展是着眼点。9 月，中共中央制订的第七个五年计划的建议中明确提出正确引导乡镇企业发展，对乡镇企业合理规划、加强管理、积极扶持，要求在税收、信贷方面给予优惠。

1986 年中央召开农村工作会议，从所有制角度，将乡镇企业归纳为乡（镇）办、村办、联户办、户办四种基本形式并一起发展，简称为“四轮驱动”。当时乡镇企业有六大产业（农、工、商、运、建、服）同时并进，简称为“六轮一起上”。1986 年 3 月，国务院颁发了

《关于进一步推动横向经济联合若干问题的规定》，把乡镇企业与各方面的联合推向了一个新的阶段。1987年我国开始建立乡镇试验区。这一时期，乡镇企业迎来了发展的“黄金时期”。到1987年，全国乡镇企业已达到1750.3万个，职工人数为8805.2万人，工业产值达3243.8亿元。[①] 1987年，乡镇企业上缴国家税金221.84亿元，占当年国家财政收入的9.5%。同年，乡镇企业出口商品交货总额约为169.16亿元，“三来一补”共缴费收入24.4亿元。[②] 这年，邓小平在接待外宾时高度评价了乡镇企业的“异军突起”。乡镇企业在农村经济和国民经济中的比例不断扩大，占有越来越重要的地位。

1988年，以乡镇企业为主的非农产业产值6669.42亿元，占当年农村社会总产值的53.2%。[③] 乡镇企业已成为农村经济的支柱。

2. 乡镇企业进入调整、整顿、提高新阶段

随着国家经济的高速增长，经济过热，结构失调，物价上涨，乡镇企业快速发展的资金需求增长较快，能源、材料消耗高、质量下降，严重污染环境等问题出现，在1988年9月在党的十三届三中全会上，中央提出治理、整顿经济秩序，全面深化改革，中央开始治理整顿乡镇企业，在一定程度上优化了乡镇企业的产业和产品。但是，整顿治理政策下，国家在税收和贷款方面对乡镇企业的优惠也减少了，乡镇企业放缓了发展步伐。

1984年到1987年，乡镇企业全面发展，取得了巨大成绩。然而这一时期全国开始出现经济增长过热，信贷规模过大，货币发行过多，资源环境承载压力过大，社会供求总量失衡等问题，这些问题在乡镇企业的发展中也有明显反映。在党的十三届四中全会上，中央提出了治理经济环境，整顿经济秩序的改革方针，预示着乡镇企业不可能继续高速发展下去了，它将进入一个以调整结构为主的调整、整顿、改造、提高的

① 《当代中国的乡镇企业》编辑委员会：《当代中国的乡镇企业》，当代中国出版社1991年版，第98页。

② 《当代中国的乡镇企业》编辑委员会：《当代中国的乡镇企业》，当代中国出版社1991年版，第112—123页。

③ 张新华：《新中国探索“三农”问题的历史经验》，中共党史出版社2007年版，第167页。

新阶段。

治理整顿的目的在于调整经济结构、提高效益。1988 年，全国乡镇企业总数达到 1888 万个，总产值达到 6495. 66 亿元，其中工业产值为 4529. 38 亿元，向国家实际交纳税金 310. 29 亿元，约占全国税金的 13%。当年，乡镇企业职工人数达到 9545. 46 万人。完成出口交货值 268. 7 亿元，占全国出口商品总值的比重为 15. 2%①，乡镇企业已成为农村经济的支柱。1989 年，国家开始控制乡镇企业贷款，压缩基建规模，关、停、并、转了一批经济效益差，资源消耗高，污染严重的乡镇企业，并对重要生产资料实行专营专卖。面临日益严峻的外部环境，乡镇企业为了求生存，艰苦创业、自力更生，不断根据市场的变化进行自我调整，提高产品质量，降低成本，引进国外资金、技术、设备和先进管理经验，开拓国外市场，增强自身竞争能力。1989 年全国乡镇企业总数减少到 1868. 6 万个，乡镇企业职工人数减少到 9366. 78 万人，总产值增长到 8402. 82 亿元，向国家实际缴纳税金 364. 62 亿元，完成出口交货值 371. 44 亿元。②

1990 年 6 月，国务院颁布《中华人民共和国乡村集体所有制企业条例》，为乡村集体所有制企业提供了法律保障，引导其健康发展，起到了积极作用。同时，将乡镇企业由原来单纯指乡（社）村（队）两级集体举办的企业扩展为包括乡（社）村（队）、部分农户或农户联合、个体举办的企业等，充实和扩展了乡镇企业的发展空间。国家实施“星火计划”，建立技术开发示范点、开发适合乡镇企业的成套技术装备，培训农村知识青年，推动了乡镇企业的技术进步。各级党政机关加强和改善了对乡镇企业的管理服务，这些措施都支持了乡镇企业的“异军突起”。

1990 年，乡镇企业继续向前发展，企业总数达 1850 万个，总产值增长到 9581. 1 亿元（现价），向国家实际交纳税金 391. 6 亿元，完成出口交货值 462. 3 亿元。1991 年，全国乡镇企业总数达到 1908. 74 万个，

---

① 资料来源：根据中国乡镇企业年鉴编辑部《中国乡镇企业年鉴》（中国农业出版社 1989—1992 年版）整理计算而得。

② 张新华：《新中国探索“三农”问题的历史经验》，中共党史出版社 2007 年版，第 167 页。

职工人数为9609.1万，总产值达到1.16万亿元，其中工业产值为8708.6亿元，占全国工业总产值的30.8%。当年向国家缴纳税金454.6亿元，约占全国税金的15%。①

3. 乡镇企业在全面改制中发展

20世纪80年代末，乡镇企业发展速度减缓，经济效益下降。1992年邓小平“南方谈话”后，我国开始建立社会主义市场经济体制。随着市场经济体制的建立和完善，政府逐渐退出市场，乡镇企业发展的政策效应明显减弱。又由于乡镇企业存在产权不清、政企不分、家族式管理、人力资源匮乏等诸多问题，面临竞争激烈的市场大环境，其发展速度和质量都受到了极大影响。1992年10月，党的十四大报告要求各级政府和有关部门坚持不懈地搞好乡镇企业，采取有力措施促进其健康发展，重点扶持中西部地区、少数民族地区乡镇企业发展。1993年11月，中共中央、国务院先后两次出台有关乡镇企业产权制度和经营方式创新的决定，要求明晰乡镇企业产权，促进生产要素流动组合，增强乡镇企业活力，特别要发展中西部地区的乡镇企业，形成更合理的企业布局。

经历了1992年和1993年短暂的高速增长后，乡镇企业的经济增长速度开始回落，而且波动幅度较大。1992年，全国乡镇企业总产值达17974.4亿元，比上一年增长54.7%，1993年乡镇企业产值增加到31540.68亿元，比1992年增长78.6%；1994产值增长率为43.54%；1995年产值增长率为33.56%；1996年产值增长率为21%；1997年产值增长率为17.4%；1998年产值增长率为17.3%；1999年全国农村社会增加值的63.6%、国内生产总值的30.3%、农民收入的34.3%、工业增加值的49.1%和出口创汇的近40%均来自乡镇企业。2000年产值增长率为7.12%、2001年产值增长率为8.52%。② 这一时期乡镇企业的主要任务是深化改革，增强自身素质，提高经济效益，全面适应和走向市场，由量的扩张向质的飞跃转变。政府职能也逐步由微观统管向宏

---

① 资料来源：根据中国乡镇企业年鉴编辑部《中国乡镇企业年鉴》（中国农业出版社1989—1992年版）整理计算而得。

② 资料来源：根据中国乡镇企业年鉴编辑部《中国乡镇企业年鉴》（中国农业出版社1993—2002年版）整理计算而得。

观调控转变。

1994 年，国务院关于农业和农村工作的意见中提出要组织实施乡镇企业东西合作示范工程，推动地区间经济合作。农业部制定了乡镇企业东西合作示范工程方案。1996 年，国家制订“九五计划”和 2010 年远景目标，提出要发展乡镇企业，建设小城镇，促进农村剩余劳动力转移。1996 年 10 月，《中华人民共和国乡镇企业法》颁布，国务院决定从 1993—2000 年，每年由中国人民银行在国家信贷计划中拨付 50 亿元专项贷款，引导开展乡镇企业东西合作示范工程，积极支持发展中西部地区乡镇企业。[①] 1997 年，《中共中央国务院关于转发农业部〈关于我国乡镇企业情况和今后改革与发展意见的报告〉的通知》，要求乡镇企业要采取多种措施深化改革，明晰产权，完善经营机制，提高企业效益和竞争能力。与此同时，《中华人民共和国乡镇企业法》的颁布实施，标志着乡镇企业的合法权益受到保护，为乡镇企业的改革和发展奠定了法律基础。乡镇企业加快结构调整，加强企业技术改造，提高产品技术层次，发挥农副产品资源优势，这些重大改革举措，使乡镇企业获得了新发展。1998 年党的十五届三中全会肯定了乡镇企业是推动国民经济发展的重要力量。随着 1999 年《中华人民共和国个人独资企业法》的颁布，符合我国市场经济体制的企业组织法律基本完备。个人独资企业的产权是典型的私有产权，为了更好地发展乡镇企业，到 2002 年，全国 90% 多的乡镇企业实现了改制；[②] 乡镇企业在改制后飞速发展，非公有制经济成为乡镇企业发展的主要增长点。2002 年，全国乡镇企业总数为 2132.69 万个，从业人数为 1.329 亿人，实现增加值 32385.8 亿元，总产值为 140434.5 亿元，上缴税金 2693.536 亿元，固定资产净值为 26912.263 亿元，职工人均收入 6418.31 元。[③]

我国实行市场经济体制，经济的所有制结构变化很大，各经济主体

---

① 国务院：《国务院关于加快发展中西部地区乡镇企业的决定》，中华人民共和国政府网，http://www.gov.cn. 2016 年 10 月 20 日。

② 汤鹏主：《中国乡镇企业兴衰变迁（1978—2002）》，北京理工大学出版社 2013 年版，第 134 页。

③ 中国乡镇企业年鉴编辑委员会：《中国乡镇企业年鉴（2002）》，中国农业出版社 2003 年版，第 3—10、172—179 页。

之间的竞争程度越来越激烈，乡镇企业民营化改制势在必行。乡镇企业的民营化改制是指乡镇集体企业产权制度改革，即原有的乡（镇）属或者村属的集体企业改为私营企业、股份制、股份合作制以及公司制。① 主要体现在大力提倡股份制、股份合作制、租赁、承包、兼并、联合、拍卖、转让等多种形式，其实质是一种民营化趋势的改制。1996年到2000年，全国80%的乡镇企业实施了改革，投资主体呈现出多元化趋势，产权结构也逐步合理化，非集体资本占比50%以上。个体或私有企业创造的增加值占60%以上。

4. 社会主义新农村建设阶段的发展

自2003年以来，全国乡镇企业总数和从业人数不断增加，实现增加值和总产值逐年增长（见表7－1）。2003年上缴所得税798.279亿元。②

2005年，全国乡镇企业从业人数占农村劳动力的比重由2000年的27%上升到2005年的28%。工业增加值达到35662亿元，比2000年增长77.4%；出口产品交货值20662亿元，占全国外贸出口总额的33.6%。个体企业1709万家，实现营业收入65163亿元，2000年以来年均增长9.0%；私营企业461.736万家，实现营业收入73909亿元，2000年以来年均增长21.4%。全年农产品加工业取得长足发展，农产品加工业达68000多个，从业人员1200多万人，规模以上农产品加工业增加值占规模以上乡镇企业工业增加值的比重达31.3%。③

2006年，全国乡镇企业努力克服各种不利因素，运行质量稳步提高，对解决"三农"问题贡献更加突出。由于宏观环境不断改善、投资和出口持续增长，社会化服务体系的建立和不断完善以及产业集群不断壮大，全国乡镇企业实现了较快发展，外贸出口额稳中有升，对农村经济发展贡献突出；乡镇企业在产权结构质量、经济效益等方面都达到

① 汤鹏主：《中国乡镇企业兴衰变迁（1978—2002）》，北京理工大学出版社2013年版，第154页。

② 中国乡镇企业年鉴编辑委员会：《中国乡镇企业年鉴》（2003、2004），中国农业出版社2004年版，第3—5页；2005年版，第5页。

③ 中国乡镇企业年鉴编辑委员会：《中国乡镇企业年鉴（2005）》，中国农业出版社2006年版，第49—55、155—160页。

了较高水平。农产品加工业成为乡镇企业的主要行业和重要增长点；完成出口交货值25416 亿元，同比增长 20.8%。第三产业增加值同比增长 14.07%，占乡镇企业的比重上升到 22%。[①]

表 7-1　　2003—2008 年乡镇企业发展状况[②]

年份	总数（万个）	从业人数（亿）	增加值（亿元）	比上年增长（%）	总产值（亿元）	比上年增长（%）
2003	2185.08	1.357	36686.325	13.28	152360.7	8.49
2004	2213.22	1.386	41815.363	13.98	172516.7	13.23
2005	2249.59	1.427	50534	11.51	217818.6	26.26
2006	2314.47	1.468	57955.4456	13.83	249807.955	14.69
2007	2390.89	1.509	69620	14.27	—	—
2008	2599.21	1.545	84127	11.69	—	—

2007 年，党的十七大强调，乡镇企业应在社会主义新农村建设中努力发挥好“五个作用”，进一步引领现代农业发展、带动新农村和小城镇建设、促进农民增收、壮大县域经济和扩大农业对外开放。2007年，乡镇工业总产值占乡镇企业总产值的比重为 70.66%；出口商品交货值为 31242 亿元，占全国出口总额的 34%。2007 年，农产品加工业和第三产业增加值，分别占乡镇工业增加值和乡镇企业增加值的31.5%和 22.2%，农产品加工业成为结构调整的重点和新的增长点。中国乡镇企业协会提供的资料显示，2007 年乡镇企业的许多产品，特别是日用消费品，已占全国相当大的比重，电子及通信设备制造占17%，机械占 26%，原煤占 40%，水泥占 40%，食品饮料占 43%，服装占 80%，中小农具占 95%，砖瓦占 95%。[③]

2008 年，全国乡镇企业以推动“三农”、壮大县域经济、统筹产业

① 中国乡镇企业年鉴编辑委员会：《中国乡镇企业年鉴（2005）》，中国农业出版社 2006 年版，第 3—9、111 页。

② 数据来源：根据《中国乡镇企业及农产品加工业年鉴》（中国农业出版社 1978—2011 年版）整理计算而得。

③ 中国乡镇企业及农产品加工业年鉴编辑部：《中国乡镇企业及农产品加工业年鉴（2007）》，中国农业出版社 2008 年版，第 6、17—19 页。

发展、推进新农村建设为主线，乡镇企业工业增加值58805亿元，同比增长11.19%；实现营业收入347779亿元，同比增长11.2%；出口交货值35092亿元，同比增长6.82%；主要经济指标全年有所回落。在金融危机中，技术含量高、创新能力强、拥有自主品牌的企业，仍然实现了较快发展。大中型工业企业为乡镇企业稳定发展起到了骨干和支撑作用，园区经济和产业集群占乡镇企业经济总量的比重达到27.8%。[①] 农产品加工业发展迅速，成为乡镇企业转型发展的主要推手。休闲农业、旅游农业等第三产业的快速增长也有力地推动了乡镇企业的发展。

2009年，乡镇企业对农村经济社会发展的支持带动作用明显增强。当年实现增加值93532亿元（绝对值），同比增长10.78%，增幅比上年回落0.87个百分点；其中工业增加值65110亿元，同比增长10.32%，营业收入385927亿元，同比增长10.57%，增幅比上年回落0.63个百分点；实现利润22879亿元，同比增长10.09%，增幅比上年回落1.78个百分点；上缴税金9713亿元，同比增长10.42%，增幅比上年回落3.07个百分点；出口交货值32032亿元，同比下降8.72%；支付劳动者报酬17347亿元，同比增长9.18%，增幅比上年回落0.81个百分点。全年累计完成工业总产值265000亿元，产品销售率为94.72%。[②]

2010年全国乡镇企业加快转变经济发展方式，推进转型升级，实现总量较快增长，结构优化，区域协调发展，固定资产投资总体平稳，呈现向好的发展态势。全年实现增加值112232亿元，同比增长12.64%；实现工业增加值77693亿元，同比增长12.33%；实现第三产业增加值26323亿元，同比增长13.73%；全年实现出口交货值35751亿元，同比增长11.61%；实现营业收入444420亿元，同比增长12.16%；完成固定资产投资额58747亿元，同比增长15.67%。[③]

---

① 中国乡镇企业及农产品加工业年鉴编辑部：《中国乡镇企业及农产品加工业年鉴(2008)》，中国农业出版社2009年版，第3—4、99页。

② 中国乡镇企业及农产品加工业年鉴编辑部：《中国乡镇企业及农产品加工业年鉴(2009)》，中国农业出版社2010年版，第5—6页。

③ 中国乡镇企业及农产品加工业年鉴编辑部：《中国乡镇企业及农产品加工业年鉴(2010)》，中国农业出版社2011年版，第23—29页。

2011 年，全国乡镇企业坚持科学发展，积极应对国际国内复杂多变的经济环境，克服通胀压力增大、成本上升、融资困难等问题，继续保持良好发展态势，经济结构持续优化，质量效益明显提高。农产品加工业快速发展，第三产业特别是休闲农业发展较快，投资规模总体扩大。全年实现乡镇企业总产值 550385 亿元，同比增长 11.11%；工业总产值 392432 亿元，同比增长 11.61%；营业收入 531002 亿元，同比增长 11.08%；出口产品交货值 43734 亿元，同比增长 11.33%；完成固定资产投资额 62940 亿元，同比增长 15.39%。[①] 2011 年 12 月，中国正式加入世界贸易组织，中国乡镇企业面临的竞争日益严峻。

2012 年至今，全国乡镇企业始终坚持科学发展，加快转变经济发展方式，积极创新，有效应对复杂的国际国内环境；推动企业转型升级，发展质量进一步提升、结构进一步优化，发展态势缓中趋稳。尽管面临许多新情况和新问题，但改革开放以来乡镇企业取得的这些巨大成就，为其以后的发展奠定了坚实基础。

第二节　乡镇企业发展的经济和社会成果

改革开放以来，乡镇企业创造了有目共睹的辉煌，是国民经济的重要组成部分、农村经济社会发展的重要支撑力量，也是城乡经济市场化改革和工业“反哺”农业的先导力量，其促进了我国社会主义新农村和城乡一体化建设进程。

一　经济成果

1. 乡镇企业是推动国民经济发展的重要力量

改革开放以来，乡镇企业是我国国民经济的重要支柱，成为国家工业产品生产的一支生力军，大大增强了我国的综合国力。自社队企业诞生到乡镇企业兴起，乡镇企业生产出了大量的多样化的适应国家建设和人民生活需要的产品。乡镇企业出口创汇和上缴国家的税金极大地提高了我国的经济总体实力，成为增强国家综合实力的主要力量。乡镇企业

① 中国乡镇企业及农产品加工业年鉴编辑部：《中国乡镇企业及农产品加工业年鉴(2011)》，中国农业出版社 2012 年版，第 3—13 页。

的轻工、纺织、服装等劳动力密集型产品一直在我国出口产品中占有很大比重。1997年，全国乡镇企业工业增加值占全国工业增加值的50%。1999年全国乡镇企业实现增加值24883亿元，占国内生产总值的30.3%；出口交货值7744亿元，占全国出口额的37.8%。2007年，乡镇企业增加值比1978年增长了69411亿元，占农村社会增加值的比例达到68.68%，占国内生产总值的比重达到28.52%。2011年全国乡镇企业总产值增长速度（11.11%）比国内生产总值的增长速度（9.2%）高近2个百分点。乡镇企业的发展也推动了区域经济发展水平。2011年，全国乡镇企业投资规模继续扩大，特别是中西部地区、东北地区投资增长较快，占总投资的36.2%，增长了1.2个百分点。①

2. 乡镇企业是我国财税收入增长的主要来源

改革开放前，农村上缴税收很少，乡镇企业的出现和发展，为国家开辟了新的广阔税源。1978年，全国乡镇企业上缴国家税金22亿元，只占当年国家财税收入的2%。20世纪80年代中期，乡镇企业每年能为国家上缴一两百亿元的税金，成为国家财政收入的一个重要来源。1987年，乡镇企业上缴税金达到221.84亿元，占国家财政收入的9.5%。② 2007年，上缴国家税金7366亿元，占全国税收收入的20%。2011年，经济增长逐步放缓，企业利润下滑，全国乡镇企业上缴税金13412.9亿元，比2006年增长50%以上，占国家财政收入的12.93%。③ 另外，乡镇企业利润的一部分用于职工福利和文化教育等事业，相应减少了国家财政支出。

3. 乡镇企业是农村经济增长的坚实支柱

随着乡镇企业的发展和农业生产率的提高，大批农民从农业生产中转移出来，从事第二产业和第三产业。1986年，乡镇企业总产值已经超过了全国农业总产值。1999年乡镇企业的增加值占整个农村社会增

① 中国乡镇企业及农产品加工业年鉴编辑部：《中国乡镇企业及农产品加工业年鉴》，中国农业出版社2007—2011年版。

② 《当代中国的乡镇企业》编辑委员会：《当代中国的乡镇企业》，当代中国出版社1991年版，第150页。

③ 资料来源：通过《中国乡镇企业（及农产品加工业）统计年鉴》（2003—2011）与《中国统计年鉴》（2003—2011）的相关数据计算而得。

加值的63.6%，乡镇企业集体资产占整个农村集体资产的80%。[①]近年来，乡镇工业特别是农产品加工业以及第三产业的快速发展，极大地推动了农村经济的繁荣。农产品加工业是以农产品为原料的各类加工业，包括食品加工和制造、饮料制造、烟草加工、纺织服装制造、皮革羽绒及其制品、家具业、木材加工、造纸印刷业等。第三产业主要有休闲农业、旅游农业、农村交通运输业、批发零售业和住宿餐饮业等。近几年来，农产品加工业、装备制造业、休闲农业对农村经济增长的带动作用明显，提高了农民收入。2006年，商务部在农村推出了“千镇连锁超市”和“万户放心店”工程，以此推动农村商业的繁荣发展，进而加快第三产业的发展。“十一五”末，农村自建超市及其连锁店52万家，增加了180万个就业岗位；全国休闲农业年营业收入超过1200亿元，受益人数达1500万。2011年，作为乡镇企业发展主要增长点的农产品加工业实现总产值89310亿元，增长率达到13.17%，占全国乡镇规模工业比重达32.51%。[②]

4. 乡镇企业完善了我国经济结构

乡镇工业作为乡镇企业的主体，是调整产业经济结构的重点。1987年，全国各地的乡镇企业初步形成了工业门类齐全、各具特色的分布格局。特别是在西部落后地区和少数民族地区，乡镇企业也迅速发展起来了。全国乡镇工业企业占乡镇企业总数的40.5%，乡镇工业产值占乡镇企业总产值的68.1%，占全国工业总产值的26.7%。我国乡镇企业在优化第二产业结构的同时，大力发展乡镇第三产业。1991年乡镇企业第一、第二、第三产业的比重为1∶84∶15，2003年比重则为1.15∶77∶21.8，2004年为1.19∶79.2∶18.61，2005年比重为1∶80.7∶18.3。从2005年到2009年，乡镇企业第三产业年均增长12.4%。2009年乡镇企业第一、第二、第三产业的增加值分别是837亿元、71351亿元、21344亿元，占乡镇企业增加值的0.9%、76.3%、22.8%。2011年全国乡镇企业第一、第二、第三产业结构为1.25∶74.98∶23.77，其中第

① 中国乡镇企业年鉴编辑部：《中国乡镇企业年鉴（1999）》，中国农业出版社2000年版，第5页。

② 中国乡镇企业及农产品加工业年鉴编辑部：《中国乡镇企业及农产品加工业年鉴》，中国农业出版社2011年、2012年版，第3页。

三产业实现增加值31615亿元，同比增长13.26%。[①] 而传统制造业和高能耗产业增速放缓。从区位来讲，中西部地区的增长速度总体上快于其他地区。

二　社会成果

1. 乡镇企业拓宽了农民的就业渠道

乡镇企业的蓬勃发展，吸收了大量农村剩余劳动力。1978年全国社队企业职工只有2827万人，只占当年农村劳动力的9%。1999年末乡镇企业从业人员1.27亿，占农村总劳动力的27%，占农村剩余劳动力的50%以上。2002年乡镇企业就业人数达到1.33亿，占农村总劳动力的25%以上；2003年乡镇企业从业人员1.36亿。2006年，全国乡镇企业新增就业岗位408万个。2007年，乡镇企业就业人数达到1.509亿人，占农村总劳动力的比重达到29.13%，而1978年只占9.23%。2011年年底，全国乡镇企业从业人数达到1.62亿人，新增就业人数294万人，吸纳下岗失业人员742.6万人。共有123万名农民工利用在外工作学习到的技术、积累的资金回家乡创业，创造出大量新的就业岗位。2012年，乡镇企业年末就业人数为1.64亿人。[②] 因此，乡镇企业极大地拓宽了我国农民的就业渠道，为解决民生问题做出了贡献。

2. 乡镇企业是农村繁荣稳定的主要保障

乡镇企业是农村经济的支柱，不仅为建设社会主义新农村创造物质条件，也增加了农民收入，改善了农村生产条件，对农村社会的繁荣稳定做出了贡献。1978—1998年，乡镇企业用于农业生产和农村建设的资金达1000多亿元。2006年全国乡镇企业支付劳动者报酬12286亿元，其中农民人均纯收入为1241元，占农村人均可支配收入的34.6%。在乡镇企业发达的东部地区，农民来自第二、第三产业的收入占到全年纯收入的80%。2011年年底，全国乡镇企业支付劳动者报酬26270.6亿元，其中农民人均纯收入为2471元，全国乡镇企业支农建农补助农村社会性支出达401.01亿元。2012年乡镇企业人均纯收入

---

① 张湘涛：《中国农村改革研究》，湖南人民出版社2005年版，第366—367页。

② 中国乡镇企业年鉴编辑部：《中国乡镇企业年鉴（2012）》，中国农业出版社2012年版，第35页。

2800 元，约占农民人均纯收入的 35.4%。[①] 应当说，乡镇企业已经成为农民增收的主要来源。另外，乡镇企业职工素质不断提高，不仅增强了企业自身的发展能力，也促进了农村社会精神文明建设。乡镇企业还帮助农村失学儿童、为贫困山区募捐、推动农业产业化、致力于农村扶贫开发，从而维护了农村的社会稳定。

3. 乡镇企业促进了城乡一体化建设

乡镇企业的发展使城乡商品和各种生产要素得到合理流动和优化组合，促进了城乡经济共同协调发展。乡镇企业集聚效应不断提高，消除了城乡二元经济结构，改变了农村的生产方式、生活方式和居住方式，依托乡镇企业，农村城市化进程和新型城镇化建设加快，促进了农村科技进步和农业现代化，增加了农民收入，减少了农民数量，乡镇企业的发展也促使农业社会化服务体系更加健全。2006 年国家出台了《关于加快乡镇企业服务体系建设的意见》，各地普遍开展了乡镇企业人才培训、创业辅导、融资担保、行业协会、信息服务为主要内容的社会服务体系建设，并取得了良好效果。因此，乡镇企业成为统筹城乡发展，促进城乡一体化建设的重要纽带；反过来，城乡一体化建设有助于乡镇企业加强管理、增强创新能力。从 2002 年到 2011 年，我国的城镇化率从 39.1% 上升到 51.3%，城镇人口占全国总人口的比重达到 51.27%。2008 年，全国小城镇（建制镇）数量达到 19234 个，加上集镇则达到 5 万多个[②]，极大地繁荣了农村经济，也吸纳了大量农村剩余劳动力，使大部分农民享受到了社会服务。

三 农村工业化的尝试

乡镇企业自诞生起就成为农村工业化的主体，农村工业化的主要标志是农业产业化经营和农村现代化，而农产品加工业是现代农业发展的重要标志。乡镇企业的持续健康发展打破了我国城乡二元经济格局，开创了农村搞工业的先河。同时农村工业化也使建筑、交通运输、商业服务等非农产业迅速发展，由此共同推动农村实现现代化。新中国成立初

---

① 中国乡镇企业年鉴编辑部：《中国乡镇企业年鉴（2006）》，中国农业出版社 2007 年版，第 4 页。

② 中国乡镇企业及农产品加工业年鉴编辑部：《中国乡镇企业及农产品加工业年鉴（2007）》，中国农业出版社 2008 年版，第 3—7 页。

期，我国工业布局很不合理，70%的工业分布在东南沿海的大中城市。乡镇企业的产生和发展，改善了全国已有的工业布局，城市工业化和农村工业化有机地结合起来，开辟了中国特色的工业化道路。1987年，全国农村兴办了700万个工业企业，行业分布有食品工业、建筑材料工业、饲料工业、采矿业、机电工业、轻纺工业、化学工业等几大支柱产业。其中，乡村两级办的集体工业企业是乡镇工业的主力军。在两级工业产值中，重工业产值占47%，轻工业占53%。1999年乡镇工业增加值达17374亿元，占全国工业增加值的49.1%。[①] 我国乡镇企业形成了以中小企业为主体的农副产品加工、资源开发、劳动力密集型、轻型加工业为主的工业企业结构。

2000年，受国家产业政策和市场竞争等影响，我国乡镇工业企业及其产品结构调整步伐加快，大量乡镇工业企业关停并转。而作为乡镇企业五大支柱产业的机电、纺织服装、建材、化工、食品等行业增长迅速。2001年后，为了发挥乡镇企业在农村的优势，加速农业产业化进程，国家决定大力发展农产品加工业。党的十五届五中全会提出，要通过对农业和农村经济结构的积极调整，发展农业生产和农产品深加工，增加农业的后续收益，拓宽农民增收领域。积极发挥农产品加工业在新阶段对农业结构战略性调整的导向作用，大力发展农产品加工业能够为农民带来就业、增收的好处，可以为地方政府增加税源，是构建现代农业体系，实现小生产和大市场对接的主要途径。

乡镇企业根植于农村，天生与“三农”关系紧密。在农村发展农产品加工业有着得天独厚的条件。近年来，农产品加工业成为乡镇工业的主要行业和重要增长点。规模企业大批涌现，带动作用不断增强。“十五”期间，全国规模以上乡镇企业农产品加工企业由2001年的35759个增加到2005年的56264个，增长57.34%；从业人员由2001年的572万上升到2005年的700万；完成增加值由2001年的1979亿元增加到2005年的5100亿元，增长157.7%。“十一五”期末，全国规模以上乡镇企业农产品加工业产值突破10万亿元，从业人员2500

① 《当代中国的乡镇企业》编辑委员会：《当代中国的乡镇企业》，当代中国出版社1991年版，第161页。

万，农民增收2800亿元；完成增加值由2006年的9564亿元增加到2010年的18069亿元，增长将近1倍，其中食品工业增加值由2787亿元增加到6534亿元，增长2.34倍；水稻、小麦、大豆、油菜籽、牛羊肉等农产品加工业聚集区和产业体系初步形成，技术创新步伐加快，自主研发能力和带动农民增收作用明显增强。2011年，全国规模以上乡镇企业农产品加工业实现总产值15.07万亿元，其中食品工业总产值占比超过50%；农产品加工业布局进一步优化，中西部地区增长迅速，占全国农产品加工总产值的39.61%。① 农产品加工业的发展有效优化了农业产业结构，拓宽了农民的就业路径，提高了农民收入，丰富了农村商品市场。

乡镇企业作为实现农村工业化的主体力量，需要各方面的协同合作。现阶段，乡镇企业都存在诸如资金、技术、人才等方面的问题。实现农村工业化的过程，也是乡镇企业不断注入新的活力、发展壮大的过程。

第三节 乡镇企业的困境和产权制度改革

一 乡镇企业的困境

1. 乡镇企业结构调整和转型升级难度大

转变经济发展方式，事关社会主义现代化建设全局，事关经济发展质量和效益，是经济领域的又一场深刻变革。我国经济发展将从数量型增长向质量型增长转变，由生产能力扩张向完善现代产业体系转变，由工业文明向生态文明转变。长期以来，我国乡镇企业经济增长方式粗放、结构不合理、盲目投资的问题比较突出，因此，乡镇企业要以节约能源资源和保护生态环境作为调整优化结构的重要切入点。乡镇企业一方面要实现既定增长目标，另一方面要调整企业结构、对产品进行转型升级，难度很大。乡镇企业应遵循国家产业政策，节能减排、淘汰落后产能。但有些乡镇企业节能意识淡薄，加上政府在监管中容易缺位，处

① 中国乡镇企业及农产品加工业年鉴编辑部：《中国乡镇企业及农产品加工业年鉴》，中国农业出版社2008年版，第30页；2011年版，第27页；2012年版，第7页。

罚力度偏弱，导致乡镇企业节能意愿不强、拖延时间、转型缓慢。另外，我国的乡镇企业以中小企业为主，大部分企业装备水平低、工艺落后，结构调整和转型升级难度很大。而对于高污染、高能耗和资源性行业，调整压力更大、更直接。2010年国家下达了淘汰18个行业落后产能的硬性指标，乡镇企业成为治理整顿的重点。由于缺少资金、技术创新能力不强等因素，我国乡镇企业结构调整和转型升级将是一个缓慢的过程。

2. 乡镇企业经营难度加大

以前，由于廉价的土地和劳动力，乡镇企业产品成本低，使其具有一定的竞争优势。近年来，土地、劳动力、原材料和能源等生产要素价格不断上涨，乡镇企业生产经营成本持续上升，加之我国中小企业税费负担普遍较重，企业生存压力增大，很多乡镇企业处于微利或无利状况，亏损面扩大。目前，乡镇企业用工难问题比较突出，特别是熟练工人缺口很大。机械制造、农产品加工、纺织服装等劳动力密集型行业对熟练工人的需求无法满足。因此，一方面是熟练技工远远不能满足企业生产能力扩大的需求；另一方面是用工成本上升，求职者的期望值与企业工资福利待遇有一定差距而不愿去企业打工。从而导致乡镇企业员工素质偏低，创新能力不足。有资料显示，以各种形式招聘到乡镇企业的各类人才平均供职时间2年左右，人才流失问题普遍存在，给企业的稳定发展造成了不利影响。这几年国家和多个省市上调了最低工资标准，企业也提高各种福利来吸引劳工，相应地企业生产成本上升，同时原材料、能源价格一直上涨给企业生产带来影响。以中小企业为主的乡镇企业在同国有大型企业的竞争中明显处于弱势，部分企业出现原材料和产成品双积压现象，管理费用上升，利润下降。另外，企业节能减排压力增大，产业和环保政策门槛提高，乡镇企业技术改造升级成本上升。

3. 资金短缺，融资困难

囿于国家稳健的货币政策，贷款政策不会大幅度调整。资金短缺，尤其是流动资金紧张制约了中小型乡镇企业的发展。乡镇企业的农产品加工业一次性投入大，资金占用时间长，周转慢，技术装备较为落后，普遍缺乏启动资金和流动资金，产品开发和科研创新能力弱，科技成果转化率低。2008年以来，央行先后6次加息，对企业而言，贷款规模将会减少，贷款门槛提高、成本加大，融资难度增大。一方面，外部成本上升推动资金需求增加，在信贷受限下乡镇企业资金缺口较大，加上银行信贷产品缺乏，金融服务不到位，企业融资渠道单一，融资需求满足度偏低，少数企业陷入了资金链断裂的困境。另一方面，乡镇企业融资成本高。银行对中小企业的利率普遍上浮，甚至存在浮利分费、借贷搭售等不合理收费现象，导致乡镇企业转向利息更高的民间借贷，降低了企业利润水平，增加了企业经营困难。从直接融资看，主板市场主要为国企改革筹集资金服务，上市门槛高、成本高，能在中小板上市的乡镇企业数量较少，利用股票融资和股权融资的空间也很小。

4. 经济环境复杂多变，外贸出口增长乏力

当前和今后一段时期全球经济持续增长动力不足，世界经济下行风险增大，市场需求减弱；世界范围内贸易保护主义有所抬头，贸易摩擦增加；国际大宗商品价格剧烈波动，人民币持续升值，这些因素导致我国出口的低成本优势减退，对欧美等发达地区的出口增长速度都在下降，特别是人民币升值影响了乡镇企业出口增长。2008 年国际金融危机后，我国乡镇企业出口出现减缓趋势，东部地区回落明显。2008 年全国乡镇企业实现出口交货值35092 亿元，增速回落12 个百分点。[①] 乡镇企业中外贸依存度高、劳动力密集且在全国出口中占有重要位置的服装、鞋类、玩具、农产品加工业、家具、水泥建材、工艺品等行业出口增速大幅下滑。乡镇企业出口整体放缓也是我国工业增长速度减缓的主要原因之一。从国内市场看，消费和投资信心减弱，国民经济增速放缓，消费者观望情绪浓厚。国内热点消费增长乏力，乡镇企业发展面临内需不足的约束。

二 乡镇企业发展的主要经验

1. 坚持改革创新，改善乡镇企业政策环境

乡镇企业的成功源于在改革中勇于实践和开拓创新，同时也离不开政策的指导和扶持。乡镇企业在长期的生产经营活动中，逐步形成了独具特色的经营决策机制、干部考核及用人机制、激励约束机制、分配机

① 中国乡镇企业及农产品加工业年鉴编辑部：《中国乡镇企业及农产品加工业年鉴（2008）》，中国农业出版社 2009 年版，第 3 页。

制和发展机制。这种机制促使乡镇企业能够艰苦奋斗，勤俭创业。乡镇企业发展所需资金、设备、技术、人才主要靠自己筹措解决。正是这种迎难而上、勇于担当、敢于创新的精神，使乡镇企业自身不断发展壮大。出于对乡镇企业在国民经济中地位和作用的正确认识，国家出台了一系列法规文件，为乡镇企业创造了良好的外部政策环境。乡镇企业要继续发展和壮大，必须要解决其所面临的困境，政府要给予其在政策、资金、技术、人才等方面的支持。国家应继续加强宏观调控，出台强农和惠农政策，实施振兴乡镇企业规划，积极探索和发展多种经济形式，放宽乡镇中小企业的市场准入限制，加强公共服务平台建设，为发展乡镇第二、第三产业提供强大的政策推力。

2. 坚持大小企业、区域协同发展

乡镇企业在发展中逐步突破社区和地域界限，市场角逐不断向外拓展。由于市场竞争进一步激烈化和已经形成的买方市场，使乡镇企业不断分化和重组。具有比较优势的企业不断发展壮大，而大批中小乡镇企业破产倒闭。国家鼓励优势乡镇企业通过自身积累滚动发展或联合兼并，促进生产向优势企业、优势产品聚合。另外，通过开展区域合作，东中西部乡镇企业可以实现优势互补、利益互惠、协同发展。一方面，东部地区乡镇企业通过协作可以优化自身产业结构，开拓新的市场和发展空间；另一方面，中西部地区乡镇企业可以从东部企业引来资金、技术、管理和人才，促进自身发展和提高。由于劳动力成本上升和生产要素供应趋紧，东部部分产业正在向西部转移，因此，中西部乡镇企业获得了新的发展契机。区域间双向共赢的良性互动会更有力地推动乡镇企业发展。从产业布局来讲，东部乡镇企业，应大力发展具有高附加值的集约型经济和外向型经济；根据因地制宜和可持续发展的原则，中西部乡镇企业应优先发展劳动力密集型的农产品深加工产业和资源型产业，选择性地发展技术密集型产业，实现农业产业化经营。

3. 坚持发展园区经济、提升产业水平

发展园区经济，形成产业集群，引导企业延伸产业链，成为乡镇企业发展的趋势。政府要做好规划，引导创新型乡镇企业向园区和小城镇集中。按照生态文明建设的要求，实现乡镇企业发展与小城镇建设的同步进行。以乡镇工业园区为载体，走一体化发展道路，既是乡镇企业发展的必然趋势，也是实现农业工业化、农村城镇化、城乡一体化的重要举措。近年来，园区经济和产业集群占乡镇企业经济总量的比重越来越大，成为乡镇企业增长的主要驱动力。2001 年以来，各地加大了规划和园区功能建设力度，加强设施建设，健全公共服务平台，培植骨干企业，促进了区域特色经济的形成和块状经济发展；形成了以特色产业为主体，以骨干企业为龙头，产业上下游配套聚集的地方特色连片发展格局；培养出了一批行业领军企业，打造完整的产业链，提高了产品附加值，壮大了区域主导产业，增强了区域经济及发展实力。同时，乡镇工业园区的发展，带动了农村小城镇建设步伐，为第三产业的发展繁荣奠定了坚实基础。2008 年年底，全国乡镇企业实有各类工业园区 7879 个，入驻企业 675537 家，从业人员 2558 万人，完成总产值 98408 亿元，占乡镇企业产值的 27.8%。①

4. 坚持以技术进步促企业结构调整

我国乡镇企业在产业结构上，传统产业比重较大，第三产业比重偏低；产品结构不合理，结构性过剩突出，初级产品多，精深加工和高附加值产品少。在企业结构上，企业规模总体偏小，素质偏低，产业化程度低，缺乏竞争力；一些企业技术水平低，创新能力弱；一些企业缺乏人才、管理混乱、制度不健全。实践证明，技术和人才是乡镇企业不可或缺的两个要素。乡镇企业要实现可持续发展，必须要依靠创新，把企业发展途径转变到依靠科技进步和劳动者素质提升上来。通过开发新技术、引进急需技术和技术改造等途径，来提高企业创新能力和成果转化能力，提升企业生产能力，从而实现生产技术质的转变和跨越。同时，市场竞争的加剧，使那些落后的技术和企业逐步被淘汰，从而促进整个乡镇企业的技术创新和产业升级。产业将由传统产业向环保、高新技术产业等转移。这就要求乡镇企业必须引进和培养人才，提升企业家自身素质，采用先进技术，调整结构，强化企业管理，走集约化经营道路。国家要积极引导高新技术企业适当集中，并形成高新技术园区，用信息化带动乡镇企业发展。

---

① 中国乡镇企业及农产品加工业年鉴编辑部：《中国乡镇企业及农产品加工业年鉴（2008）》，中国农业出版社 2009 年版，第 4 页。

三　乡镇企业的产权制度改革

从产权理论讲，乡镇集体经济是一个比较模糊的概念。乡镇集体企业产生于计划经济体制下，不可避免地具有计划经济体制的明显特征。乡村集体企业具有准国有企业的特征，体现为社区政府或组织操纵企业的实际控制权，以及集体企业表现出一些非经济行为。无论从财产所有权，还是从企业所有权分析，乡镇企业的具体产权是不可识别的，部分农民联户（合作）办企业，股份合作企业的地位和经济性质不明。在计划经济时期，乡镇集体经济表现出了较高的生产效率和经济效益，乡镇企业承接了国有企业拾遗补阙的功能，成就了乡镇企业的阶段性辉煌。1994年，《乡镇企业产权制度改革意见》出台，正式拉开了乡镇企业产权制度改革序幕。产权改革在一定程度上理顺了企业管理体制，创新和完善了企业经营机制，为乡镇企业注入生机和活力，增强了市场竞争力。经过多年改革，我国乡镇企业仍然存在改革不彻底、产权不清、政企不分、法人治理结构不完善等问题。所有者的缺位，使乡镇企业既无来自产权主体的持久驱动力，也无自我约束，其经营行为必然会扭曲。因此，深化乡镇企业改革，明晰产权是关键。乡镇企业是一种兼有公有制和非公有制性质的经济组织形式，其产权改革应该向着产权关系明晰化、产权结构多元化、产权转让市场化、产权交易规范化方向进行。

社会主义市场经济体制下，乡镇企业要成为独立的市场主体，就必须建立产权清晰、政企分开、管理科学的现代企业制度。产权制度改革不断深入和深化，调动了各方积极性，为乡镇企业稳定健康发展提供了巨大的内在动力。乡镇企业改制后，产权主体、产权结构呈现出多元化和经营主体多样化的状况，乡镇企业的生存空间进一步拓展。但有些乡镇企业却存在股权集中度过高、股权流动性差的问题，不利于公司治理结构优化。应当积极引进多种形式的资本进入此类乡镇企业。通过股权转让增加企业资本金，通过外商、民营企业参与乡镇企业改制或乡镇企业法人相互持股，实现产权结构多元化，达到优势互补，实现“双赢”。另外，建立和完善多层次、多形式的产权转让和交易市场体系，发展一批产权交易商，加快产权收购、产权托管、产权招商、资产评估、信息咨询等交易机制的建立，使产权交易规范化。从而解决乡镇企业产权流转不顺畅，实现资源优化配置和资产保值增值。

乡镇企业产权改革的方向仍然是股份制和民营化，要大力发展混合所有制经济和私营经济。实践证明，混合所有制经济发展比集体经济企业发展块，运行质量好；个体私有经济比混合经济发展快，运行质量好。乡镇企业改革越彻底、越到位，企业经济总量增长越快，运行质量越好。2001 年，全国乡镇企业个体私有企业实现总产值 87669 亿元、增加值 20238 亿元、工业增加值 12944 亿元，占全国乡镇企业的比重分别达到 69. 6%、68. 9% 和 63. 7%。[①] 个体企业的健康发展已成为乡镇企业经济稳定增长的重要支柱。乡镇企业的产权制度改革，不仅使资源得到了合理的配置，而且拓宽了融资渠道。集体资本金下降，说明乡村集体经济组织逐步退出投资主体，不再直接支配企业。股份有限公司、有限责任公司已经成为大中型乡镇企业的主要组织形式，大多数中小型乡镇企业采用股份合作制。个体私营企业主要采取独资企业的组织形式，其经济社会地位得到国家法律的认可和保障，从而使其实现又好又快发展。

---

① 农业部乡镇企业局信息统计处：《2001 年全国乡镇企业经济运行分析》，《中国乡镇企业会计》2002 年第 6 期。

第八章

农村治理体系的变革与发展

中国农村在40余年曲折的改革历程中，出现了三项伟大创举，即家庭联产承包责任制、村民自治和乡镇企业。包产到户、乡镇企业是农村经济体制改革的伟大成果，村民自治则是乡村民主政治建设的成果，实现了农民的主体地位和民主权益。

第一节　农村治理体系的重建与村民自治制度的初步形成

据有关资料记载，我国村委会最早诞生于广西河池地区宜山县（今宜州市）、罗城县[①]，在这里，打破了原有的村庄秩序，新的秩序建立起来，进而带动了我国广大农村地区的社会治理改革。

一　人民公社的建立及发展

（一）人民公社的出现

在传统中国，农村基本是民间社区自治，以血缘为基础的宗族势力或地方乡绅参与了地方管理的多数事务，乡村社会的这种自组织状态，持续了1000多年的历史。中国社会在进入殖民地半殖民地社会以后，传统社会结构逐渐瓦解，乡村内部地主与贫雇农之间矛盾激化。解放战争中的土地改革政策顺应民意、深得人心，贫雇农成为乡村社会的主要力量，乡村力量的重构为政权向农村延伸创造了条件。社会政治、经

① 华中师范大学中国农村问题研究中心：《中国农村研究》（2008年卷），中国社会科学出版社2009年版，第4页。

济、文化领域发生了深刻变革，乡村组织的发展也以地缘关系为主。

新中国成立后，中国共产党在农村迅速建立起了适合当时社会的党政合一、层层严密组织的人民公社体制，乡村治理逐渐走向了“乡政村治”的格局。自1953—1955年以来，中央连续通过了3个关于发展农业合作化的决议，农业合作化运动不断升级。此后，全国农村合作社的数量增长迅速，绝大多数农户加入合作社，1958年8月召开的中央政治局会议通过了《中共中央关于在农村建立人民公社的决议》，这种政社合一的体制打破了传统乡村治理格局，实行严格的层级管理制度，农民的剩余劳动产品由合作社统一支配，对农民的经济行为实行了终一控制管理。

（二）人民公社的弊端

经济基础决定生产关系。农业是我国的基础产业，关系社会稳定和国家安全，要确保农民的生产积极性，社会管理体制就必须有助于形成合理的利益分配关系，而人民公社体制采取了平均主义的分配方式，大量无偿调拨生产资料和生产成果必然会伤害广大农民的家庭利益，自然会降低农民的生产积极性，进而影响了资源的生产总量。因此，人民公社发展过程中，逐渐出现了吃“大锅饭”、生产效率低现象。生产队和家庭之间矛盾日渐突出，最终引起了国家重视。

（三）建立人民公社三级管理体制

为了解决各地普遍存在的平均主义问题，1961年3月，中共中央在广州召开工作会议，讨论制定《农村人民公社工作条例（草案）》，该会议承认了社员的集体利益，也承认了管理区和生产队在生产资料方面的利益，恢复社员自留地。1961年3月22日，中央要求将管理区改为生产大队，将生产小队改为生产队，从而建立了人民公社、生产大队、生产队的三级管理体制。但是，生产大队的基本核算单位并没有解决好平均主义问题，1961年五六月间，中央取消了供给制和公共食堂制，恢复了家庭这个基本生活单元。1962年9月，党的八届十中全会正式通过《农村人民公社工作条例修正草案》，规定人民公社的性质是“政社合一”的组织，是我国社会主义在农村中的基层单位，草案明确规定了公社、生产大队和生产队的管理以社、队为基础，乡村治理结构基本定型。

（四）人民公社的退场

从社会背景来说，人民公社是适应新中国成立初期建设需求的。人民公社体制在短期内迅速将农村的各种物质资源集中起来，有利于国家统一调配物资，支持了新中国成立初期的工业化建设。然而，随着社会经济发展和城市建设进程加快，“政社合一”的人民公社制度逐渐显现出了它的不适应性。首先，农村资源被大量集中，农业发展自主性低；与之相反，城市发展速度较快。城乡发展出现不平衡局面，致使农民大量涌入城市，城市压力增大，与之相配套的限制农民入城的户籍制度也应运而生，为后来的城乡二元结构埋下了伏笔。其次，在人民公社的管理下，农民家庭、个人都失去了独立性，因此，农民生产积极性不足，农村集体经营效益低下、大量人口处于贫困状态，在改革开放前，农村经济整体面临崩溃。因此，人民公社已经不能适应生产力的发展，结局是退出历史舞台。

二　村庄秩序的重构——村委会成立

（一）家庭联产承包责任制的推行使村庄秩序重构

1978年11月24日晚，安徽凤阳县凤梨公社小岗村村民秘密召开会议，实行包干到户。次年，小岗村粮食获得了丰收。这件事后来传到了中央，1980年5月31日，邓小平公开肯定了小岗村“大包干”的做法。1982年中央一号文件将包产到户、包干到户规定为集体经济性质的生产责任制。1991年11月25日，党的十三届八中全会提出把家庭联产承包作为一项基本制度长期稳定下来。从此，家庭联产承包责任制在中国不断完善发展。为发展农村经济，国家鼓励农民发展多种经营模式，民营经济、集体经济、个体经济逐渐在农村地区发展起来。家庭联产承包责任制以户为单位，农民与生产资料直接结合，调动了农民的生产积极性，中国农村经济发展向前迈进了一大步。但是，人民公社退出后农村社会缺失组织性，新的乡村社会组织和机制亟须建立。

（二）村委会和村民自治的发展

1. 村委会大量成立

随着家庭联产承包责任制在全国范围内广泛推行，农民的生产积极性空前提高，相应的乡村治理机制产生了很大改变，国家逐渐退出了对农民生产过程的干预，农民的生产自由度大大提高，逐渐走上了一条

“自我管理”的道路。1980年1月20日，广西宜山县屏南乡合寨村召开了500多人的全村会议，商讨村规村约，解决村里的混乱和纠纷问题，同年2月，6位原生产队长成立了村庄管理组织——村民委员会，选举了正、副主任，到1980年年底，合寨大队每个村都成立了村民委员会，制定了村规民约，自此，村庄社会治安大有好转，很多纠纷得以解决，村民自治的意义得以体现。[①] 与此同时，宜山的艾山、石别、德胜、河流等地的公社也出现了村委会。截至1983年5月，宜山县已经建立村民委员会847个，罗山县建立507个。[②] 村委会最初的功能主要是维持当地社会治安以及维护公共设施，后来逐渐扩大到村民对村庄社会、政治、经济生活等各方面的综合管理，其性质逐渐向村民自治组织演变。后来，四川、河南、山东等地的一些农村地区也陆续出现了村委会。

随着广西宜山县、罗城县村委会的建立和推广，1981年下半年，当地党政部门对这些村庄进行调研，通过调查分析，充分肯定了村委会的作用，并建议推广，此举引起了河池地委的高度重视，在进一步调研基础上，1981年10月21日，中共河池地委和河池地区行政公署转发了宜山县贫协《关于部分农村成立村委会的情况调查》，肯定了村委会的作用，认为它是一种“群众性组织”，并要求在各县积极推广。这两地村委会的建立也引起了广西壮族自治区领导的关注；之后，相关部门做了一系列调研工作，调查组在1982年4月完成《关于宜山、罗城两县村委会的调查报告》，该报告充分肯定了村委会的作用。[③] 1982年12月，第五届全国人大第五次会议通过新的宪法，确认了村民委员会的法律地位，不久，全国各地逐步建立了村委会试点。1983年10月，中共中央、国务院发出了《关于实行政社分开，建立乡政府的通知》，对建立村民委员会提出了具体要求。自此以后，村委会进入具体实施阶段。

---

① 华中师范大学中国农村问题研究中心：《中国农村研究》（2008年卷），中国社会科学出版社2009年版，第5页。

② 黄辉祥：《村民自治的生长：国家建构与社会发育》，西北大学出版社2008年版，第59页。

③ 华中师范大学中国农村问题研究中心：《中国农村研究》（2008年卷），中国社会科学出版社2009年版，第6—7页。

1986年9月26日，中共中央发出《关于加强农村基层政权建设工作的通知》，将村委会定位为“自我教育、自我管理、自我建设、自我服务”的组织。

2.《中华人民共和国村民委员会组织法（试行）》出台

自1984年起，党和政府开始拟定村民委员会组织法，在四年时间里，投入了大量人力，先后进行了30多次修改，经过了三次全国人大常委会议、一次全国人民代表大会讨论，于1987年正式通过了《中华人民共和国村民委员会组织法（试行）》，于1988年6月1日起试行。这部法律使村民自治作为一项新型群众自治制度和民主制度在法律上正式确立起来，它是中国历史上第一个全国性村级自治法律。该法共21条，主要内容：一是村民自治的内容；二是村委会的设立、构成、作用和性质；三是村委会与乡镇等相关部门的关系；四是关于村规民约和参加村民委员会的规定。这四个方面的内容规定使村民自治制度的发展有了切实法律保障。

事实证明，村委会为解决乡村秩序问题，实现乡村治理找到了一条行之有效的途径，村委会制度在全国农村普遍推行。据相关统计，1983年全国共建有村委会31万多个；1984年为92万多个；1985年为122万多个；1986年达到86万多个（见表8－1）。

表8－1　1983—1986年全国农村村民自治组织的建立情况①

地区 \ 村委会个数 \ 年份	1983	1984	1985	1986
北京	2037	4398	4404	4400
天津	3826	3836	3821	3818
河北	4661	50208	50309	50316
山西	194	30861	32226	32280
内蒙古	3639	13479	13557	13145

① 民政部基层政权建设司农村处：《中华人民共和国村民委员会有关法规及资料汇编》，1994年6月，第112—116页。

续表

村委会个数 年份 / 地区	1983	1984	1985	1986
辽宁	12120	15672	15764	15869
吉林	10067	10087	10070	10136
黑龙江	1866	14308	14466	14444
上海	355	3037	3014	3036
江苏	32988	35908	36024	35969
浙江	22925	42524	43094	36169
安徽	19719	30113	36033	36219
福建	1345	15307	15209	18108
江西	95	20004	19902	20014
山东	3119	88199	88913	88859
河南	30709	46565	46570	46918
湖北	1450	32582	32303	32796
湖南	4071	47190	47390	47168
广东	94561	142286	361172	43634
广西	5423	13729	13873	14280
四川	26419	75915	75881	86479
贵州	1993	25581	75881	25429
云南	4523	91517	105587	107031
西藏	—	10109	14675	10086
陕西	5636	32707	32536	32848
甘肃	15057	17387	15469	17379
青海	913	4220	3944	4023
宁夏	1633	2390	2438	2435
新疆	327	7463	8199	81910
合计	311671	927582	1222727	866129

总的来说，这一时期村民自治作为农民的自创组织对农村社会治理发挥了很大作用，但在实行过程中出现了一些问题。这个时期建立的村委会大多以原来的生产大队为基础，各地的管理运行方式形形色色，步

调不一，有的村只是生产大队换牌为村委会而已。很多村也只是在形式上建立了村委会。村民和村干部缺乏民主的理论和实践，对村民自治认识和准备不足；由于很多村委会由生产大队仓促改建，政策和法律准备不足，不规范的选举活动时常发生，没有实现真正的村民自治。可见，村民自治需要长期的探索和实践才能真正建立。

3. 完善村民自治制度

从党的十一届三中全会开始，随着农村改革，现代意义的村民自治也开始逐步形成。农村基层民主建设始于20世纪80年代初人民公社撤销，1988年，《中华人民共和国村民委员会组织法》正式试行，标志着农村基层民主建设进入法制化、制度化阶段。1990年，中组部、民政部等五部门召开全国村级组织建设工作座谈会，提出在农村逐步实现村民自治。民政部下发了通知明确要求每个县选择一些村开展村民自治示范活动，探索总结经验。1994年，民政部明确提出完善村民自治制度，要求全国农村基层组织落实民主自治制度。1997年9月，党的十五大报告第一次明确提出建设社会主义法治国家，强调扩大基层民主，进一步完善民主选举制度和村务公开制度。1998年9月，江泽民在安徽考察工作时指出，要在农村基层实行民主选举、民主决策、民主管理和民主监督，重点抓好村民委员会选举制度、村民议事制度、村务公开制度。11月，村委会组织法正式颁布，意味着村民自治框架初步建立。2000年12月，中共中央办公厅、国务院办公厅发出通知，要求在全国乡镇机关全面推行政务公开制度。2001年2月，中央召开全国市县乡镇机构改革工作会议，会议要求确保精减20%的市县乡镇机关行政人员，清退超编和临时聘用人员，压缩财政供养人员，安置分流人员，切实减轻农民负担。

三　农村治理制度的发展与实践

随着农村经济社会结构的变化，城乡利益格局也发生了深刻变化，农村社会管理要求科学化，规范有序的乡村治理机制建设迫在眉睫。2003—2017年，这个阶段每年的中央一号文件主要安排部署了以下工作。

（一）加强农村基层党组织建设

农村的一切工作要靠以党组织为核心的农村基层组织团结、带领农民群众去落实。因此，农村工作的关键是抓好基层组织建设。2003 年 9 月，中共中央办公厅印发了深入开展农村党建“三级联创”活动的意见。农村党建“三级联创”活动是在县乡镇和村三级党组织中，创建“五个好”村党组织，是对新形势下农村基层组织建设的明确要求。2004 年年底，中央经济工作会议、中央农村工作会议召开，会议强调要不断增强农村基层党组织的创造力、凝聚力、战斗力，发挥领导核心作用，为建设社会主义新农村提供政治和组织保障。党的十六届五中全会提出新农村建设任务，对进一步加强农村基层组织建设提出了新要求。围绕新农村建设，有针对性地开展正面教育，解决党组织和党员队伍中存在的突出问题，解决群众最关心的重点问题。2006 年中央一号文件再次提出以新农村建设为主题，在全国农村深入开展保持共产党员先进性教育活动，有针对性地开展正面教育，解决影响改革发展稳定的主要问题，务求取得实效。党的十七大强调全面推进党的建设新的伟大工程，着力加强基层党的建设，发扬改革创新精神，推进党组织建设，从根本上解决城乡党建工作不适应城乡统筹发展要求的问题。2008 年，全国农村基层组织建设工作座谈会召开，会议要求下力气抓好村党支部书记队伍建设，为推进农村改革发展提供坚强组织保证。2012 年，党中央把该年定为基础组织建设年，着力完善加强基层党组织建设的体制机制。这些措施使农村基层党建不断加强，整体水平不断提升。

2003 年，为落实依法治国基本方略，扩大基层民主，加强社会主义法制建设，依法管理农村各项事业，司法部、民政部出台了进一步加强农村基层民主法制建设的意见，提出了进一步加强农村基层民主法制建设的目标。党的十六届五中全会提出要站在构建和谐社会和贯彻科学发展观的高度来落实好农村民主法制建设。2006 年，中共中央、国务院转发了中宣部、司法部关于在公民中开展法制宣传教育第五个五年规划的通知，要求深入开展法制宣传教育。2008 年，党的十七届三中全会要求从实际出发，有针对性地加强农村民主法制建设、基层组织建设和社会管理。2010 年，第十一届全国人大常委会第十七次会议表决通过《中华人民共和国村民委员会组织法》，进一步完善了村民委员会成员的选举和罢免程序，同时，该法还进一步明确了村级民主议事制度。

2004 年 6 月，中共中央办公厅、国务院办公厅出台了《关于健全和完善村务公开和民主管理制度的意见》。要求健全村务公开制度，保障农民群众的知情权。设立固定的村务公开栏，还可以通过广播、电视、网络、民主听证会等有效形式公开村务。同时，意见强调进一步规范民主决策机制，完善民主管理制度，保障农民群众的参与权。凡是与农民群众切身利益密切相关的事项都要召开村民会议民主决策，会议应有本村18岁以上村民过半数参加，或本村2/3户代表参加，所做决定必须有过半数的参会人员通过才能生效。2005年6月，全国村务公开协调小组下发意见，要求在全国范围内开展村务公开民主管理示范单位创建活动。用10年时间，使全国绝大多数县、乡、村达到示范单位要求。2006年，全国村务公开协调小组表彰北京顺义区等30个县为全国村务公开民主管理示范单位。2009年，北京大兴区等118个县被评为全国村务公开民主管理示范单位。2010年，新修订的《中华人民共和国村民委员会组织法》明确指出村民委员会应当及时公布的五个事项，接受村民监督。同时强调，对村民委员会不及时公布或公布事项不真实的，有关人民政府应当负责调查核实，对违法的有关人员依法追究责任。

2013—2017年，每年中央一号文件都强调加强农村基层党组织带头人队伍和党员建设。2013年、2014年中央一号文件提出加强农民合作社、专业技术协会等社会组织的党建工作，完善组织设置，扩大农村党组织工作的覆盖面。2015年、2017年中央一号文件提出整顿软弱涣散基层党组织，2015年、2016年中央一号文件提出建立市、县、乡党委抓农村基层党建工作责任清单，列出问题、任务和责任，并对各级党委书记抓基层党建工作进行述职评议考核。2015年中央一号文件要求严格落实农村基层党内政治生活，加强党员日常教育管理。2017年中央一号文件再次强调全面严格落实农村基层党建工作责任制，规范农村基层党组织生活，对村党组织书记实行县级备案管理，并要求整乡推进、整县提升农村基层党建工作责任制。实现党组织、党的工作全面、有效覆盖。

为推动农村基层党组织开展工作，中央要求健全、强化村级组织运转经费保障制度。2016年中央一号文件强调村级组织运转经费以财政投入为主，保障农村基本公共服务经费。强化、提升村干部“一定三有”保障政策，落实村干部报酬待遇，加强和改进大学生村官工作。

（二）完善基层民主制度

2006年中央一号文件指出，加强农村生产力建设；扩大农村基层民主，搞好村民自治；解决好农民利益问题，促进农村和谐社会建设。2013年中央一号文件提出畅通农民诉求表达、矛盾纠纷协调渠道，规范信访，维护农民权益。2013年、2014年中央一号文件都提出逐步建立、推进村务公开，乡镇政务公开，每个县（市、区）统一公开目录和时间，建立农村民主监督机制。2013年中央一号文件提出有序发展社区性社会组织，发挥农民自我管理的作用。完善和创新村民自治机制，2014年、2016、2017年中央一号文件提出探索开展以自然村、村民小组为基本单元的有效实现村民自治试点，完善多元共治的乡村治理机制。2016年中央一号文件提出开展涉农信访突出问题专项治理，加强农村法律服务和法律援助。

（三）建设服务型农村基层党组织

2013年中央一号文件要求加强乡镇干部直接联系、服务群众的社会管理和公共服务职能。2014年中央一号文件提出在农村基层党组织深入开展党的群众路线教育实践活动，推动建设服务型党组织，健全农村基层管理服务体系，宣传农村基层干部先进典型。在有条件的地方推进农村社区化管理服务。2015年中央一号文件要求农村基层党组织多为群众办实事，服务、贴近、团结、赢得群众；强化建设县乡村三级便民服务网络，构建服务型农村基层党组织。2016年中央一号文件再次要求加强乡镇服务型政府建设。

（四）加强农村党风廉政建设

2013年中央一号文件要求加强农村基层党组织干部党风廉政建设，监督农村基层干部。2016年中央一号文件要求创新完善基层党组织设置，各级党委切实加强农村基层党风廉政建设，纪委做好监督工作，全面从严治党，对不履行监管职责的要问责，并要求建立健全务实管用的村务监督机构。2017年中央一号文件再次强调健全村务监督机制，组织农民成立监督委员会，监管村务。

（五）坚决查处侵害农民利益的腐败问题

2013年中央一号文件提出维护农民群众合法权益，依法保障外出村民的民主权利和物质利益。巩固乡镇机构改革成果，建立减轻农民负担的长效机制。2015年中央一号文件提出要坚决查处侵害农民利益的不正之风和腐败问题。2016年中央一号文件提出强化基层干部损害农民权益，贪污腐败问题的监督审查，重点管理农村土地征收、下拨的涉农资金、扶贫开发领域的监管问题。2017年中央一号文件要求县乡纪委要把查处侵害农民群众利益的腐败问题作为主要工作任务。

（六）改善农村社会公共安全治理

2013年中央一号文件要求加强农村救灾、防疫等社会公共安全设施建设，增强农村应对突发公共事件和自然灾害的处置能力。农村学校、医院等公共设施建设严格执行建筑质量标准，深化农村平安建设，创建群众性精神文明活动，依法打击乡村黑恶势力、黄赌毒和各种刑事犯罪。完善立体化社会治安防控体系，加强农村法制宣传教育，树立农村遵纪守法的社会新风尚。2014年中央一号文件提出健全农村治安防控体系，充分利用司法调解、人民调解解决农民生活矛盾，维护农村社会和谐安定。2016年中央一号文件提出推进县乡村三级综治中心建设，完善农村治安防控体系。开展农村不良风气专项治理，整治农村黄赌毒、非法宗教活动，依法打击危害农民生命财产安全的犯罪活动。发挥好村规民约在乡村治理中的积极作用。

（七）加强农村精神文明建设

2014年中央一号文件提出深入推进农村精神文明建设，倡导移风易俗，培养农民的良好道德风尚，提高综合素质。2016年中央一号文件要求深化农村精神文明建设。深入开展中国特色社会主义和中国梦的宣传教育，加强农村思想道德建设，大力培育和弘扬社会主义核心价值观。提高农民文明素质，改善农村社会文明环境。开展文明村镇、文明户、文明家庭等创建活动，广泛宣传优秀基层干部、道德模范等先进事迹，树立健康文明新风尚。2016年、2017年中央一号文件均提出培育适应社会主义新农村建设的农村优良家风、文明乡风和新乡贤文化。

第二节 《中华人民共和国村民委员会组织法（试行）》的施行与推行村民自治制度

一 《中华人民共和国村民委员会组织法（试行）》示范实施

1987年11月14日，全国人大常委会通过了《中华人民共和国村民委员会组织法（试行）》[以下简称《村组法》（试行）]。标志着村民自治作为一项新型群众自治制度和民主制度在法律上正式确立起来。村民自治刚开始是以“试点”方式推行，为使广大村民和干部了解村民自治，1988年2月26日，民政部发出《关于贯彻实行〈中华人民共和国村民委员会组织法（试行）〉的通知》，要求各地集中时间，利用各种宣传活动，宣传这部法律。同时要求各地政府选择村委会进行试点，取得经验，然后逐步推广。1989年5月，民政部组织168人的村级组织建设调查组，对17个省、47个县、130个乡镇的504个村的村委会组建情况进行了调查。共发放问卷5000份，回收4418份[①]，问卷分析显示《村组法（试行）》在推行过程中取得了一定的成绩。另外，也显示了村委会成立初期存在的一些问题。比如，一些村级组织自由涣散，工作缺乏例常性，基层干部缺乏具体的工作目标。据调查，村级组织涣散面达30%，个别地区高达70%。[②] 同年9月，民政部发出《全国基层政权建设工作座谈会会议纪要》，强调《村组法（试行）》是试行法，要在条件成熟的地方开展，在条件不成熟的地方先试点后逐步推广。

为进一步加强对《村组法（试行）》实施工作的指导和顺利开展，使村民自治在农村能够有组织、有计划、有步骤地实施，1990年9月26日，民政部发出通知，要求各级民政部门选择有一定工作基础的县（市）、乡（镇）、村作为村民自治示范单位，组织示范活动并进行推广。1994年2月，民政部印发了《全国村民自治示范活动指导纲要

---

① 华中师范大学中国农村问题研究中心：《中国农村研究》（2008年卷），中国社会科学出版社2009年版，第15页。

② 李学举：《中国农村基层的民主之路——村民自治五年实践侧记》，《中国社会报》1993年5月18日第3版。

（试行）》，明确提出了示范活动的目标、示范单位的任务、示范活动的措施及要求，把整个村民自治示范活动定为7年。[①] 1994年12月，民政部又印发了村民自治示范单位命名管理意见，对命名标准、示范单位布局、命名程序进一步提出了要求，根据要求，各地广泛开展了村民自治示范活动。截至1994年，福建等24个省制定了适应本地的《村组法（试行）》具体实施办法（见表8－2）。

表8－2　全国各省份出台《中华人民共和国村民委员会组织法（试行）》实施办法时间[②]

地区	时间	地区	时间	地区	时间
福建	1988.9.2	浙江	1988.11.28	甘肃	1989.7.29
贵州	1989.7.26	湖北	1989.8.26	湖南	1989.12.3
河北	1990.6.20	黑龙江	1990.8.24	辽宁	1990.9.21
青海	1990.11.3	陕西	1990.12.8	天津	1991.1.29
山西	1991.5.12	四川	1991.5.28	吉林	1991.7.13
新疆	1991.8.31	宁夏	1992.2.28	山东	1992.5.10
河南	1992.8.25	内蒙古	1992.10.30	安徽	1992.12.29
西藏	1993.12.26	江苏	1994.6.25	江西	1994.10.24

1994年11月，中央下发了《中共中央关于加强农村基层组织建设的通知》。通知提出了基层组织的建设目标，包括：民主选举；建立、健全村委会下设的工作委员会和村民小组；建立、健全村民会议或村民代表会议制度；做好村庄管理、社会治安工作、协调关系；发展经济；村民依法履行义务六项工作。从村民自治示范工作的历程可以看出，村民自治的推行是循序渐进、逐步开展的，通过示范活动，也积累和摸索了很多村民自治经验，广大干部群众在具体的工作生活中学习和适应了村民自治制度。

---

① 华中师范大学中国农村问题研究中心：《中国农村研究》（2008年卷），中国社会科学出版社2009年版，第17页。

② 王振耀：《中国农村村民委员会法律制度》，中国社会科学出版社1996年版，第28—29页。

二 《中华人民共和国村民委员会组织法（试行）》正式实施

从农村改革发展的历程可见，《村组法（试行）》在贯彻的过程中存在较多的灵活性和经验性，随着村民自治制度的逐步推广和深入，村民自治过程中出现了很多新情况和新问题。《村组法（试行）》的修订逐渐提上了议事日程。自 1994 年至 1998 年，全国人大内务司法委员会、民政部、全国各部委等部门组织了多次调查和探讨，征求各地方意见，1998 年 6 月，《中华人民共和国村民委员会组织法（修订草案）》（以下简称《村组法（修计草案）》）被列入全国人大常委会第三次会议议程。8 月 4 日至 17 日，全国人大法律委员会根据群众意见逐条修改了《村组法（修改草案）》。8 月 24 日，九届人大常委会第四次会议又重申了《村组法（修改草案）》。1998 年 10 月 12—14 日，中国共产党第十五届中央委员会第三次全体会议审议通过了《中共中央关于农业和农村工作若干重大问题的决定》，明确提出进一步扩大基层民主，推行村民自治，推进农村民主选举、民主决策、民主管理、民主监督四项制度。1998 年 11 月 4 日，《中华人民共和国村民委员会组织法》正式通过。从此，村民自治进入了民主化、规范化、法制化全面发展阶段。

总结这一阶段的活动，村民自治在试行阶段自发性不足，村民自治与政府的行政参与密不可分，很多地方都是依靠政府的带动推行。另外，村民自治试行过程也呈现出明显的地域不平衡特点，各个地方执行节奏不一，主动性和建设热情也大有区别，这一时期的全国村民自治的发展不均衡。

三 全面推行《中华人民共和国村民委员会组织法》

1998 年 11 月 4 日，《中华人民共和国村民委员会组织法》［以下简称《村组法》］正式颁布实施，其为村民自治提供了坚实的法律保障和实施基础。与《村组法（试行）》相比，《村组法》在结构、内容上更加完整，对村委会的组建、村委会选举、村民代表会议、村务公开都作了具体而明确的规定。这一系列新内容的规定，标志着我国的农村治理进入一个全面提高的新发展阶段。

（一）《中华人民共和国村民委员会组织法》的宣传学习与推广

《村组法》确立之后，其推行也是一个漫长而艰难的过程。由于推行对象是农民，理论化的学习方式显然不适合这一法令的推广。因此，如何采取广大农民喜闻乐见的学习形式是我国政府长期探索的目标。在《村组法》颁布前后，民政部组织了大批工作者和学者进行了大量探讨和考察，积极总结、交流经验。1998年年底，民政部负责召开了“宣传《村委会组织法》暨陕西农村‘形象工程’经验座谈会”。陕西省子长县南常乡在《村组法》推行后提出了“形象工程”，包括乡干部“八做到”、村务“九公开”、户创“十级文明户”，坚持党对农村工作的领导，展现了乡、村、户三级互相促进、民主监督和整体联动的关系。因而，乡村户三位一体的“形象工程”以其规范化的管理和成功的实践，基层政权、村民自治组织、农民三者有效互动，成为当时村民自治的典范，得以广泛推行。

1999年4月，民政部在河南许昌召开“全国村民自治工作经验交流会”，有95个县（市、区、旗）被命名为“全国村民自治示范县”①，这些县交流报告了经验做法。1999年7月11日，在北京举行的学习普及《村组法》座谈会上，时任全国人大常委会副委员长姜春云强调，要充分发挥报刊等媒体的传播优势，用农民喜闻乐见的形式，发挥更大的舆论作用，学习、普及、实施《村组法》，他还强调各级人大常委会要积极贯彻实施《村组法》，行政、司法部门要支持村民自治建设。

1999年10月，全国人大内务司法委员会在山东、陕西、四川、云南、辽宁、河北、广西、山西八个省区农村做了问卷调查，问卷结果显示《村组法》在全国农村基本得到落实。② 调查显示，村民自治中还存在一些违法现象和有待解决的问题，如村干部以权谋私、贿选、拉票等问题，需要有关部门进一步加强指导，完善监督机制等。

2000年11月5—8日，全国人大举行了贯彻《中华人民共和国村民委员会组织法》研讨会，主要讨论了人大对该法贯彻实施的监督职能；村党支部的领导核心作用；民政部门、乡镇政府的组织指导作用；

① 华中师范大学中国农村问题研究中心：《中国农村研究》（2008年卷），中国社会科学出版社2009年版，第24页。

② 华中师范大学中国农村问题研究中心：《中国农村研究》（2008年卷），中国社会科学出版社2009年版，第25页。

村民选举委员会对村民的指导等关键问题。[①] 各地代表对“两委关系”“乡村关系”等实际问题进行了发言和讨论。

2000 年 10 月 11 日，党的十五届五中全会通过了《中共中央关于制定国民经济和社会发展第十个五年计划的建议》，该建议强调完善村民自治，建设群众性自治组织，扩大基层民主，引导群众政治参与，尊重和保障人权。

2001 年 6 月，全国人民代表大会常务委员会组成执法检查组，分赴山东、福建、海南、吉林、新疆 5 省（区），对《村组法》的实施进行了全面检查。同时，委托河南、黑龙江、广西、云南 4 省（区）进行了自查。2001 年 8 月 29 日，第九届全国人大常委会第二十三次会议听取并审议了全国人大内务司法委员会做的《全国人大常委会执法检查组关于检查〈中华人民共和国村民委员会组织法〉实施情况的报告》。[②] 2001 年 10 月 12 日，民政部转发此报告，并要求各级民政部门对照这一报告检查、改进工作。这一系列推广活动不仅阶段性检查评估了《村组法》的推进和落实情况，而且及时发现了选举中“侵权现象”“贿选问题”等需要改进的方面。

（二）各地制定相关配套法规

自 1998 年之后，各省、自治区、直辖市依据《村组法》第二十九条规定，各地根据农村的实际情况和工作经验，陆续制定了各自的《村组法》实施办法和《村委会选举办法》。1998 年 11 月 27 日，广东省制定了《村组法》实施办法和《村委会选举办法》。随后，安徽、青海、贵州、陕西、河北、浙江、湖南、云南、辽宁、甘肃、宁夏、山东、海南、湖北、北京、上海等地也制定了《村组法》实施办法和《村委会选举办法》。江西、山西、内蒙古、河南、广西等地制定了《村组法》实施办法，未制定专门的村委会选举办法，其村委会选举的规定在《村组法》中。[③] 进一步推动了村民自治的发展。

---

① 华中师范大学中国农村问题研究中心：《中国农村研究》（2008 年卷），中国社会科学出版社 2009 年版，第 25 页。

② 华中师范大学中国农村问题研究中心：《中国农村研究》（2008 年卷），中国社会科学出版社 2009 年版，第 26 页。

③ 罗汉平：《村民自治史》，福建人民出版社 2006 年版，第 276—277 页。

四　村民自治推行中出现的问题

随着《村组法》的逐步推广和实施，农民走出田间地头，参与到决策他们生产、生活方式的活动中来，这既是农村社会进步，也是我国民主制度的进步。在村民自治实施过程中，牵涉的问题也随着工作开展逐一凸显出来，这些问题的解决，直接关系到村民自治推行的质量和效果，应该引起足够的重视。

（一）村党支部和村委会关系问题

加快农村经济社会全面发展，一定要使党的领导和村民委员会各司其职。《村组法》规定，村党支部是村民自治的领导核心，村委会在党支部的领导下开展各项工作，但在实际运行过程中，“两委”在工作中“争权”“推诿”“扯皮”现象层出不穷。一些村党支部掌握着村里的财权和人事权，干涉村集体企业的经营管理，对村委各项工作进行大量干预。使村委在村务管理和村庄发展中常常处于被动地位，村委会主任或者在这种争权中妥协下来，一切听党支部的，或者与村支书进行权力较量，增加了村庄内耗，出现了不同的派系斗争，影响了村庄协调发展。此外，在村务决策和管理中，有的“两委”班子各行其是、面和心不和。这种不和谐、不团结的现象长期持续就会导致村民委员会的既定职责无法发挥，村民的积极性无法调动，村民自治宗旨无法在实践中体现出来。

（二）村委选举过程中的不规范现象

课题组在对甘肃省第五次村委会换届选举的实地调研中发现，第一，村民选举村民委员会成员时，候选人产生过程存在不规范，出现个别人既是村民选举委员会成员，又是村干部候选人现象；还存在农村宗族势力、村霸、大姓村民或者富裕农民“贿选”、舞弊等违法现象；影响了选举的公正性。第二，投票计票方式存在不规范。选举中未按《村组法》规定设立秘密写票处，无记名投票、公开计票敷衍、走过场，影响了选举的权威性。第三，委托投票问题突出。选举期间因外出不能参加投票的村民，可以委托有选举权的本村近亲属投票，但是，由于委托人长期不在当地，对当地情况和候选人缺乏了解，所以委托意见也是随意或者盲目的。在很多较为偏僻或落后的地区，委托投票还会产生腐败，存在“贿选”“拉票”“假代理委托”“一人多票”等现象，对村民自治选举的公平性带来了较大的负面影响。第四，选举程序不合理。村委选举中，由于某些村民民主意识淡薄，文化素质较低，出现选民登记、村民代表会议提名候选人、竞选等选举程序被省略现象，影响了选举质量。第五，选举不成功的现象较多，耽误了选举进程，伤害了村民参与选举的积极性，村里干群矛盾、村民利益纠纷问题，也导致了选举难以开展，选举不成功。第六，出现贿选行为。贿选是选举普及过程中伴生而来的一种政治腐败现象，它推动了权力“寻租”，纵容了不良的社会风气，违背了选举的公正原则，破坏了农村的政治环境，形成了乡村权力场所的传统惯性，使农民受到不公平的待遇无法伸张，严重侵害了选民和其他候选人的政治权利，最终会影响农村的全面进步，必须加以重视和制止。同时，贿选成功后，许多村干部没有为村庄的长远发展深谋远虑，集思广益，而是利用职权侵吞集体资产，补偿自己在贿选中“投资”的“成本”，还要为下一次当选打下物质基础。

以上这些问题会导致村民怨声载道，思想消极，也加重了政治冷漠，出现村务不公的恶性循环，农村矛盾会越来越尖锐，致使村庄精英力量外流，村庄空心化。村级组织是我国最基层的社会组织，是我国广大农民行使自身权利的舞台。一旦出现营私舞弊行为，村民自治的本意被破坏，村民自治成为一些别有用心人物的工具。因此，加强农村民主监督、民主协商改革势在必行。

（三）村委会行政化现象突出

目前，我国许多地区乡镇政府承担着给村级组织下达涉农资金使用和监督、补助资金发放、村干部的考核管理、土地管理、户籍管理等工作，村委会更多履行了行政职能，村组织行政化色彩浓厚。乡镇对村务管理的核心工作都介入其中，尤其是村务财务决策方面管理越界，一定程度上干扰了村民自治的正常运行，导致村民自治“名不副实”。

（四）村务公开程度低

在村民自治的开展过程中，村务公开存在一些问题：

第一，公开内容片面。乡村干部普遍认为公开财务就是村务公开，诚然，财务公开是村务公开的重要组成部分，但绝不是村民唯一关心的事务。国家惠民政策、低保等一系列与群众生活息息相关的内容公开较少，有的村组只公开取得的成绩，对征用土地、宅基地审批、土地承包等关系村民利益的内容公开较少，有些村只公开上级部门要求的内容。公开内容的片面性使村民不了解村委会的实际工作内容，对村民自治也就失去了参与兴趣。

第二，公开形式单一、时效性差。很多村仍然沿用黑板报、报刊栏等传统村务公开形式，村干部疏于管理或不重视，公开内容保存时间短、时效不规范，公开缺乏持续性，公开内容陈旧或长期不公开，导致村民无法获取实效的村务信息，因而难以进行有效决策和监督。

第三，村务公开的形式主义明显，首先，公开缺乏主动性。部分村并没有真正推进村务公开，“等、观、拖”等现象普遍存在。有的村两委并未将村务公开纳入全局工作之中，没有理顺村务公开的领导责任制，工作中推诿扯皮，组织实施力度不够，也缺乏必要的制度保证，没有与之相配套的法规制度和到位的奖惩制度，降低了村务公开的质量和效果。其次，公开随意性大。包括公开内容随意、公开手段随意、公开形式走过场、公开时间随意，没有有序的程序等。再次，公开内容有利益选择性。公开内容强调群众义务而回避群众权利方面的内容。最后，公开有形无实。有些村只热衷于公开栏的硬件建设，不惜花费重金在村口显眼之处建起豪华气派的公开栏，上级要求公开的内容和群众关心的、意见大的热点问题虚虚实实，不愿意公开或很少公开，缺乏实质性内容。

第四，村务公开缺少监督。不少村干部思想消极，不愿接受“村务公开”“民主管理”的监督制约。没有设立内部监督制约机制和责任制。有的监督制约制度不完善，缺乏可操作性。不能及时对监督结果实施奖罚，难以树立监督力量的权威性。

第三节　村民自治制度的深化发展和经验分析

一　村民自治制度的全面深化发展

党的十六大报告指出，扩大基层民主，健全村党组织，完善村民自治。村民自治在向纵深发展，报告对村务公开和民主监督提出了要求。财务公开、透明是村民自治的核心内容。2003 年农村税费改革，农业财政终结，公共财政建立，标志着村民自治进入新的发展阶段。完善、健全的村民自治制度就成为深化村民自治的主要内容，2003 年 1 月 10 日，民政部、司法部联合召开全国农村基层民主法治建设电视电话会议，会议要求健全、完善村民自治机制。① 进一步深化发展村民自治这一乡村治理体制，需要着力研究村委会选举和村务公开等关键问题。

1. 选举程序的完善

选举是村民自治的第一步，其公开性、公平性、合理性既直接影响村民自治的运行，也影响村委会功能的发挥。因此，要不断完善选举的相关法律制度，切实有效保障选举的整个环节和后期工作。在广大农村地区，尤其是西部民族地区，选举难问题非常突出，影响了村民自治的进一步开展。除了乡镇对村委会的制度性障碍，村干部能力障碍或宗族、宗教势力的渗入干扰等因素以外，选举法规不能与当下村民日益高涨的民主愿望相适应，也是选举难以开展的重要原因。因此，要不断地完善与选举相关的法律制度，理顺村委和乡镇的关系，充分调动村民的主动性，从“选举”与“选举后”两个环节来推进村民自治向纵深发展。

随着村民自治不断推广，到 2004 年，全国 18 个省（自治区、直辖市）进行了村民委员会换届选举。民政部于 1 月 18 日专门下发通知，要求各地建立责任制，加强对村委会换届选举的领导和指导；要求各地根据新的形势变化，创新选举模式；在新的村委会选举中提倡交叉任职；通知还专门强调了新老班子及交接不得无故拖延。② 本次换届选举强调落实村民委员会直接选举制度，并要求坚决纠正和查处选举中的贿选等各类违法行为。随着村民自治的深入发展，各地在选举过程中均遇到选民认定、候选人资格审查、流动人口管理、“两委”关系、罢免村委会成员等问题，特别是罢免制度在实施过程中产生了一些矛盾，罢免制度是村委会选举的重要组成部分，如果处理不好，村民自治的组织体系就无法得到根本完善。

与村委会民主选举相配套的村务公开、民主管理是选举后保障

① 徐勇：《现代国家构建与农业财政的终结》，《华南师范大学学报》（社会科学版）2006 年第 2 期。

② 周军：《民政部要求认真做好村委会换届选举工作》，《中国社会报》2005 年 1 月 20 日第 2 版。

“村民自治”落实、村民能否参与村庄公共事务的重要举措。2003 年 9 月 3 日召开的全国村务公开电视电话会议指出了今后村务公开的重点工作：进一步调查充实公开内容；规范村务公开的程序；完善村务公开的民主制度；强化村务公开的监督约束机制；加强村务公开与乡镇政务公开的有效衔接，保证村务公开的针对性、真实性、稳定性、有效性、互动性。2004 年 7 月 12 日，《人民日报》全文刊发了中共中央办公厅和国务院办公厅联合下发的《关于健全和完善村务公开和民主管理制度的意见》（中办发〔2004〕17 号，以下简称《意见》）。《意见》要求各地建设农村基层民主相关制度，《意见》是继《村组法》施行后又一部指导农村基层民主的重要文件。在各地政府部门推动下，全国村务公开与民主管理制度在相互学习和交流中不断取得新的成果。

2. 深化村民自治相关制度

村民自治在实践中深化发展，在实践的推动下《村组法》也在不断修订。2006 年，《村组法》第二次修订，主要提出纳入农民工的民主权利保障内容。政府对流动人口的民主权利采取保障措施，对外出农民工的知情权、外出务工农民工所在社区的重大事项参与权以及农民工的工会组织等都有专门的规划和制度，这些措施也带动了城乡统筹的治理。2008 年 8 月，民政部将《村组法》新的修订草案提交到国务院法制办。

村民自治的推动与完善，不仅取决于村庄内部的力量整合和制度安排，也取决于村庄以上部门的能力和国家政策环境。随着村民自治工作的推进，这一需求显得愈加迫切和突出，改革开放以来伴随着市场经济体制的建立和发展，农村对经济发展的需求愈加迫切，政治功能已经不是村委会唯一的功能了，经济功能、文化功能越来越成为影响村民向心力和合作机制的重要因素，这将是村委会在农村现代化建设中长期发挥效应的关键，因此，发展村集体经济、农业股份制、农业合作社等经济体系是当前村委会亟须完善的功能。

3. 新农村建设是村民自治发展的契机

2005 年，党中央部署了社会主义新农村建设，党的十六届五中全会提出了建设社会主义新农村的重大历史任务，这是继村民自治后农村社会发展的又一步推进，“生产发展、生活宽裕、乡风文明、村容整洁、管理民主”这个新农村建设目标既是新农村建设的重要内容，又是村民自治的实现路径和现实需求。随着社会主义新农村建设推进，村民自治也面临着新情况和新问题，主要体现在两个方面：第一，随着市场经济的发展，农民对生活水平要求日益提高，对农村现有公共资源的规划利用、自身利益分配机制的实现模式愈加关注。第二，对新农村建设各项重大政策，国家对农民的各种精准扶贫、支农补贴等扶持项目的管理监督问题强烈关注，需要新时期村民自治制度完善相关内容，建立有效的管理和监督机制，关系到“三农”问题的解决。

4. 农村文化建设对村民自治的促进作用

文化是社会生产力的产物，深刻反映了一定时期的社会经济发展状况，它既具有一定的独立性，又随着社会经济的发展而不断累积，具有凝聚性。由于文化持久性、稳定性的特点，深刻地影响和制约着在此基础上形成的各种社会制度和社会习俗。村民自治作为一种村庄社会的民主政治制度，同样受到乡村文化的影响和制约，乡村文化孕育着村民自治的产生、成长和发育。传统乡村文化有很多中国传统道德的积极元素，如诚实守信、尊老爱幼、勤劳善良，如果能将这些积极性的资源引入村民自治建设之中，对发展农村民主建设非常有益。但是传统的宗族宗法思想、封建迷信等消极文化也会给村民自治带来阻碍。人民公社体制废除后，家庭联产承包责任制的普及使传统乡村治理失去了基础和文化资源。新农村的文明乡风建设不仅要在制度上进一步强化村级民主选举、民主决策、民主管理和民主监督的各项制度和行为规范，还需要文化“软实力”的支撑，需要村民在良好的村规民约下自觉遵守。在传统文化的影响下，乡村社会“人治”特征非常突出，家族主义文化控制了人们的思想意识，村民自治作为一项外部“嵌入”性的国家制度，具有“法理性”，在进入乡村社会时势必会受到原有传统乡村文化的潜在制约。因此，我们应将现代社会民主、法制思想、人本主义、人权思想等作为农村文化建设的重要内容，并将农村社区文化建设纳入公民社会建设的网络中去，形成现代化的乡村治理模式。

改革开放以来，“社会主义市场经济”思想的确立和实施进一步形成了公民意识。农民可以参与生产和管理决策，在市场交换、自由竞争和按劳分配的环境中，人们养成了民主思想。

除了党政正式组织系统官方传播模式之外，网络等现代大众传媒是更有效的民主文化传播手段。国家可以对农民进行社会的主导意识思想的输入，这种输入可以通过多个模式进行，人际传播、组织传播和大众传播等传播模式都可以作为舆论引导的方式对农民进行灌输。当前，乡村电视、电话等传媒都达到了相当高的普及率，大多青壮年农民都掌握了现代传媒手段，乡村文化发展有了更广泛的输入平台。

但是，国家对农村输入的社会民主文化实际上缺乏农民的行为自觉性。改革开放以来，农民的流动成为乡村社会内部公民文化、民主文化自觉有机生长发育的“催化剂”，近年来，大量农民务工流动，分解了传统的家族体系，打破了地域限制，农民逐步接受到城市中的新理念、新思想，逐渐拆解了传统乡村文化对农民的思想禁锢。在参与了城市竞争后，取得成就的农民会充分吸收城市文化和民主文化。随着外出农民的增多，农村妇女在家庭权力结构中地位发生改变，思想观念发生了翻天覆地的变化。

社会主义新农村建设推动了乡村集体文化的发展。新农村建设的思想推动了农村社会新思想、新文化、新设施的建立，农村娱乐设施、观赏景观、农村卫生所、农家书屋一个个建立起来，农村人正在以新面貌来积极建设家乡，农村各项事业蓬勃开展，农民的思想观念、创业观念得以开拓，民主思想得以加强、社会认同感增强，农村集体文化创建的热情也将得以激发。

二　村民自治制度的创新

村民自治满足了乡村社会内部秩序建构的需要，国家对村民自治的肯定及大力推广，通过这种农村社会自组织的“民主”方式，实现了乡村社会的有效整合。对实现城乡一体统筹发展确立了政治前提。在这个过程中国家与农民之间联系的机制得以健全，使全体公民的政治、经济、社会发展的权力得以平等保护。

村民自治的发展促使地方政府部门逐渐加强关注权力运作制度化和透明化，在客观上也减少了公共权力的滥用和“寻租”行为；也使国家法律和制度规则逐渐成为乡村社会的组织行为规则，村民逐渐具有了民主行动能力和民主规则意识；村民自治的发展在一定程度上遏制了处于国家权力末梢的、自上而下的行政监控能力软弱的基层政权的掠夺化倾向，对防治国家政权建设“内卷化”有一定的现实意义。[①]

（一）选举制度的创新

在实践中，各地都根据自身情况，在村民自治的建设和实践中创造了丰富的经验，在选举程序和制度方面进行了创新。

1. 吉林省梨树县的“海选”制度

1986年吉林省梨树县的北佬壕村由于原村委存在较大问题，群众意见较大，乡党委经过民意测验进行整顿，规定村委会干部完全由群众投票选举决定的“海选”制度，新班子上任后工作认真勤恳。由于村干部的选举完全符合村民的意愿，赢得了群众的赞赏，这是最初由选民直接提名候选的“海选”尝试。1991年年底至1992年年初，吉林省在第二届村委会换届选举中正式确认了“海选”制度。后来梨树县的双河乡平安村也成功推行了“海选”模式，1995年，吉林省村委会“海选”率达到15.8%。1998年，梨树县在进行第四届村委会换届选举时又进行了创新，改变了以往“海选”候选人的间接选举模式，进行了直接“海选”村委会成员的选举模式。村委会成员直接从投票结果中产生，这种“海选”模式带来了村民自治运行方式的多样化创新。

2. 山西省河曲县的“两票制”

山西省在1989年为贯彻落实《中华人民共和国村民委员会组织法（试行）》，将河曲县南坞乡南坞村作为试点。由于在选举时村民反对传统的由领导确定候选人名单，再由村民选举的传统选举方法，于是开创了“开票大选”模式，即候选人可以由村民不受限制地提名。还有村民建议“白票大选”，即村民在一张白纸上写下自己满意的候选人。除此之外，还采用了差额选举的方法提高了选举的竞争性，经过“白票大选”、差额选举等一系列过程，组成了新一届南坞村村委会，这就是两票制模式。1991年4月，河曲县城关镇政府为解决岱狱殿村干群关系紧张、村委管理混乱的问题，通过与村民和党员的沟通和认可，采用了“两票制”来改组党支部，村民采用了类似于“白票大选”的“推荐票”推选党支部候选人，再对推选出来的候选人由村党员投“正式

① 刘义强：《民主和谐论：现代国家建构中的基层民主与社会和谐》，西北大学出版社2008年版，第214页。

票”，选出支部书记和村委委员。新班子上任后，村“两委”矛盾得到解决，这种选举方式得到了村民的广泛好评。两票制很快被各地作为解决村“两委”矛盾，推动村级党组织建设的制度形式而推广，也解决了村党支部书记在村委会“海选”后的村民监督问题，实现了人民民主和党内民主。

（二）村委会工作模式的创新

1. 河北省正定县、青县的村民代表会议制度创新

20 世纪 80 年代中后期，为了解决村民大会难以召集的问题，河北省正定县南楼村最初不定期举行由老党员、老干部、老村民组成的民主改革会，帮助村委会决议村中大事，后来发展为由 10 户村民联合推选一位户代表，参加定期的村民代表会议，商讨决定重大村务。自此之后，南楼经验被逐步推广，村民代表会议制度在河北省普遍建立，90 年代初，由于这种制度深受广大农民的欢迎，在黑龙江、山西、吉林等省人大常委会制定的本省《村组法》中都确定了村民代表会议制度的做法，使这一制度得到普遍发展。村民代表会议制度这一农村民主管理、民主决策的制度在全国大部分农村地区得到了推广和欢迎。

继正定县之后，河北省青县也对村民代表会议制度进行了进一步的深化与创新。每村由 5—15 户村民推选产生 1 名村民代表组成村代会，再由村民代表选举产生村代会主席，负责主持村代会的日常工作，村代会决策村务，监督村委会办事、处理村务。村党支部书记竞选村代会主席，公开面对村民自治中的选举和竞争，使党的领导同村民自治有机统一，实现了民主管理村务的新型治理模式。

2. 浙江省温岭市的村民民主恳谈制度

浙江省温岭市村委会决策重要村务时，实行必须先召开“民主恳谈会”的制度，村委会针对大多数村民的意见最终形成决策。这种决策方法对村委选举、村务公开、村委会的民主决策都有了很大促进。实行该制度后，大大提高了村民参与村务的民主性和决策的科学性，也有利于决策事项的顺利实施。

3. 浙江武义县村务监督委员会制度

2004 年 4 月，浙江省武义县后陈村试点建立“村务监督委员会”，由村民代表会议选举 3 名村务监督委员，对村党支部和村委执行村务职

责、决策管理实施监督。村务监督委员会能够列席村务会议，审核财务开支，可以要求召开村民代表会议对村委会违规行为进行裁决，有效、独立地发挥了对村党支部、村委会全面、全程的民主监督作用，该制度的实行也使村干部违法违纪、村级财务混乱的局面大大改善，村务工作透明度大大增加，村民参与村务工作的热情也得以提高。经过试点取得了成功，之后开始在全县推广。

4. 宁夏中宁县“五牙子章”制度

宁夏回族自治区中宁县针对村级财务公开管理，推广了“五牙子章”制度，各村每个季度公开财务内容，村民代表会议选出 5 名村民，组成村级理财小组，这 5 名村民每人管理一份财务支出审核印章，村级所有开支必须加盖这 5 枚审核印章后才能审批入账。此外，中宁县各村、组都设置了固定、永久的村务公开栏，规范了各项村务的公开时间和公开内容，村民明确了各级部门的工作环节。

此外，河北省武安市创新村务管理制约机制的村级“一制三化”制度，湖北省和广东省的村委会选举和村务公开民主管理观察员制度，江苏太仓的一票制无候选人直接选举制度等都是被新闻媒体报道过的村委会工作模式的创新。

三 我国村民自治制度的基本经验

从各地村民自治的创新模式来看，村民自治制度创新集合了广大人民群众的智慧与经验，使村民自治得以全方位纵深发展。

1. 村民参与村民自治的积极性逐渐加强

村民自治能够反映人民群众的利益诉求。随着村民自治的深入发展以及文化教育事业的推广，村民对身边的民主事务越来越关注，参与意识也逐渐加强，村民自治制度和实践越来越体现群众的意志，表达群众的利益诉求。村民自治能够让人民群众维护自己的切身利益，能够通过选举等方式参与基层公共治理，也能对村委领导成员进行有效监督。这是一种更加具有广泛性和真实性的基层民主，人民群众高效益、低成本学习了民主、实践了民主。

2. 村民自治坚持党的领导

村民自治要坚持党的领导，这是保证基层民主政治建设正确政治方向的根本保证。村民自治切实解决了农村稳定有序发展的问题，农民群众广泛参与发展农村民主政治，推动了我国民主政治建设向纵深发展。

3. 村民自治制度能够适应和推动国家经济社会发展

我国的村民自治制度能够适应和推动国家经济社会发展。首先，村民自治制度化解了农村社会矛盾，提高了农民的生产积极性和农村社会管理水平。其次，村民自治的推广实践活动增强了农民的参政意识，切实解决了农民关心的问题，维护了农民群众的利益，有效实现了民主制度的目的。

4. 村民自治建设逐步深化

中国的村民自治建设在不断的实践中与时俱进、逐步深化，随着党对发展农村基层民主政治的认识逐步形成，开始在全国试点农村基层民主政治实践，取得成功经验后再逐步推广，在因地制宜的实践中逐步健全完善，农民群众参政议政的能力随着实践创新逐步提高。这种渐进式的发展，一定程度上避免了农村改革的风险，使国家能够从复杂多元的社会事务中解脱出来，集中精力解决宏观发展问题，也使农民群众能够在稳定有序的基层民主社会中逐步提高内生动力，取得社会民主的和谐发展。

当然，在村民自治推行过程中也会产生一些问题，未来发展面临一些挑战。当前，城市快速发展，乡村能人外流进城务工，村庄“空壳化”趋势严重，村民自治缺乏乡村精英的参与。随着对村委会监督的加强和制衡力量的增加，的确对村务公开、民主决策有利，但是也会给参与乡村治理的村庄精英带来一定的束缚和制约，在一定程度上降低他们工作的灵活性和积极性。

村民自治制度的发展需要进一步强化村级组织的公共服务职能，推进高效、规范、服务型的农村基层政权体系，为农村基层民主制度发展提供坚实基础。此外，推动农村基层民主建设还要进一步扩大农村各类主体的协商治理机制，扩展各类治理主体的联动机制，实现县、乡、村工作的有效衔接，推动基层民主制度进一步规范化。最后，村民自治制度的可持续发展还需要基层政府进行农村社区规划，加强农村社区建设，提供多样化的社区公共服务，发展农村新型社会组织体系，丰富农民社会生活，构建团结、安乐的群众社会生活。

第九章

农产品市场化改革

农产品是符合“蛛网理论”的典型产品，“蛛网理论”的市场表现为“销售难”和“收购难”交替出现，市场价格大起大落。受季节性和周期性的影响，农业生产的自然风险很大。长期以来，农业生产环节利润水平不高是不争的事实。在市场经济条件下，如果生产不能获得一定收益，农民就没有生产积极性。维持农产品价格大体稳定，确保农民获得一定收益是农业稳定发展的基本前提。而当市场机制发挥作用的条件不具备时，价格机制会扭曲，需要由国家干预。

改革开放以来，家庭联产承包责任制改革极大地解放了农业生产力，我国农产品领域进行了不断深入的市场化改革，20 世纪 80 年代中期以来，水果、水产品、蔬菜、畜禽蛋奶等农产品的购销价格全面放开，农民生产积极性提高，大部分农产品产量成倍增长，极大地改变了我国农产品供不应求的局面。1978—2013 年，我国粮食产量提高了 98%，几乎翻了 1 倍，油料提高近 6 倍，水果产量提高 37 倍，水产品产量提高了 12 倍多。1996—2013 年，我国肉类产量提高 86%，禽蛋产量提高了 46%，奶类提高了 4 倍。[①] 可见，农产品市场化改革成果丰硕，也是我国实行市场经济的重要组成部分。

---

① 李伟：《中国在粮食农产品很多方面的产能供大于求》，网易财经，http：//money.163．com/14/1107/10/AAEKI4SN002554AR.html，2014 年 11 月 7 日。

第一节　农产品市场体系建设

一　逐步放开农产品市场

从1955年开始至改革开放前，我国实行粮食统购统销政策，粮食购销由国家专营。据新华网报道，当时，国家统一规定收购价格的农产品数量为110种左右，占到了农产品总数量的90%以上。虽然统购统销政策初步缓解了粮食供应的紧张状况，遏制了市场投机泛滥，维护了粮价稳定，支持了新中国成立初期我国的大规模经济建设，保证了人民生活的基本需要。但是，统购统销出现了许多负面效应，表现在：国家经济建设初期对粮食需求不断增加，政府下达的购粮任务与农民的能力或意愿不匹配，农民长期处于以填饱肚子为目标的生存线上，经济收入多年未增，农村发展几乎陷入停顿，二元经济结构被不断强化。

随后，我国农产品市场经历了由统一经营到放开搞活，由传统经营模式到传统与现代相结合的模式，由商品短缺到市场繁荣的发展过程。1979—1996年，国家为保证农民收入，提高农民种粮的积极性，多次提高粮食收购价格。总体来看，我国农产品市场逐步开放经历了两个阶段。

（一）统购统销范围缩减（1979—1984年）

党的十一届三中全会后，我国农村实行了家庭联产承包责任制，解放了农村生产力，农民生产的主观能动性被极大地释放，农民的责任意识增强，农产品产量全面高速增长，食物短缺问题基本得以缓解，大部分农民初步解决了温饱问题，在土地肥沃、经营较好的地区还出现了农产品剩余。从1979年3月起，国家大幅提高了粮食、棉花、生猪、油料、禽蛋等农产品收购价格。改革开放后，农业丰收而农产品流通体制严重束缚着农业发展。我国长期根据国家指令实行农产品的统购统销制度，使市场供求机制不能发挥应有的作用，无法调动农民的生产积极性，统购统销制存在诸多弊端。

我国开始渐进地改革实行了近20年的统购统销制度，1983年和1984年连续两个中央一号文件指出对重要农副产品统派购品种不宜过多。国家逐步减少农产品派购的品种和数量，扩大农产品协议收购范围，国家收购任务以外的农副产品购销价格可以根据市场的供需状况升降，全国范围内逐步推行购销合同制，几次大幅度提高农产品价格，农产品统购统销种类由1981年的128种减为1983年的65种，1984年又继续减为42种。1984年全国农产品收购价格总水平比1978年提高了53.6%，调动了农民的生产积极性。同期，农业生产资料价格也降低了，粮食征购指标减少。从1979年起，减少了50亿斤粮食征购①，并对部分口粮不足地区免征了农业税，切实减轻了农民负担。

1984年以后全国各地都建立了农副产品批发市场。1985年开始实施出口退税制度。②

（二）改革统购派购制度（1985—1991年）

从1985年起，我国农产品生产连年增长，但农村商品流通障碍问题严重。为推动农村经济体制改革，加快农村发展，1985年、1986年、1987年接连出台了关于活跃农村经济、深化农村改革工作的文件。1991年党的十三届八中全会也通过了加强农业和农村工作的决定。

1. 由“统购派购”向“双轨制”过渡

1985年中央一号文件提出进一步活跃农村经济的十项政策，全面改革农产品统购派购制度。1985年起，国家用合同订购制度代替统购派购制度，粮食的收购逐步缩小订购数量，开始探索通过市场议价购买。国家对粮食、棉花进行合同订购，除个别品种外，不再向农民下达统购派购任务，对粮油、生猪实行双轨制价格，水产品、蔬菜等绝大多数农产品实现自由上市交易，逐步按市场价收购。其他统派购产品，分品种、分地区逐步放开，农业生产与农产品市场的联系紧密起来。国家实行收购农产品按不同地区不同比例采取合同订购和市场收购的“双轨制”流通方式。具体来讲，粮食和棉花在合同订购和市场收购的比例分配上，北方三成按原统购价格作为合同价格收购、七成根据市场行情随行就市收购；南方六成按原统购价格作为合同价格收购、四成根据

---

① 张新华：《新中国探索“三农”问题的历史经验》，中共党史出版社2007年版，第119—120页。

② 张新华：《新中国探索“三农”问题的历史经验》，中共党史出版社2007年版，第177页。

市场行情随行就市收购。[①] 还有一个显著变化是，开始允许农民将国家订购以外的粮食和棉花上市自销，当市场行情低迷自销价格低于国家统购价格时，国家将按统购价格敞开收购，以保障农民的利益。因此，农民当中产生了一批专业户，农业专业化生产发展起来了，农产品的数量和质量提高了。

2. 取消统购派购制度

1986年，中央一号文件肯定了农村改革政策是正确的，对取消统购派购制度做了更具体的规定，指出减少合同订购，扩大市场议价比例。5月，国家物价局发布改进农产品价格的规定，规定农产品价格管理实行国家定价、国家指导价、市场调节价三种。[②] 1987年1月，中共中央出台文件强调凡是放开的品种，应该坚决实行自由经营。1990年后，国家对议购议销粮采取了最低保护价和最高限价政策，以保证粮食市场价格平稳。1991年，棉花收购价格比1986年提高80.1%，粮食、油料收购价格也有较大上升。[③] 1992年年底，全国所有的县（市）均放开了粮食价格，粮食购销实现了市场化，持续了近40年的粮食统购统销制度结束了其历史使命。取消统购派购意味着国家不再向农业生产单位和农民分派绝大部分农产品的缴售任务，农产品加工、经营单位可以直接从农民手中购买产品或签订买卖合同，农民取得了产品交换的自主权，广大农民开始迎合市场需求决定农产品生产，推动农村经济向商品经济转化，加快了农村经济的市场化进程，这是继家庭承包经营后的又一重大改革。

二　农产品市场体系建设

农产品市场体系作为农产品生产与消费的桥梁与纽带，关乎农产品交易能否顺利实现和农产品交易的便利，农产品交易成本的高低是构建农业现代化不可或缺的组成部分。改革开放以来，我国通过连续多个有

① 中共中央党史研究室、中共中央政策研究室、中华人民共和国农业部编：《中国新时期农村的变革》（中央卷），中央文献出版社1998年版，第363页。

② 张新华：《新中国探索“三农”问题的历史经验》，中共党史出版社2007年版，第153页。

③ 张新华：《新中国探索“三农”问题的历史经验》，中共党史出版社2007年版，第177页。

关“三农”问题的中央一号文件推动，农产品购销领域的行政干预逐步减少，农产品交易数量和金额不断扩大，农产品中介组织及社会化服务组织不断完善，农产品宏观调控体系和市场监督机制逐步建立，这一系列措施的实施有力地保障了农产品生产与消费衔接，对于农业发展、农民增收、农村经济的全面提升发挥了重要作用。

（一）农产品价格形成机制逐步建立

计划经济时期，农产品由国家根据国家战略制定价格，为了推动工业尤其是重工业的快速发展。长期以来，存在农产品价格与工业产品价格“剪刀差”，导致农民利益受损，城乡差距不断拉大。

1978 年后，我国产生了指导性计划价格，开始允许部分农产品价格根据市场供求在一定范围内浮动，以增强农产品购销的速度和便利性。1992 年党的十四大召开后，我国正式提出建立社会主义市场经济体制，由市场供求关系决定农产品价格的机制逐步形成，政府管理部门负责监督农产品定价。

1. 稳定农产品价格机制

改革开放以来，尤其是党的十四届三中全会我国确立建立社会主义市场经济体制以来，我国农产品产量大幅增加，但年度之间的供给量变化波动较大，导致农产品买卖难交替出现，主要农产品绝对短缺的局面还没有从根本上得到扭转，农产品供给不能稳定保障。为稳定农产品价格，国家主要采取了以下措施。

（1）对农业生产启动四项补贴。为稳定我国粮食生产，靠国家自身力量保证我国粮食供应安全。我国陆续建立起“种粮农民直接补贴、农资综合补贴、良种补贴、农机购置补贴”四项补贴政策，对农民进行农业生产的主要生产资料均给予了相应的补贴。四项补贴政策的实施，有效降低了农民的生产成本，提高了粮食生产的经济效益，调动了农民种粮积极性，对保障我国粮食安全具有重要意义。

（2）农产品最低收购价政策。2004—2006 年，我国粮食生产连年丰收，粮食增产幅度较大，由于粮食消费需求弹性较低，出现农民卖粮难现象，为稳定粮食生产，我国从 2004 年起实行了粮食最低价收购政策，2004 年我国规定了稻谷的收购最低价，2006 年起又将小麦纳入最低收购价范围，并保持收购价格的稳定。同时，我国连续增加对粮食主产县的奖励资金。2008年，在国际粮价大幅上升的压力下，为防止我国粮食净出口大幅上升，我国两次调高了稻谷和小麦的最低收购价格。

2014年、2016年、2017年中央一号文件提出继续执行稻谷、小麦最低收购价政策，形成农产品目标价格补贴制度，当农产品市场价格低于目标价格时，按差价补贴生产者，保证农民收益；农产品市场价格过高时，补贴低收入消费者，保证其正常生活消费。2016年、2017年中央一号文件提出合理调整最低收购价水平。2014年，国家启动大豆（产地为东北和内蒙古）、棉花（产地为新疆）这两种农产品的目标价格补贴试点，同时探索粮食、生猪的目标价格保险试点，试点开展对规模性粮食生产经营主体的贷款优惠。

2016年、2017年中央一号文件提出完善农产品市场调控制度，建立玉米生产补贴制度；完善新疆棉花、东北大豆目标价格政策改革，改进补贴方式。2017年中央一号文件提出健全生产者补贴制度，形成合理比价关系。

粮食最低收购价政策加强了国家对粮食的宏观调控，稳定了粮食生产和粮食价格平稳，降低了全面通货膨胀的风险，该政策是我国保障粮食市场供应的重要调控政策，其具有极为重要的现实意义。

国家在完善农产品价格形成机制的进程中，坚持市场化改革取向与保护农民利益并重，坚持市场定价原则，从稻谷、小麦等主粮开始，逐渐采取“渐进式、分品种推进”的办法，推进了重点农产品的价格形成和补贴保护制度改革。2013年中央一号文件要求开展农业市场统计调查，编制、发布权威农产品价格指数。加强农产品进口报告、关税配额管理，监测预警，评估市场调控效果。

（3）“菜篮子、米袋子工程”建设。在稳定农产品价格方面，政府除了重视大宗粮食作物价格外，还坚持实行“米袋子”省长负责制和“菜篮子工程”市长负责制，由地方政府负责与老百姓日常生活紧密相关的肉、蛋、奶、水产和蔬菜等副食品的生产，确保“菜篮子”产品及时足量满足群众要求，保证消费安全。

1995年，农业部推动实施了大、中城市“菜篮子”产品批发市场价格信息联网，通过共享信息引导生产，避免了农副产品总量供求失衡和价格大幅波动，有效地建立了“菜篮子”产品生产和供应平衡调节机制。各地强化农副产品生产、加工、市场、调控等体系建设，改变了蔬菜副食品供应长期短缺的历史，保证了农副产品货源充裕、价格相对平稳，有效地缓解了国民经济运行中由农副产品价格上涨所引起的通货膨胀压力。2017 年中央一号文件提出继续实行“菜篮子”市长负责制，完善生猪市场价格调控体系，保证肉类的生产和供应。

（4）农产品物流“绿色通道”政策。农产品的单位价值较低但运输总量较大，有些农产品运输还需要冷链物流，物流成本在农产品价格中所占比重很高。为降低农产品物流成本，支持鲜活农产品运销，稳定农产品价格，2005 年，国务院等七部委出台了《全国高效率鲜活农产品流通“绿色通道”网络建设实施方案》，要求在全国建立高效率鲜活绿色运输通道。2006 年中央一号文件明确要求全国鲜活农产品“绿色通道”网络实现省际互通。“绿色通道”政策是针对鲜活农产品公路运输，它要求农产品规范装载，对符合要求、享受“绿色通道”的蔬菜车辆实行“不滞留、不罚款、不卸载”，在国家主要道路收费站开辟“绿色通道”专用窗口，以确保农产品运输一路畅通，并对整车装载鲜活农产品的车辆予以费用减免。各地在中央部署下，逐步开通运输鲜活农产品的绿色通道，对特定农产品车辆减免车辆通行费，并实现省际互通。该政策降低了农产品的物流成本，减轻了物流成本对农产品价格的影响，维护了农产品价格稳定。

2. 建立规范高效的农产品期货市场

农产品生产主体和消费主体众多，受气候、天气因素影响大，供求关系具有不可预测性，在国际农产品市场价格形成过程中，农产品期货市场的引导作用至关重要，期货市场的交易数量和交易价格变化会直接引起大宗农产品价格波动。要减小大宗农产品价格波动幅度，必须建立规范高效的农产品期货市场。

1993 年，我国在郑州、大连建立了农产品期货交易所，主要开展小麦、棉花、水稻、玉米、菜籽油、大豆、豆油、棕榈油、鸡蛋等农产品期货交易，大连商品交易所成为全球交易量第二的大豆期货市场。交易所的建立逐步完善了农产品价格形成机制，由先生产后找市场转变为先找市场后生产，探索了利用农产品期货市场的价格发现功能和套期保值功能，为粮食企业和进出口企业服务。交易双方集中交易询价议价，形成了大量交易信息，农产品的交易价格通过微观经济主体讨价还价形成，充分发挥了期货市场规避风险、发现价格的功能，对引导农民调整种养殖结构，防止农产品价格波动过大，稳定农产品市场价格起着重要作用。2013 年、2014 年中央一号文件提出增加农产品期货品种，加强建设农产品期货市场，培育具有影响力的农产品交易中心。2014 年中央一号文件提出丰富大宗农产品期货交易品种。2015 年中央一号文件提出发展农产品期货交易，开发期货交易新品种。

（二）农产品销售中介组织逐步完善

改革开放以来，随着我国农产品的市场化改革，在市场经济规律的作用影响和政府推动下，我国逐步探索建立了一些新型农村市场中介组织，主要包括以促进农产品快速流通为目的的各种形式的农村专业协会、农民专业合作社、农村股份制合作社等，现阶段，这些组织已由数量型增长向规模效益型发展，同时进入以进出口为主的跨国经营型转变阶段，这些专业化组织大大促进了农产品市场销售，逐渐增多的农民经纪人也促成了农产品销售，经纪人促成交易的形式由单兵作战逐步向组建公司集团化运作转变。

2004 年以来，中央和地方政府对农民专业合作社开展技术培训、市场营销、质量标准与认证等服务给予专项资金支持，继续发挥供销合作社的作用，在农产品流通和生产资料供应方面创新服务方式；邮政部门、商贸企业创新投资方式，在农村发展现代物流业，发展农产品、农业生产资料和消费品连锁经营；加强农业领域的信息化建设，这些措施大大改善了农民进城销售农产品的市场环境。

（三）农产品调控体系逐步形成

改革开放以来，我国农产品市场调控的总体思路是在农产品价格合理上涨前提下，保障农产品有效供给和价格基本稳定。

经过近些年的探索，目前我国农产品价格基本由市场供求决定，国家对粮食收购实行最低价政策保护，建立重要农产品专项储备制度和风险基金制度，除粮食、棉花等关乎国计民生、国家安全的农产品销售外，国家逐步放开农产品合同订购和专营专卖制度，通过储备、进出口农产品等方式进行间接调控，逐步形成了政府对农产品的市场调控体系。

自2004年起，我国粮食产量连获丰收，粮食增产较快，粮食价格面临下行压力，为避免谷贱伤农进而抑制农民种粮的积极性，国家开始建立新型粮食价格支持体系，执行最低收购价政策，以此来稳定粮食产量，引导粮食价格，提高农民收入。2013年中央一号文件为激励农民的生产积极性，提出继续提高小麦、稻谷最低收购价，优化粮食等农产品储备结构，启动玉米、棉花等重要农产品临时收储，扩大储备农资品。2014年中央一号文件提出健全农产品市场调控制度。科学确定主销区农产品储备规模，优化区域布局和品种结构，实行玉米、油菜籽、食糖临时收储政策。2014年、2016年、2017年中央一号文件提出优化中央储备粮品种结构和区域布局，放开农产品政策性收储，允许符合条件的其他市场主体参与收储。2017年中央一号文件提出鼓励多元市场主体收购粮食，支持家庭农场、农民合作社科学储粮。

（四）完善农产品市场监督体系

1. 健全食品安全监管体制

国家历来重视食品安全监管，打击食品安全违法行为，从而确保食品“从种子到餐桌”安全，因此，建立完善的农产品市场监督体系是一项重要而富有意义的工作。

2005年和2006年中央一号文件均提出要积极推进农业标准化，保障农产品质量。强调农产品质量安全，强化农业生产资料和饲料质量管理，加快农产品安全认证及立法。从2005年起，我国开始加快农产品检验检测基础设施建设，健全检验检测体系。为适应农产品不断扩大的进出口需求，还加强了农产品进出口检验检疫，严格防范有害生物入侵。同时，实施了农产品市场供应应急调控，进一步完善应急预案、强化调控手段，保证供应足量、安全、丰富的“菜篮子”产品。

2013年中央一号文件提出加大投入建设农产品质量监管机构，各部门综合协调联动，健全农产品质量安全监管、追溯体制，全程监管，提升食品安全水平。2014年中央一号文件提出建设农产品质量安全检测体系，重点建立食品风险监测预警体系，食品追溯体系。开展市、县创建食品安全工作考核评价示范试点。这两年的中央一号文件均要求严格管理农业投入品，积极防治农业面源污染。在各级农产品批发市场建设食品安全检测室（站），补助检验检测费用。

2. 完善法律法规

2014年、2015年中央一号文件提出完善农产品质量和食品安全法律法规，加强农产品产地环境保护。2015年中央一号文件提出健全农产品市场流通法律制度，规范农业市场运行和市场秩序，促进公平交易，营造农产品流通法治化环境；完善农产品市场调控制度，适时启动相关立法工作；逐步完善覆盖农村各类生产经营主体的法律法规，适时修改农民专业合作社法。

（五）加快农产品加工业发展

国务院印发2011—2015年全国现代农业发展规划，提出大力发展农产品加工和流通业，强化流通基础设施建设和产销信息引导，大力发展冷链体系和生鲜农产品配送，降低农产品流通成本。

2016年中央一号文件提出推动农产品加工业转型升级。第一，加强农产品加工技术创新，提高农产品加工转化率和附加值，增强对农民增收的带动能力。第二，加强规划和政策引导，促进主产区农产品加工业快速发展，支持粮食主产区发展粮食深加工，形成一批优势产业集群。第三，开发拥有自主知识产权的技术装备，支持农产品加工设备改造提升，建设农产品加工技术集成基地。第四，完善农产品产地初加工补助政策。研究制定促进农产品加工业发展的意见。2017年中央一号文件提出在优势农产品产地打造食品加工产业集群。实施主食加工业行动，开发新食品原料及药食同源等具有保健功能的食品，并进行工业化、规模化生产；大力推广从生产基地到餐饮门店、商超的农产品产销模式；健全保健食品、婴幼儿配方奶粉、特殊用途食品等产品的注册备案制度。

（六）完善农民分享农业产业链收益机制

2016年中央一号文件提出完善农业产业链与农民的利益联结机制。促进农业产加销紧密衔接、农村第一、第二、第三产业深度融合，推进农业产业链整合和价值链提升，培育农民增收新模式。主要措施有：第一，支持农民合作社，发展农产品加工流通和直供直销，引领农民分享产业链收益。第二，创新发展订单农业，资助订单农户参加农业保险。第三，支持农业产业化龙头企业为农户提供贷款担保，鼓励引导农户自愿以土地经营权等发展股份合作，入股龙头企业和农民合作社，采取

"保底收益 + 按股分红"等方式，让农户分享加工销售环节收益。第四，政府带动社会资本投向农村新产业新业态。第五，财政支农资金使用要与建立农民分享产业链利益机制相联系。第六，巩固和完善"合同帮农"机制，为农民和涉农企业提供法律咨询、合同示范文本、纠纷调处等服务。

第二节 农产品流通体制改革实践

一 农产品流通体制改革

粮食是人民生活的主要食物来源，又是食品、饲料等轻工业的重要原料，粮食收购、销售、储存、运输、加工、进出口等直接影响国计民生。改革开放以来，我国探索了渐进式的以粮食为重点的农产品流通体制改革，政府和市场在粮食流通中的作用不断得以调整，其进程主要经历了五个阶段。

（一）提高农产品收购价格、减少统购派购数量（1979—1984 年）

党的十一届三中全会后，粮食生产量快速增长，粮食收购价格提高20%，超购部分提高 50%，并开放集市贸易，调减征购基数，增加超购计划。1979 年，国务院对粮食、食用油、棉花、生猪等 18 种与老百姓生活紧密相关的农产品收购价格平均提价 24.8%①，此后几年还多次进行价格调整。这些措施消除了工农产品价格"剪刀差"，提高了农业比较效益，促进了农业全面增产，大大提高了农产品的市场供给能力，从而为我国改革统购统销体制奠定了基础。

1982 年中央一号文件指出农村商业发展滞后，农产品流通不畅，造成农业生产性浪费，同时，城市出现抬价抢购现象。国家开始采取措施，疏通农产品流通渠道，保证农业生产的顺利进行。此时粮棉油等重要农产品仍坚持统购统销制度，但对其他重要农副产品实行派购政策，由国家定额收购外的部分允许按市场供求状况浮动，国家对农副产品的收购开始兼顾国家、集体、个人三方的整体利益，既照顾农民利益，也

① 张新华：《新中国探索"三农"问题的历史经验》，中共党史出版社 2007 年版，第 119 页。

须保证农业生产持续稳定发展。

1983 年中央一号文件指出允许多渠道经营非统购派购产品。并同时规定，对紧俏农产品实行统购派购时尽量确定基数，留给农业生产者一定的产品支配权力。从 1984 年起，我国农业生产和供应继续改善，国家在原来的基础上继续减少统购派购的农产品品种和数量，放活农产品销售，落实农副产品的派购生产单位，且保持几年不变。

（二）重要农产品“双轨制”阶段（1985—1990 年）

家庭联产承包责任制实行 5 年后，1984 年，我国粮食生产供应充足，全国范围内首次出现了“卖粮难”的新问题，粮食供应量的大幅增加导致市场价格降低，甚至低于农产品的统购价，出现了“粮价倒挂”现象，国家统购粮价高于市场价格，加大了政府的财政负担，也使粮食统购制度失去了存在的必要性。

在此背景下，我国对关系国计民生的重要农产品实行计划与市场相结合的“双轨制”，一方面，取消重要农产品的统购制，改为合同订购制，其订购基数、价格由国家实行指令性计划管理，以保障国民对重要农产品的基本需求；另一方面，国家对农民合同订购以外的剩余农产品，允许其随行就市。1986 年中央一号文件要求进一步减少合同订购农产品的数量，扩大通过市场溢价方式收购农产品的比重。

（三）改革粮食流通体制（1990—1997 年）

1990 年 6 月，以农产品期货交易为目的郑州粮食批发市场成立了。1991 年，国家决定建立专项粮食储备制度。国务院在农业和农村工作的通知中强调保证农产品流通渠道畅通，10 月，国务院又下发了《关于进一步搞活农产品流通的通知》，再次要求城乡之间打破行政区划限制和各种封锁，发展地区间流通，逐步发展全国统一的农产品流通市场。建立农产品批发市场，发展产供销一体化组织，降低中间流通成本，稳定市场供求，促进农产品流通。

1991—1992 年，我国连续大幅提高统销粮食价格，实现了购销同价，从而打破了从 1965—1990 年粮食销售价格 25 年不变的局面，1992 年开始，各地进行社会主义市场经济体制改革，粮食购销体制也发生了变革，中央在十四大会议上发布通知，要求农产品以市场购销为主，合同订购为辅。到 1992 年年底，全国 844 个县（市）放开了粮食价格，粮食市场形成，统购统销才真正退出了历史舞台。到 1993 年，全国绝大多数地区放开粮价、放开市场经营，逐步放开实行了 40 多年的口粮定量办法，政府保持粮食订购数量不变，粮食价格由产销双方市场定价。1994 年 5 月，国务院印发了《关于深化粮食购销体制改革的通知》，由省级政府负责本地区粮食总平衡，保证粮食供应和粮价稳定。粮食部门必须收购社会商品粮的 70%—80%，其中国家下达任务 500 亿斤，地方政府按照价格随行就市的原则组织收购 400 亿斤，这属于典型的“双轨制”流通。从 1994 年起，我国实行单一的、有管理的浮动汇率制，同时，国家还决定实行粮食保护价收购制度，建立粮食风险基金和储备体系。就农业生产产量来讲，引用时任农业部副部长张宝文发布的数据，我国粮食总产量从 1978 年的 3 亿多吨增加到 1999 年的 5 亿吨，年均递增 2.6% 以上。1997 年，我国开始实施以保护价敞开收购农民余粮的政策，粮食收储企业实行顺价销售、粮食收购资金封闭运行以及推进粮食购销企业自身改革等措施。

（四）深化粮食流通领域改革阶段（1998—2003 年）

1998 年 5 月，国务院在《关于进一步深化粮食流通体制改革的决定》中对粮食流通体制做了进一步市场化运行的安排，其主要内容是粮食流通体制实行政企分开、储备与经营分开，并继续按保护价敞开收购农民余粮，要求粮食收储企业不产生新的亏损挂账、主营与副营业务分离。粮食收购企业实行顺价销售、农业发展银行粮食收购资金封闭运行等改革措施。6 月，为了深化粮食流通体制改革，国务院颁布了《粮食收购条例》，完善了粮食价格机制，将粮食储备和经营分开，按保护价收购，加快粮食企业自身改革。10 月，党的十五届三中全会召开，提出建设农产品市场体系，进一步搞活农产品流通，为农民提供良好市场环境。1998 年以来，农产品市场改革以扩大市场功能为核心目标。按保护价敞开收购农民余粮制度有效激发了农民的种粮积极性，实行了粮食顺价销售政策，对粮食收购企业进行管控，管理粮食生产主体和收购主体的资金和市场运行，这些措施使我国初步建立了国家宏观调控下的中央储备粮垂直管理体系。

2000 年 6 月，国务院又发通知要求完善粮食生产和流通相关政策，包括放松粮食收购准入限制，扩大投资兴建粮库，加大粮食风险基金规模，改革粮食财政补贴办法。

2001年7月，国务院下发意见，改革粮食流通体制，推出了主销区粮食购销市场化改革措施。实行购销多渠道经营，农村现代流通经营服务体系逐步建立。决定在浙江、上海、福建、广东等八省份放开市场，明确了在国家宏观调控下，放开粮价，实施粮食经营的流通体制市场化改革，发挥市场机制对粮食购销价格的作用，建立完善的粮食市场和国家粮食储备体系。在此基础上，国务院要求建立完善农村市场体系，加强城乡贸易市场建设和管理。8月，国务院召开全国粮食工作会议，厘清进一步深化粮食流通体制改革的基本思路，我国农产品流通市场化进程进一步强化。12月11日，我国正式加入世界贸易组织，根据相关承诺，我国农产品关税与其他商品的关税大幅下调，我国农产品对外贸易量快速上升，国内粮食购销价进一步放开。2002年9月，为了促进粮食生产规模的扩大，保证粮食供给充足，根据农业受市场风险和自然风险影响都较为显著的特征，我国开始对粮农直接补贴，同时放开粮食收购价格和购销市场。2002年11月，时任农业部副部长的张宝文讲话指出中国农产品的总体市场化程度已接近80%。

加入世界贸易组织后，我国政府对农业的调控方式由价格调控为主转变为非价格调控为主、价格调控为辅，政府逐步取消农产品价格保护政策，农产品流通朝着市场化方向继续发展。

（五）实现粮食购销市场化（2004年至今）

2004年中央一号文件中提出粮食实行购销多渠道经营。政府的责任转变为引导市场经济、创建农产品自由流通的经济环境和加强农产品产销的宏观调控，使农产品流通纳入了市场化运行的轨道，充分发挥了市场在农业资源配置中的基础性作用。党的十八届三中全会公报提出完善由市场决定价格的机制。2004年5月26日，国务院发布了《粮食流通管理条例》，我国全面放开粮食收购和销售市场，市场价格对生产的引导作用开始得到充分体现。粮食流通管理中政府的任务是加强流通管理，增强对粮食市场的调控能力，并建立健全粮食风险基金制度，用于粮食直接补贴、支持粮食储备、稳定粮食市场等。这一年，重点粮食品种最低价收购制度出台了，国家从粮食风险基金中拿出部分资金，直接补贴主产区种粮农民，激发农民种粮积极性。国家在市场机制基础上实行宏观调控，实行粮食购销多渠道经营。

2006年，粮食流通体制改革基本完成。2008年，国家两次提高了粮食最低收购价标准。2008年金融危机爆发后，曾出现大量农民工返乡务农现象，农业凸显了应对经济危机的缓冲作用和保障功能。2014年中央一号文件要求严守耕地保护红线，划定永久基本农田；提升农业综合生产能力，确保谷物基本自给。粮食主销区也要确立粮食种植面积底线，保证一定的口粮自给率。还要积极利用国际农产品市场，有效调剂、补充国内粮食供给；进一步明确粮食安全责任与分工，落实"米袋子"省长负责制，更加注重粮食品质和质量安全；推广节粮减损设施和技术，增强全社会节粮意识，注重农业可持续发展。

二 粮食市场调控的主要经验

"粮改"伴随我国改革开放全过程。中国粮食流通制度改革是由政府推动的渐进式改革，其基本方向是完全正确的。通过深化农产品流通领域改革，深入推进市场经济制度在我国落地生根，此后，随着农业新型经营主体扩大，市场必将在农业资源配置中起决定性作用。国家对农产品市场的调控，促进了粮食生产和流通，推动了粮食生产结构调整，保护了种粮农民的积极性，减轻了国家财政负担，也改善了国家宏观调控能力。

1. 放开购销市场，实行市场定价

放开粮食收购和价格，对农民实行直接补贴，是深化粮食流通体制改革的核心内容。改革开放后，我国农产品供求由长期短缺转变为总量大体平衡，20世纪90年代中期，国内粮食生产能力达到了1万亿斤的水平，购销市场的放开，意味着市场供求对粮食收购价格调节的基础性作用开始发挥。市场价格对生产的引导作用开始充分体现。1993年年底，全国95%以上的县市都完成了放开粮价的改革。

2. 确定最低保护价，稳定生产

实行粮食最低价收购政策，对保护农民利益、促进粮食生产、保障国家粮食安全起了积极作用。测算表明，粮食价格提升对我国粮食增产的贡献超过一半，这意味着它是调动农民种粮积极性的最有效手段。2004年，我国在粮食主产区实行最低收购价格。2005年，我国第一次启动稻谷最低收购价执行预案，此后，我国粮食产量连续实现增产，粮

食价格也稳中有升。2006 年，又启动了小麦最低收购价预案。2008 年，国家两次提高了稻谷和小麦的最低收购价标准。最低收购价制度的实行，大大增加了农民种粮的积极性。

3. 完善储备制度，保持市场供求平衡

粮食生产具有季节性、不稳定性，而粮食消费是常年性、连续性的，因此，必须建立国家粮食储备制度和体系，以确保国家粮食安全，解决供求矛盾，保障消费。20 世纪 90 年代以来，农民“卖粮难”和粮食部门“储粮难”，成为粮食工作上比较突出而又必须解决的问题。国务院在 1990 年 9 月做出了《关于建立国家专项粮食储备制度的决定》，提出建立国家专项粮食储备制度，2003 年 8 月，《中央储备粮管理条例》颁布施行。实践证明，专储粮起到了稳定民心、稳定物价、稳定市场的重要作用，为我国经济体制改革顺利进行提供了物质保证。2014 年中央一号文件提出健全农产品市场调控制度。科学确定主销区农产品储备规模，优化区域布局和品种结构，实行玉米、油菜籽、食糖临时收储政策。2014 年、2016 年、2017 年中央一号文件提出改革完善中央储备粮管理体制，优化中央储备粮品种结构和区域布局，改革玉米收储制度。科学确定农产品国家储备规模，严格政策性粮食监督管理，运用、完善储备吞吐调节机制，确保储存安全。调控农产品价格波动，保障农产品市场基本稳定。放开农产品政策性收储，允许符合条件的其他市场主体参与收储。2017 年中央一号文件提出鼓励多元市场主体收购粮食，支持家庭农场、农民合作社科学储粮。

4. 发展多种市场主体，加强粮食市场建设和管理

20 世纪 90 年代以来，国家陆续放开粮油、棉花等主要农产品购销市场，鼓励多种市场主体从事粮食经营，大部分农产品价格由市场供求决定。随着市场化改革的深入，农产品市场经营主体发展较快。部分骨干企业规模较大，产业化经营水平较高，购销渠道比较健全，产生了良好的市场带动作用。随之，国家加强了对粮食市场的建设和管理，建立健全了粮食收购市场准入制度，加强了对粮食市场的监管执法活动，规范了粮食批发和零售市场的管理，并着手建立了粮食现代物流体系。

三　棉花流通体制改革

2001 年，国务院下发深化棉花流通体制改革的意见，放开棉花收

购，多渠道竞争机制形成。2003 年 12 月，国家发改委、国家质监局等部门提出 5 年内建立我国棉花质量检验体制。要求棉花质量检验符合生产实际、与国际接轨、科学权威。2004 年，为了维护棉花市场流通秩序，国家发改委等部门联合发布整顿棉花流通秩序工作方案，国家工商行政管理总局要求各地加强市场监管，打击违法收购。这些政策促进了我国棉花质量检验体制发展，维护了棉花市场流通秩序。

四 促进农产品流通的实践及经验

（一）持续出台支持农村商品流通的政策

为解决农产品流通难问题，国家逐步疏通流通渠道，打破垄断，鼓励国家、集体、个人多条流通渠道发挥作用。改革农村供销社，使其灵活经营，发挥疏通农村商品流通重要作用。1982 年、1983 年中央一号文件提出让当时对农村商品供销有重要影响力的国营商业和农村供销合作社，充分利用其机构分布广优势，跨地域推销农产品，组织农产品流通。在商业组织形式上提出发展社队集体商业，多渠道开展推销和采购商品业务。农民个人可以销售富余农产品，农副产品外运不再需要政府审批。2004 年中央一号文件指出，鼓励发展各类农产品专业合作组织、购销大户和农民经纪人，培育农产品营销主体。从 2004 年起，国家拨出专项资金，从技术、市场、质量认证等方面支持发展农民专业合作社，发挥其带动农民进入市场的作用。2005 年 2 月，商务部根据国务院转发的做好农村商品流通工作的通知，为提高农村流通商品质量，决定选择部分县市开展“万村千乡”市场工程试点，培育“农家店”，形成农村农产品流通消费经营网络，改善农村消费环境，逐步缩小城乡消费差距，促进农业产业化发展。

2006 年，为解决农产品“卖难”问题，商务部启动“双百市场工程”，重点改造 100 家大型农产品批发市场，培育 100 家大型农产品流通企业。为促进优势农产品出口，国家要求外贸发展基金向农产品出口倾斜，为农产品出口企业提供国内外市场需求、检验检疫标准等信息服务，重点建立出口农产品行业协会。

目前，农产品的终端销售不再限于传统的农贸市场，更多进入了商超渠道和电子商务渠道。开展直销配送，提高了流通组织化程度。2009 年，国家在出台的稳定农业发展促进农民增收意见中指出搞好农产品流通，继续支持“双百市场工程”，开展“农超对接”，发展社区菜市场、蔬菜直供连锁店等农产品零售网络和农产品连锁经营。加快培育农产品经纪人，提高农产品流通组织化程度。为解决农产品“卖难”问题。2012年中央一号文件强调，统筹规划农产品流通设施布局，完善覆盖城乡的农产品流通网络；创新农产品流通方式，发展电子商务等现代信息技术交易方式；大力发展订单农业，稳定农产品供求关系。完善鲜活农产品绿色运输通道政策；免除蔬菜批发零售环节增值税；清理降低农产品销售市场、集贸市场、超市的收费。

2012年1月，国务院印发2011—2015年全国现代农业发展规划，明确提出大力发展农产品加工和流通业，强化流通基础设施建设和产销信息引导，大力发展生鲜农产品冷链体系和配送，降低农产品流通成本。自2007年起，国家推出财政补贴促进家电下乡政策，在试点地区，财政资金对彩电、冰箱、手机直补销售价的13%。自2009年起，家电下乡政策推广到全国，将摩托车、电脑、热水器类和空调类产品也列入家电下乡政策补贴范围，并研究部署汽车“以旧换新”政策措施，同时，除上述九类补贴产品外，各地可根据需求新增一个“家电下乡政策”补贴范围家电品种。自2010年起，国有农场、林场职工也被纳入家电下乡政策实施范围，按规定享受补贴。2012年11月，财政部、商务部、工信部联合下发通知，宣布至2013年1月31日，“家电下乡政策”如期结束。

（二）农产品市场交易组织逐步多元化

改革开放以来，农产品市场的组织形式呈现出多种变化，农产品交易商品丰富、市场繁荣，经营形式和流通渠道日趋多样化，初步形成了多层次、多主体、多类型的农产品市场流通服务体系和网络，更好地推动了经济社会发展，方便了人民的生活。

1. 发展农村集市

改革开放以前，农副产品流通主要集中在集市上，农民在集市之间交换，主要交易经济作物以及手工制品，由于产品匮乏，交换范围及数量较小，农村集市发展经历了一个曲折过程，新中国成立初期，国家对主要农产品实行统购统销政策，农村集市上交易的农副产品种类和数量急剧减少。自1956年10月起，中央积极引导各地逐渐恢复了集市贸易，在很短的几个月时间内，农村自由市场交易活跃，1958 年后，在“大跃进”和人民公社化运动产生的“左”倾错误影响下，农村的供销合作社实行国营化，农村集市贸易基本停止，此后，虽短暂恢复，但大部分时间农村集市交易都近乎停滞。1966 年，“文化大革命”开始后，“自由市场”观念受到了各方批评，许多地方社员自留地被没收、家庭副业经营被禁止，农村集贸市场也被强行关闭。据统计，1976 年全国农村集市贸易农副产品成交额占农民出售农副产品总值的比重，由 1965 年的 21.4% 减少到 10.8%。[①] 农村集市也被多方限制，许多集市有集无市，上市商品很少。

改革开放以来，随着农产品统购逐步取消，农村集市贸易开始恢复，农村集贸市场逐渐增多，个体商业发展迅速，交易额大幅增长。随着农产品交易额的增加，农村集贸市场逐渐不能满足农民的交易需要，城乡之间商品流通互相开放，同时，允许个体、集体经营农产品购销，打破了国营商品经营机构的垄断，农产品交易业态逐步多元化，农村流通体制得到了突破。1991 年，国务院在农业和农村工作的通知中强调保证农产品流通渠道畅通，10 月，国务院又下发搞活农产品流通的通知，再次要求城乡之间打破行政区划限制和各种封锁，发展地区间流通，逐步发展全国统一的农产品流通市场。[②] 各级政府还采取了多种办法集资兴建仓库、交通等商品流通基础设施。建立农产品批发市场，发展产供销一体化组织，降低中间流通成本，稳定市场供求，促进农产品流通。鼓励农民进入流通领域，允许农民个人长途贩运，为进城贩卖农产品的农民在经营场地等方面提供方便。加快中西部地区县城、乡镇农贸市场标准化改造，完善农村集贸市场网络。全国农产品批发市场逐年增加，主要分布在农产品供给产区、重要集散地和消费量大的大中城市，交易总额逐年增长。农业部的统计数据显示，全国农产品批发市场已达到 4500 多个，承担了我国 70% 以上的农副产品流通任务，截至 2013 年 7 月，全国交易额在亿元以上的批发市场有 1884 家，成为我国

① 武力等：《中国共产党“三农”思想政策史（1921—2013）》，中国时代经济出版社 2013 年版，第 390 页。

② 张新华：《新中国探索“三农”问题的历史经验》，中共党史出版社 2007 年版，第 177 页。

农副产品流通的主渠道和重要载体，这些大型批发市场将小型初级市场联系起来，形成了层次分明、分工合理的农产品市场体系。

2. 发展多种农产品流通市场形式

1984年中央一号文件规定统购统派任务以外的农产品价格要真正放开，此后，大中城市开始建设农贸市场，1995年，农业部公布了全国23家首批定点鲜活农产品中心批发市场，农产品销售进入了市场化通道。

2006年中央一号文件提出积极推进农产品批发市场升级改造，对市场中销售的农产品质量分等级，进行规格化包装，快速提升农产品生产的标准化程度，逐步开展农产品销售连锁、配送经营，条件较好地方逐步将城市农贸市场改建成现代化超市，农业龙头企业到城市开办自产农产品销售超市，大量经过包装和处理的农产品进入超市销售。近年来，我国农产品市场组织形式又出现了多种业态相组合的形式，如“连锁经营+超市+配送”的模式，“集贸市场+批发市场+物流中心”的模式。

自2007年起，中央继续通过财税优惠措施，加强农产品流通设施建设，并积极发展新型流通业态，在农村也发展连锁经营，以及电子商务等现代流通方式。建设安全规范的鲜活农产品批发市场，在零售领域，龙头农业企业、农民专业合作社等新型农业经营主体直接向市区的超市、蔬菜市场等配送农产品。农业经营逐渐专业化，在农村设立了农资超市和农家商店，连锁经营农资和农村日用消费品。

2008年后，国家继续建设“万村千乡市场”“双百市场”和“农产品批发市场升级改造”工程，建设农产品流通市场。开展鲜活农产品冷链物流试点，打造粮食物流体系现代化建设，以建立适应现代农业对大市场、大流通的要求。2014年、2015年中央一号文件提出试点开展公益性农产品批发市场。2015年中央一号文件提出加强农产品产地市场建设，推进农业生产专业合作社与超市、学校、企业、社区对接销售农产品。清理整顿农产品运销乱收费问题。2016年中央一号文件提出升级改造农产品批发市场，推动公益性农产品市场建设。2017年中央一号文件要求加快建设公益性农产品市场体系。

我国地域辽阔，农产品种类繁多，因此，农产品交易市场需要全面规划、合理布局，建立一些全国性统一的农产品专业批发市场，以形成农产品主要产区和销区的集中交易和对口交易，提高农产品流通效率。重点支持农贸市场完善交易设施以及冷链、仓储、检测、信息等流通基础设施项目建设，提高市场的吞吐量和平衡市场能力。

3. 发展农村电子商务及仓储物流

随着网络在城乡逐步普及，国家开始重视“新农村现代流通网络”和“农村商务信息服务”等现代网络工程的建设，2013 年中央一号文件提出发展农产品网上交易，连锁分销，培育现代、新型农产品流通方式。2014 年中央一号文件提出建设农产品电子商务平台，提升农产品批发市场流通信息化。2015 年、2016 年中央一号文件提出支持各类企业参与涉农电子商务平台建设，开展农村电商服务，发展电子商务进农村综合示范，健全农村电商服务体系。2016 年中央一号文件提出加快实现行政村宽带全覆盖，推进农村互联网提速降费，促进农村电子商务发展。形成农产品线上、线下融合流通，农产品进城，农资和消费品下乡的流通格局，加大市场信息进村制度试点。

2017 年中央一号文件提出发展农村电商。促进农业经营者与电商平台线上合作，全面实施信息进村入户工程，开展整省推进示范。支持农产品电商平台和乡村电商服务站点建设，开展电子商务进农村综合示范。鼓励地方规范发展电商产业园，加强农产品物流体系建设，实施快递下乡工程。完善全国农产品流通骨干网络。

2013 年、2016 年中央一号文件提出加强建设粮油仓储物流设施，2014 年中央一号文件提出完善农村物流服务体系，发展农产品主产区现代化仓储物流。2015 年中央一号文件特别强调形成分工明确的粮食收储机制，实施农户科学储粮工程。加快千亿斤粮食新建仓容建设，提高粮食收储保障能力。2017 年中央一号文件提出支持农业企业在海外建立生产和仓储物流设施。

2016 年中央一号文件提出加强农村物流服务网络和设施建设与衔接，实施“快递下乡”工程。完善县乡村物流体系，开展降低农产品物流成本行动。

鲜活农产品不易保存，需要冷链运输，2013 年中央一号文件提出发展农产品冷链物流体系。2014 年中央一号文件提出发展农产品主产区冷链物流设施。2015 年中央一号文件提出加快构建跨区域冷链物流体系。2016 年中央一号文件提出开展农产品冷链标准化示范，建设特色农产品产区预冷工程。2017 年中央一号文件提出加强农产品产地冷链物流设施建设，发展基于互联网技术的现代农业直供直销体系。

4. 建设国内农产品市场流通网络

2013 年中央一号文件提出统筹规划农产品市场流通网络布局，第一，重点支持重要农产品集散地、优势农产品产地市场建设。第二，加快推进以城市标准化菜市场、生鲜超市、城乡集贸市场为主体的农产品零售市场建设。第三，支持大型商贸集团等各市场系统开展农产品流通。第四，继续实施万村千乡市场工程，新农村现代流通网络工程；启动农产品流通综合示范区创建。第五，继续实施“北粮南运”等农产品生产区域间市场流通项目。2014 年中央一号文件提出建设覆盖全国的大型农产品批发市场，在农产品初产地建设农产品集配市场，促进农产品流通。2014 年、2015 年中央一号文件提出加强农产品市场流通体系和配套服务建设。2015 年、2016 年中央一号文件提出重点建设粮食等重要农产品仓储物流设施，健全交易制度，完善流通骨干网络。2016 年中央一号文件提出建设现代农产品市场体系，支持农产品营销公共服务平台建设，搞活流通，促进农民增收。

5. 建设农产品国际流通市场体系

2014 年中央一号文件提出建设农产品进出口流通市场。首先，规划国内重要农产品进出口战略，培育粮棉油等大型企业，使其具有国际竞争力，规划布局进口农产品来源地，建立稳定可靠的农产品生产合作和国际贸易关系。其次，加强进出境农产品的检验检疫，保障质量安全和国内产业安全。再次，鼓励金融机构积极创新金融品种和方式，更好地服务农产品国际贸易。最后，探索建立促进农产品国际贸易和海外农业发展基金，促进农产品在国际市场流通。

2015 年中央一号文件提出加强农产品进出口调控，统筹利用国际国内市场资源，培育农业企业集团，增强国际竞争力；积极支持优势农产品出口，完善重要农产品进出口管理，关税配额管理，严厉打击农产品走私行为；完善边民互市贸易政策；制订农业对外合作规划，创新农业对外合作模式，支持境外农业合作开发，落实金融、通关、检验检疫等扶持政策，支持农业对外合作；充分发挥各类商会组织的作用，提供农业对外合作的信息服务、法律咨询、纠纷仲裁等服务。

第三节　农产品的对外贸易发展

近年来，相比工业化和服务业快速发展，农产品在全球贸易额中所占的比重持续下降，发展中国家的农产品出口占农产品国际贸易的比例很大，加入世界贸易组织后，我国农业对外开放程度不断提高，与世界农业关联度不断增强，农产品对外贸易对我国农业的影响日益增强。

一　我国农产品对外贸易发展的历程

我国是传统农业国家，农业发展历史悠久，农产品进出口贸易从无到有、从少到多，贸易额除2009年略有减少外，其他年份贸易规模均不断扩大。中国自2001年12月加入世界贸易组织以来，农产品进出口贸易总额不断增加，2002年我国农产品进出口总额为304亿美元，2014年年末，迅速增加到1945亿美元，12年时间内增长了6.4倍。此后经历了2015年、2016年的小幅回落后，于2017年突破2000亿美元（见表9－1）。目前，在世界农业进出口份额中，中国是世界第三大进口国和第五大出口国，在世界农产品贸易格局中的地位与日俱增。但是，受到国内劳动生产率不高的影响，我国农产品在国际市场上价格优势不强，近年来，在世界经济整体疲软背景下，各国贸易保护主义抬头，不断遭受越来越多农产品贸易的绿色壁垒和技术壁垒，因此，我国农产品对外贸易面临的外部环境越来越复杂。

表9－1　　我国1980—2017年农产品进出口贸易统计①　　单位：亿美元

年份	农产品进出口总额	我国货物进出口总额	出口额	进口额	顺差
1980	105.9	381.4	43.7	62.2	－18.5

① 资料来源：根据中国农业信息网《历年农产品进出口数据》和《中国统计年鉴》（http：//www. agri. cn/）整理而得。

续表

年份	农产品进出口总额	我国货物进出口总额	出口额	进口额	顺差
1985	105.1	696.0	62.2	42.9	19.3
1990	171.6	1154.4	99.2	72.4	26.8
1995	286.7	2808.6	157.4	129.3	28.1
2000	269.5	4743.0	157.0	112.5	44.5
2001	279.4	5096.5	160.9	118.5	42.4
2002	306.3	6207.7	181.6	124.7	56.9
2003	430.0	8509.9	213.3	189.7	23.6
2004	514.2	11545.6	233.9	280.3	-46.4
2005	562.9	14219.1	275.8	287.1	-11.3
2006	634.8	17604.4	314.0	320.7	-6.7
2007	781.0	21765.7	370.1	410.9	-40.8
2008	991.6	25632.6	405.0	586.6	-181.6
2009	921.3	22075.4	395.9	525.5	-129.6
2010	1219.6	29740.0	494.1	725.5	-231.4
2011	1556.2	36418.7	607.5	948.7	-341.2
2012	1757.7	38671.2	632.9	1124.8	-491.9
2013	1886.9	41589.9	678.3	1188.7	-510.4
2014	1945.0	43015.3	719.6	1225.4	-505.8
2015	1861.0	39530.3	701.8	1159.2	-457.4
2016	1832.3	36855.6	726.1	1106.1	-380.0
2017①	2013.9	42757.4	755.3	1258.6	-503.3

（一）农产品进出口贸易额持续增长

改革开放以来，随着世界经济一体化趋势不断增强，我国农产品贸易额持续增长。表9-1显示，我国农产品贸易在加入世界贸易组织前后变化特别明显，从农产品贸易总额上看，2002年以前，即我国未加入WTO前农产品贸易额在300亿美元以下，1980—2001年，农产品进

① 资料来源：根据《中华人民共和国2017年国民经济和社会发展统计公报》，并用2017年12月31日人民币兑美元汇率6.5进行折算而得。

出口总额由 105.9 亿美元上升到 279.4 亿美元，年均增长率为 7.4%，农产品对外贸易一直慢速提升，其中 1999 年有较大下降，2001 年缓慢回升至 279.4 亿美元。

2001 年 12 月 11 日中国加入世界贸易组织。此后，由于我国采取了一系列支农惠农的重大政策，农产品进出口贸易总额不断扩大、增长较快，农产品贸易额突破 300 亿美元，2010 年突破 1000 亿美元，2017 年突破 2000 亿美元，整体来看农产品贸易额由 2002 年的 306.3 亿美元增加到 2017 年的 2013.9 亿美元，15 年间农产品贸易总额增长了 6 倍多，年均增长率达到 16.6%（见图 9－1），农产品贸易额呈稳定快速增长趋势。尽管在 2009 年国际金融危机影响下贸易额略有下降，但没有改变其自加入 WTO 以来稳步增长的总体趋势。农产品贸易额不断扩大充分反映出在国际和国内消费需求不断增长情况下，中国农产品在世界农产品贸易中地位也不断提升。

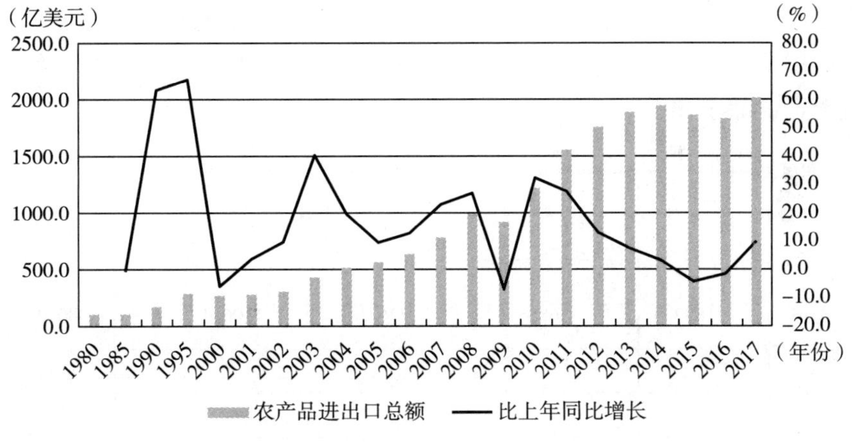

图 9－1　1980—2017 年我国农产品对外贸易额增长趋势

（二）农产品对外贸易逆差不断扩大

改革开放初期，为了创收更多外汇，在工业品短缺，没有国际竞争力的背景下，我国只能通过大量出口传统农产品创汇。由国家垄断农产品对外贸易，发挥农产品出口创汇功能，限制非必要的农产品进口，农产品贸易得以维持顺差状态，农产品对外贸易额占到我国货物贸易出口总额的一半以上。①

加入世界贸易组织后，我国通过主动或被动削减进口关税，取消农产品出口补贴，扩大市场准入等手段促进进口，并增加主要农产品配额额度。同时，世界主要发达国家增加对农业的生产补贴，使我国农产品贸易呈现出多元化发展，农产品进出口同时大幅增加，但进口增幅大于出口增幅。

从图9－2看出，2003—2017年，连续15年间，我国农产品贸易一直处于逆差状态。其间，2005年和2006年曾经出现过农产品贸易逆差缩小，接近于进出口平衡。此后，受2009年国际金融危机的影响，世界主要国家经济不景气，贸易保护主义抬头，该年度我国出口农产品贸易额下降、逆差缩小，但从2008年起，我国农产品贸易逆差迅速增加，逆差额蹿升至181.6亿美元，打破了2001年加入世界贸易组织以来只是小幅逆差的局面，远超过此前各年的逆差水平。2012年以来，农产品贸易逆差稳定在了500亿美元左右。在可预见的未来，人民币面临进一步升值预期，国内农业生产成本上涨，我国农产品出口比较优势有所削弱，农产品出口增速将放缓，农产品进出口贸易将持续呈逆差，且无逆差缩小趋势。

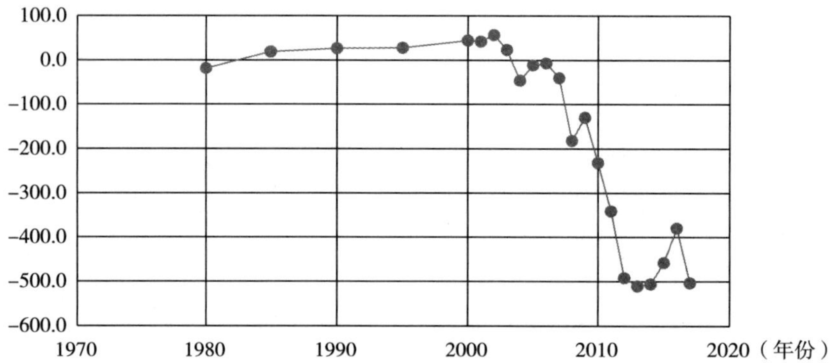

图9－2　1970—2020年我国农产品对外贸易逆差

① 熊启泉：《中国农产品对外贸易失衡：结构与态势》，《华中农业大学学报》（社会科学版）2014年第1期。

（三）我国农产品贸易额占进出口总额比重急剧下降

自2000年以来，在农产品进出口额迅速增加的同时，我国农产品进出口总额占全国货物进出口总额的比重却在快速下降。表9－2显示，1980年我国农产品进出口额占货物进出口总额比重为27.77%，随着改革开放进一步推进，该比重从1985年的15.10%下降到2007年时最低3.59%，尽管此后有所回升，但整体仍在4.5%左右徘徊，农产品进口占我国总进口的比重变化不大。

表9－2　　我国农产品贸易额占货物贸易总额的比重①　　单位：亿美元,%

年份	农产品进出口总额	货物进出口总额	农产品进出口额占货物进出口总额的比重
1980	105.9	381.4	27.77
1985	105.1	696.0	15.10
1990	171.6	1154.4	14.87
1995	286.7	2808.6	10.21
2000	269.5	4743.0	5.68
2001	279.4	5096.5	5.48
2002	306.3	6207.7	4.93
2003	430.0	8509.9	5.05
2004	514.2	11545.6	4.45
2005	562.9	14219.1	3.96
2006	634.8	17604.4	3.61
2007	781.0	21765.7	3.59
2008	991.6	25632.6	3.87
2009	921.3	22075.4	4.17
2010	1219.6	29740.0	4.10
2011	1556.2	36418.7	4.27
2012	1757.7	38671.2	4.55

① 资料来源：根据国家统计局编《中国统计年鉴》1980—2016年相关数据整理计算而得。

续表

年份	农产品进出口总额	货物进出口总额	农产品进出口额占货物进出口总额的比重
2013	1886.9	41589.9	4.54
2014	1945.0	43015.3	4.50
2015	1861.0	39530.3	4.71
2016	1832.3	36855.6	4.97
2017①	2013.9	42757.4	4.71

农产品进出口贸易额占第一产业增加值的比重，由2001年的14.7%逐步提高并稳定到近几年的21%左右，其中2014年该比重为20.44%，2017年为19.99%，这意味着近几年我国农产品进出口贸易额占到第一产业增加值的1/5以上。按照中国人多地少的现实国情，中国农产品出口集中于蔬菜、水果和水产品等劳动密集型产品，进口集中在油料、棉花等土地密集型产品。中国成为世界农产品交易的重要国家，是许多国家的农产品贸易合作伙伴。

二　我国农产品对外贸易发展的现状

加入世界贸易组织以来，我国在WTO贸易协议框架下积极开展农产品国际贸易，农产品贸易规模逐年增加，产品竞争力也逐年提高。2017年，我国农产品进出口总额为2013.9亿美元。其中，出口额为755.3亿美元，进口额为1258.6亿美元，贸易逆差为503.3亿美元。②农产品出口额占我国外贸出口总额3.2%，进口额占我国外贸进口总额6.56%。但是，由于世界主要经济体经济增速放缓，各国为保护本国农产品贸易，越来越多的国家调整了贸易政策，从而使我国农产品对外贸易面临许多贸易障碍。

1. 谷物类主要农产品进口量远大于出口量

2017年，我国谷物共进口2560.1万吨，同比增长16.4%，进口额

① 资料来源：根据《中华人民共和国2017年国民经济和社会发展统计公报》，并用2017年12月31日人民币兑美元汇率6.5进行折算而得。

② 资料来源：农业部国际合作司：《2017年1—12月我国农产品进出口》，农业农村部 http：//www.moa.gov.cn/ztzl/nybrl/rlxx/201801/t20180131_6136047.htm，2018年1月26日。

64.9 亿美元，同比增加 13.7%。出口 161.6 万吨，同比增加 57.8%；出口额 6.0 亿美元，同比增加 57.8%；净进口 2398.5 万吨，同比增 12.3%（见图 9－3）。另外，大麦进口量同比增加 77.1%。[①]

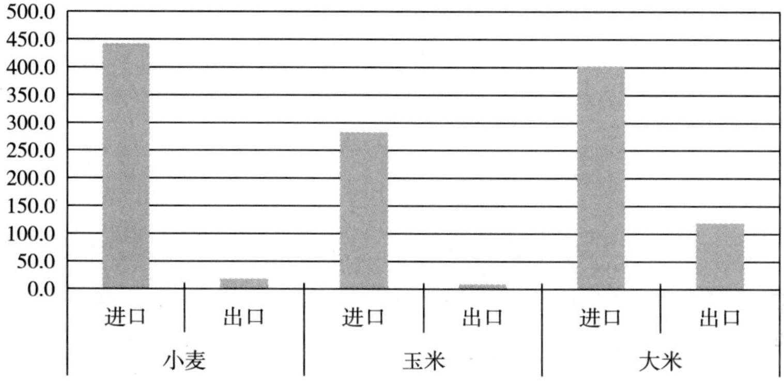

图 9－3　我国主要谷物类产品进出口情况

2. 棉花、食糖进口量显著减少

根据商务部和发改委发布的《农产品进口关税配额管理暂行办法》，我国实施进口关税配额管理的农产品中，小麦、玉米、大米进口量远大于出口量。近年来，食糖、棉花、羊毛以及毛条的进口数量和金额都呈现下降趋势。

2017 年，我国共进口棉花 136.3 万吨，比 2016 年增加 9.9%；进口金额为 23.6 亿美元，同比增加 32.7%，增长幅度较大。全年棉纱进口量为 198.3 万吨，同比增加 4.3%。[②]

根据商务部 2014 年第 66 号关于《2015 年食糖进口关税配额申请和分配细则》的公告，2015 年我国食糖进口关税配额总量为 194.5 万吨，其中 70% 为国营贸易配额，可见，食糖进口在配额等管理手段的作用下，进口量显著下降。2017 年我国食糖进口量为 229.0 万吨，同

① 资料来源：农业部国际合作司：《2017 年 1—12 月我国农产品进出口》，农业农村部 http：//www.moa.gov.cn/ztzl/nybrl/rlxx/201801/t20180131_6136047.htm，2018 年 1 月 26 日。

② 资料来源：农业部国际合作司：《2017 年 1—12 月我国农产品进出口》，农业农村部 http：//www.moa.gov.cn/ztzl/nybrl/rlxx/201801/t20180131_6136047.htm，2018 年 1 月 26 日。

比减少25.2%；进口额10.8亿美元，同比减少7.9%。[①]

3. 食用油籽和食用植物油是贸易逆差的主要来源

在实际的农产品进出口贸易中，我国农产品进出口逆差的主要来源依次是油料稻草，畜肉及杂碎、其他农产品，动植物油脂，乳品、蛋品、谷物，饮料、酒及醋，禽肉及杂碎，食用水果及坚果，烟草及其制品，制粉工业产品，食品工业的残渣废料，可可及其制品，编制用植物材料。2016年，贸易逆差最高的食用油籽逆差高达356.2亿美元（见图9－4）。其中，大豆进口数量为8391.3万吨，比上年同期增长2.7%；油菜籽进口356.6万吨，同比减少20.2%。[②] 这个进口量几乎相当于排名第二位至第十位农产品的逆差总和。根据商务部和发改委发布的《农产品进口关税配额管理暂行办法》，我国实施进口关税配额管理的农产品中，豆油、菜籽油、棕榈油等油类产品成为我国农产品贸易逆差的主要来源。近些年，我国进口食用油籽进一步加工数量增加，而直接进口成品食用植物油数量下降。

2017年，我国共进口食用油籽1亿吨，进口金额为430.2亿，分别同比增加13.9%和16.2%；全年共出口食用油籽110.0万吨，金额为16.4亿美元，分别同比增加25.9%和15.2%。可见，我国食用油籽出口呈现了数量增加但价格大幅下降的情况。食用油籽的贸易逆差达到了413.8亿美元[③]，在食用油籽价格下降背景下，贸易逆差比上年仍然增加了16.2%。

2017年，我国共进口食用植物油742.8万吨，进口额为56.8亿美元，分别同比增加7.9%和12.5%，这反映出我国进口的食用油价格有所上升，由于当年出口额仅为2.4亿美元，贸易逆差仍达到54.4亿美元，比上年增加了11.2%。在食用植物油的进口结构中，棕榈油进口447.8万吨，同比减少24.2%；豆油进口56.0万吨，同比减少31.5%；

---

① 商务部对外贸易司：《2015年食糖进口关税配额申请和分配细则》的公告（2014年第66号）。

② 王小川：《2016年我国农产品贸易逆差收窄16.5%》，《农民日报》2017年3月7日第3版。

③ 农业部国际合作司：《2017年1—12月我国农产品进出口》，农业农村部，http：//www.moa.gov.cn/ztzl/nybrl/rlxx/201801/t20180131_6136047.htm，2018年1月26日。

菜油进口 70.0 万吨，同比减少 14.1%。[①]

主要粮食进出口表现为净进口，谷物、粮食粉、淀粉制品和糕点的进口逆差占农产品总逆差额的 2.2%[②]，逆差额度并不大，这表明我国主要粮食品种的供给主要立足于国内生产。

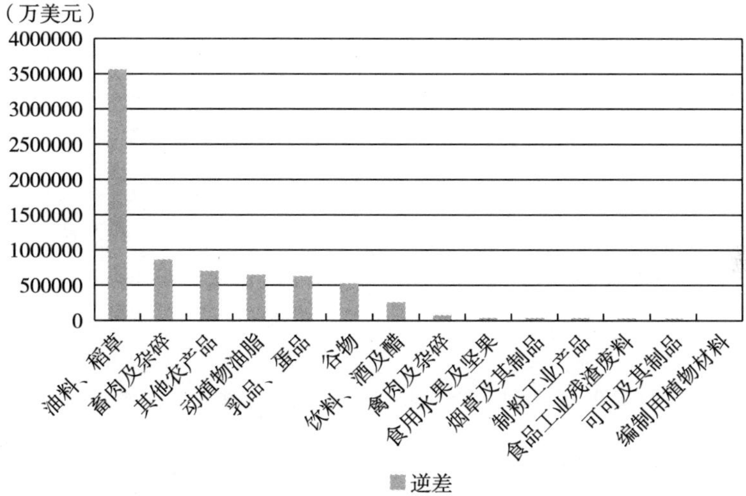

图 9－4　2016 年我国农产品进出口逆差主要来源

4. *劳动密集型农产品是农产品进出口顺差主要来源*

我国农产品出口顺差最多来自劳动密集型农产品，蔬菜、水果、畜产品等劳动密集型产品出口增长较快，其中食用蔬菜、水海产品及其制品、蔬菜水果坚果、水产品制品等的顺差额均在 60 亿美元以上（见图 9－5）；处于第二梯队的出口顺差来源为咖啡、茶及调味香料，肉类制品，其他动物产品，杂项食品和植物液、汁，它们的顺差额均在 10 亿—20 亿美元，仅为第一梯队的 20%—40%；顺差额在 10 亿元以下的出口农作物主要有粮食粉、淀粉制品，活动物，糖及糖食，活植物及花

① 农业部国际合作司：《2017 年 1—12 月我国农产品进出口》，农业农村部，http://www.moa.gov.cn/ztzl/nybrl/rlxx/201801/t20180131_6136047.htm，2018 年 1 月 26 日。

② 资料来源：根据商务部外贸司《2016 年 12 月中国进出口月度统计报告》计算而得。

卉等。①

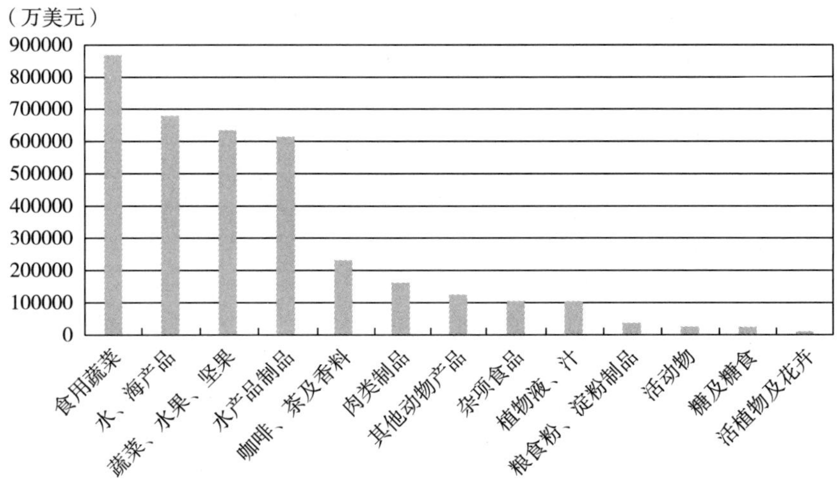

图9－5　2016年我国农产品进出口顺差主要来源

5. 水果和蔬菜出口保持顺差，水产品出口优势明显

蔬菜、水果、水产品是我国在国际农产品出口市场上的优势农产品，也是农产品贸易顺差的主要来源，但近年来呈现了出口增速回落情况。

2017年，我国水果出口金额为70.8亿美元，进口金额为62.6亿美元，分别同比减少0.9%和7.6%。贸易顺差达到8.2亿美元，水果出口顺差相比2016年的13.3亿美元下降了四成。②

2017年我国蔬菜出口金额为147.2亿美元，比上年增加11.0%；蔬菜进口5.3亿美元，比上年增加2.0%。需要注意的是，我国蔬菜贸易顺差达到了141.9亿美元，且比上年增加了11.5%③，蔬菜出口增速上升，进口增速减缓。

① 资料来源：根据商务部外贸司《2016年12月中国进出口月度统计报告》计算而得。

② 农业部国际合作司：《2017年1—12月我国农产品进出口》，农业农村部，http://www.moa.gov.cn/ztzl/nybrl/rlxx/201801/t20180131_6136047.htm，2018年1月26日。

③ 农业部国际合作司：《2017年1—12月我国农产品进出口》，农业农村部，http://www.moa.gov.cn/ztzl/nybrl/rlxx/201801/t20180131_6136047.htm，2018年1月26日。

2017 年我国水产品出口金额为 207.4 亿美元，进口金额为 93.7 亿美元，分别比上年增加 2.0% 和 4.4%；水产品出口的贸易顺差达到 113.7 亿美元，比上年仅增加 0.1%。[①]

6. 畜产品进口微增，奶制品进口持续大幅增加

2017 年我国畜产品进口金额为 256.2 亿美元，比上年增加 9.5%；出口金额为 63.6 亿美元，比上年增加 12.7%；进出口金额均增加，但进口增加幅度略低于出口增加幅度，畜产品贸易逆差高达 192.6 亿美元，比上年增加 8.4%。在畜产品进口结构中，进口量第一位的是猪肉，进口量为 121.7 万吨，比上年大幅下降 24.9%；第二是牛肉，进口数量为 69.5 万吨，增加 19.9%；第三位是羊肉，进口数量为 24.9 万吨，同比增加一成；第四位是奶粉，由于国内奶粉产业的信任危机，奶粉进口大幅增加，进口数量达到 104 万吨，比上年继续增加 22.9%[②]，这对我国国内相关产业冲击较大。

三 我国农产品对外贸易发展存在的问题

（一）农产品出口结构容易受技术性贸易壁垒影响

根据农业部发布的中国农产品月度统计报告，2016 年中国出口金额最大的水、海产品出口额高达 137 亿美元，其次是食用蔬菜 105.4 亿美元。进口金额最大的农产品为油料、工业用或药用植物、稻草、秸秆及饲料，进口金额高达 383 亿美元，其他依次是畜肉及杂碎进口 89.8 亿美元，动植物油脂及其分解产品 70.4 亿美元，乳品、蛋品、蜂蜜及其他食用动物产品 69.8 亿美元，水、海产品 69.1 亿美元，食用水果及坚果 58.5 亿美元，谷物 56.4 亿美元。[③]

我国出口的农产品更多集中在劳动密集型农产品以及初级农产品上，土地密集型和深加工产品数量较少。发达国家对农产品贸易中涉及身体健康、环境保护方面的检测项目名目繁多，检测技术水平也越来越

---

① 农业部国际合作司：《2017 年 1—12 月我国农产品进出口》，农业农村部，http://www.moa.gov.cn/ztzl/nybrl/rlxx/201801/t20180131_6136047.htm，2018 年 1 月 26 日。

② 资料来源：农业部畜牧业司：《2017 年 12 月畜产品进出口情况》，农业农村部，2018 年 1 月 26 日。

③ 资料来源：中华人民共和国商务部对外贸易司：《2016 年 12 月中国进出口月度统计报告》，2017 年 1 月 26 日。

高，纷纷出台法律法规对农产品农药残留量、检验检疫标准、标签和包装等以法律法规的形式进行约束，这经常成为发达国家阻止进口的原因，出口农产品容易遭到国外技术性检测，农产品出口准入门槛提高。如日本的肯定列表制度、欧盟的“新食品安全法”，这使我国具有比较优势的水、海产品和蔬菜等农产品受限越来越多、空间越来越窄，许多具有价格优势和资源禀赋优势的农产品不能出口，无法将优势真正地发挥出来，为此，我国农产品外贸企业不得不花费大量财力、物力取得国外认证和绿色标志，增加了农产品出口成本，这对我国农产品出口形成了强大阻碍作用。

（二）农产品进出口目标市场较集中

1. 我国主要进口农产品分析

2016年，我国进口农产品主要为油料，畜肉，其他农产品，动植物油脂，乳品，水、海产品，食用水果及坚果等，进口结构中油料、工业用或药用植物、稻草、秸秆及饲料的进口量是排序第二位的其他农产品的4.27倍（见图9－6）。2016年我国食用油籽进口数量为8952.9万吨，比上年同期增加2.2%，进口金额为370.4亿美元，比上年减少3.5%；而出口数量仅为87.4万吨，出口金额为14.2亿美元。2016年，我国食用植物油进口量为688.4万吨，金额为50.5亿美元。两项商品进口金额合计达420.9亿美元，占到了总进口额1115.7亿美元的37.7%。①

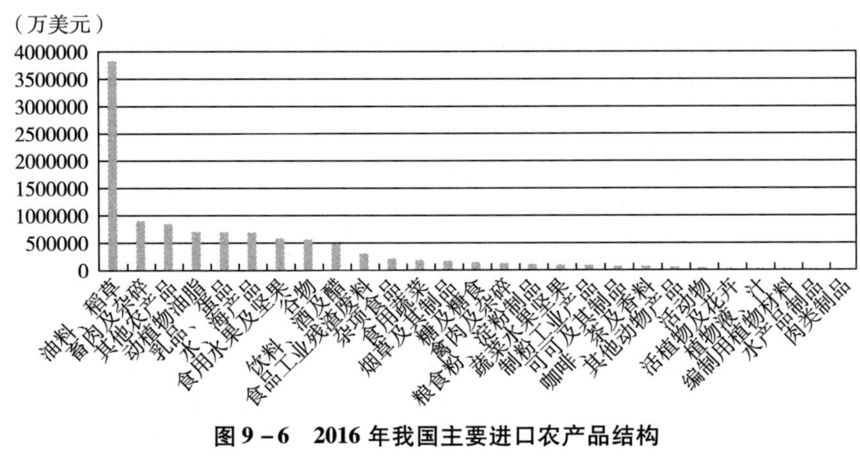

图9－6　2016年我国主要进口农产品结构

① 资料来源：农业部国际合作司：《2016年1—12月我国农产品进出口》，2017年1月28日。

2. 我国农产品出口省份较为集中

2016 年，我国农产品出口较多的省份按金额排序依次为：山东、广东、福建、浙江、辽宁、云南、江苏、广西、河南、上海、湖北、河北，其中山东省的年农产品出口额超过 160 亿元,[①] 是我国农产品出口第一大省。

3. 农产品出口目标地较为集中

从我国农产品进出口的洲际分布来看，面向亚洲的出口额占到了总出口额的 65.2%，居第二位的欧洲只有 14.4%[②]，不及亚洲的 1/4，其他出口目标地依次为北美洲、非洲、南美洲、大洋洲。（见图 9－7）

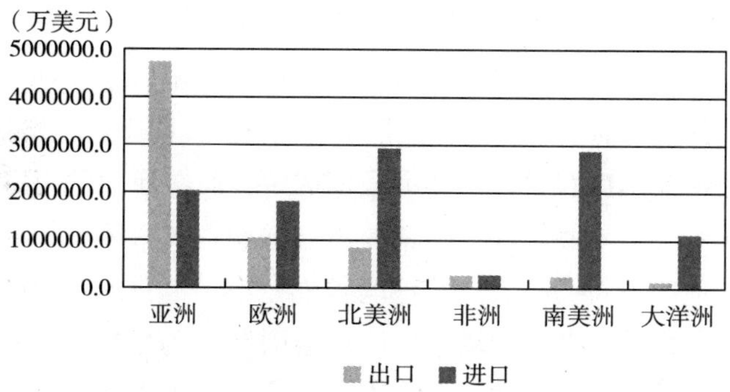

图 9－7 2016 年我国农产品进出口各洲的进出口额对比

我国农产品贸易在各洲的进口和出口差异很大，农产品出口除亚洲为顺差外，其他各洲均为逆差。在亚洲出口金额比进口金额多 270.14 亿美元，而对南美洲逆差额最大，高达 263.78 亿美元，逆差较大的北美洲为 208.74 亿美元。进口南美洲的大豆、豆油、鸡肉、牛肉、糖等食品较多，但对南美洲的农产品出口仅占其进口量的 8.46%；[③] 从北美洲进口的

① 资料来源：中华人民共和国商务部对外贸易司：《2016 年 12 月中国进出口月度统计报告》，2017 年 1 月 21 日。

② 资料来源：中华人民共和国商务部对外贸易司：《2016 年 12 月中国进出口月度统计报告》，2017 年 1 月 21 日。

③ 资料来源：根据中华人民共和国商务部对外贸易司：《2016 年 12 月中国进出口月度统计报告》计算而得。

菜籽油、大豆、豆油等油类农产品，小麦、玉米等大宗农产品，牛肉、鸡肉等肉类产品较多；从大洋洲进口小麦、棉花、牛肉、羊肉、羊毛等产品较多。我国农产品的主要出口地区并不是主要的农产品来源地区，而主要进口来源地区同样也并不是最主要的出口标的国。

分国别来看，我国农产品出口对象前十位的国家或地区均位于亚洲，出口量第一的国家为日本，2016 年我国共向日本出口 100.39 亿美元，占到同期我国农产品出口总金额 13.83%，居第二位的出口目的地为我国香港地区，出口金额为 99.15 亿美元，占我国同期出口额的 13.65%，居第三位的出口国是近邻韩国，出口额为 46.64 亿美元，占我国同期出口额的 6.42%，中国对韩国的出口份额近年来在 10% 左右。[①] 紧接着依次为泰国、马来西亚、越南、中国台湾地区、印度尼西亚、菲律宾，而这些国家或地区无一例外都是亚洲国家，2008 年前后美国曾经长期是中国第三位或第四位的农产品出口国，但近几年美国已经在前十位之外了。

中国农产品出口的 190 个国家或地区中，面向亚洲的出口占到了总出口额的 65.2%，对欧美发达国家的出口金额在大幅缩减，主要原因是欧美国家和地区不断提高农产品检验检疫标准，给我国农产品出口带来了很大障碍，另外，出口市场集中度高会限制市场拓展，容易受个别国家政治、经济或外贸环境的影响，不利于农产品出口市场的稳定，导致风险加大，对我国经济造成实质性损害。

4. 进口市场较为集中

我国农产品进口地区分布相对比较均匀，最多的北美洲占 27%，位居第二位的南美洲占 26%，与北美洲旗鼓相当，来自亚洲、大洋洲、欧洲的进口农产品比例在 15% 左右[②]（见图 9－8）。

我国农产品进口来源国与出口目的国有较大差异，2016 年，从美国和巴西两国进口的农产品接近或超过了 200 亿美元，分别为 238.42 亿美元和 190.49 亿美元，占到同期我国进口总额的 21.55% 和 17.22%，这两个最大进口来源国合计接近于我国进口额的 40%。位于大洋洲的澳大利

① 资料来源：根据中华人民共和国商务部对外贸易司：《2016 年 12 月中国进出口月度统计报告》计算而得。

② 资料来源：根据中华人民共和国商务部对外贸易司：《2016 年 12 月中国进出口月度统计报告》计算而得。

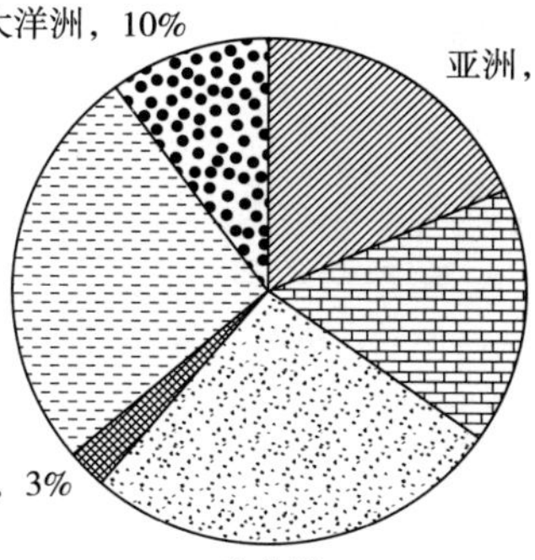

图9－8　2016年分洲进口金额及比例（单位：万美元）

亚和新西兰是我国第三位、第五位的进口来源国，2016年共进口111.96亿美元，占到同期我国进口总额的10.12%，处于第四位的进口国是加拿大，2016年进口53.61亿美元，占同期我国农产品进口额的4.85%①，这也意味着我国从上述五个国家进口的农产品金额超过了我国农产品总进口额的一半以上。居第六位至第十位的农产品进口来源国和金额分别是泰国42.76亿美元、阿根廷42.05亿美元、印度尼西亚37.28亿美元、法国32.67亿美元、越南28.37亿美元。②

（三）我国主要出口农产品存在低价竞争现象

当前，我国出口的农产品主要有水产品及其制品，蔬菜水果坚果及制品，咖啡、茶及调味香料（见图9－9），我国农产品进出口结构主要是品种单一的初级农产品。新鲜和冷冻蔬菜以及茶叶的国际市场占有率相对较高，具有一定竞争优势，其余多数农产品市场占有率偏低，缺少加工型农产品，在农产品国际贸易中竞争优势不足。我国出口农产品类型过于集中势必会导致国内出口企业之间盲目竞争、自相压价，使进口商得到不断走低的价格，但从长远讲，这为进口方对我国农产品提起倾销控告埋下了隐患，会让我国农产品在国际市场上形成低价形象，对农

① 资料来源：根据中华人民共和国商务部对外贸易司：《2016年12月中国进出口月度统计报告》计算而得。

② 资料来源：根据中华人民共和国商务部对外贸易司：《2016年12月中国进出口月度统计报告》计算而得。

产品出口长期发展是有害的。

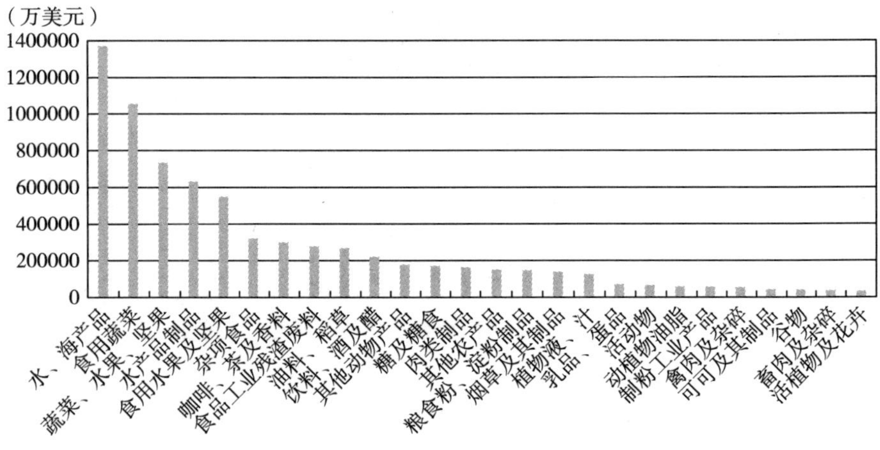

图9－9　2016年中国主要出口农产品

（四）我国出口农产品成本居高不下

加入世界贸易组织后，我国农业生产受到国内和国际双重因素的影响，劳动力、农产品生产成本不断上涨，农产品出口企业整体效益大幅下滑。

1. 内部因素

（1）农资价格上升。近几年，农药、种子、化肥、柴油、农膜等农资价格上涨，而农产品价格涨幅较小，农业种植成本明显增加，这在很大程度上打击了农民种粮的积极性，影响了农产品出口成本，缩减了出口企业的利润空间。

（2）劳动力成本明显上升。随着我国二元经济结构的调整，我国农村剩余劳动力向城市转移的数量逐渐减少，这意味着留在农村从事农业生产的大多是妇女和老人，农业生产需要的青壮年劳动力工资水平大幅提高，这使微利的农业生产面临巨大压力。

（3）农业组织化程度较低。受我国农村人口多、人均土地少的影响，农业分散经营，其经营规模小，大型农业龙头企业较少，劳动生产率低，标准化程度不高，生产经营不科学，主要生产土地密集型农产品，生产成本逐年递增，许多农产品价格已高出国际市场价格，深加工较少，产业链较短，品牌意识淡薄，竞争优势不足，抗击市场风险能力弱。

（4）人民币升值的影响。2005 年 7 月，我国汇率制度由单一制改为以市场供求为基础的有管理的浮动汇率制以来，人民币兑美元汇率中间价由 2005 年 7 月 21 日的 8.27 升值到 2015 年 4 月 14 日的 6.14，10 年时间内升值幅度为 25.8%，① 受汇率升高的影响，中国农产品出口减少、进口增加。汇率的升高对于蔬菜、水果、茶叶以及水海产品等需求价格弹性相对较大的农产品出口影响较大，国际竞争力会显著下降，使本来微利生存的农产品出口企业面临更多困难。

2. 外部因素

（1）发达国家农业补贴较多，国际农产品价格持续下降。"二战"后，欧美发达国家为发展本国农业生产，先后实施了或明或暗的农业补贴政策，实现了农产品生产快速稳定增长，这一政策延续到了今天，甚至发达国家竞相提高农业补贴水平，对其农业生产进行高额补贴。发达国家的农业补贴尤其是以促进出口为目的的出口补贴严重扭曲了农产品的国际市场价格，国际农产品价格大幅降低，包括中国在内的发展中国家的农产品竞争力进一步减弱，出口难度加大。与此同时，由于国内农产品主要是大宗农产品价格高于国际农产品价格，造成了农产品大量进口，导致农业领域内贸易逆差逐年增大。

（2）贸易摩擦增加了农产品出口成本和风险。近年来，欧美发达国家、日本、韩国等中国的主要农产品贸易国不断提高进口农产品技术标准，这些农产品出口的绿色壁垒增加了我国出口农产品检验检疫费用，再加上部分农产品很难达到国外对农药残留标准等苛刻条件，出口受到严重影响，甚至发生货物运至目的国被退回的现象。

（3）加入世界贸易组织承诺。加入世界贸易组织后，我国的关税总水平由 15.3% 降至当前的 9.8%，远远低于发展中国家的平均水平。在农产品贸易领域，根据与世界贸易组织达成的协议，我国在"入世"减让表中所包含的 977 种农产品平均关税已降低到 15.2%，并保持这

① 根据 2015 年中国人民银行公布的汇率计算。

一水平，而世界农产品关税平均水平为62%[①]，中国农产品关税仅为世界平均水平的1/4。失去了关税的巨大保护作用后，我国又逐年增加小麦、玉米、棉花、大米、天然橡胶等重要农产品配额，配额外关税最高也只有65%[②]，其他农产品实行自由贸易，国内农产品市场面临着其他国家质量好、价格优惠的进口农产品的严峻冲击。

四　促进我国农产品出口的措施及经验

改革开放以来，我国农业生产经营规模普遍较小、组织化程度很低，属于典型的分散经营。尽管我国农产品生产发挥了我国农民数量大的人力优势，展现出了劳动密集型产品的低成本优势，但随着我国二元经济结构的逐步调整，国内劳动力成本逐步上涨，劳动密集型和初级加工型农产品的出口将遇到更大困难，而且当前我国农产品对外贸易过程中，面对国际市场需要生产出类型多样、能满足多国需求的农产品，因此，我国在积极做好应对农产品非关税壁垒的同时，调整产业结构，发展深加工农产品出口是扩大农产品出口的必然选择。

（一）优化农产品出口结构

长期以来，我国在国际农产品市场上过多强调劳动力富余、海洋资源丰富等比较优势，一味突出“价格优势”取胜，大量出口水海产品、蔬菜、水果、坚果等制品，农产品出口附加值低、经济效益不高。同时，对其他国家尤其是发达国家的农产品需求缺乏了解和重视，缺乏以出口为导向的差异化定位和营销策略。

当前国际农产品市场消费向绿色、有机方向发展。为满足国际农产品市场需求，扭转我国农产品出口不断下滑的局面，我国应该重点培育具有较强竞争力的产品，大力发展优质特色农业，加快农产品生产结构升级，积极推进符合国际农业标准的农产品，大力发展绿色、有机农业，扩大绿色、健康、有机农产品生产和出口，推进产业链的延伸，保证农产品质量；农产品出口应由初级产品向中间产品，乃至技术含量高、附加值高的最终产品转变；政府应在财政、信贷、税收等方面制定

① 张晓山：《创新农业基本经营制度发展现代农业》，《农业经济问题》2006年第8期。

② 陆纯：《调查称中国农产品平均关税水平不足世界1/4》，《北京青年报》2013年6月30日第3版。

优惠政策，积极与国际市场需求相衔接，构建外向型生态农业示范区，通过提高我国出口农产品质量和丰富品种来增强出口农产品竞争力。因此，2017 年中央一号文件提出创造良好农产品国际贸易环境；优化国内农产品供给结构，扩大优势农产品出口，加大海外推介力度；重点培育“一带一路”沿线及周边国家和地区出口市场，健全农产品贸易反补贴、反倾销和保障措施法律法规，参与制定农产品国际标准，健全农产品进口市场环境；反农产品走私，对进口农产品开展贸易救济调查。

（二）加强农产品出口信息服务能力

我国现有农产品生产单位规模小，从事农产品出口的企业规模也偏小，国际农产品市场信息闭塞或滞后，获取生产经营和市场信息有限，因此，面对风云变幻的国际市场，要密切跟踪监测，及时通报国际农产品市场信息；丰富和加强商务部主办的全国农产品商务信息公共服务平台建设，为出口企业做好咨询和信息服务工作；建立针对扩大农产品出口的信息收集、分析和预警监测等相关服务，以减少和避免国内出口企业经营风险。

1. 提供国内外市场供需及价格动态情况

为防止农产品种植或养殖的扎堆行为，国家应至少建立对大宗农产品的宏观监测预警系统，密切跟踪市场变化，及时掌握国际市场农产品供求状况、价格变动趋势，监测、分析农产品未来的供求变化情况，及时发布信息，通过提供有效科学的信息服务和引导，提高我国出口农产品的价值，减少单个企业出口的盲目性；建立有效的出口调控机制，保持农产品出口稳健增长。

2. 及时提供贸易壁垒信息

我国农业部等政府部门应组织相关力量，在现有的几个市场报告和大宗商品月度报告的基础上，全面了解、研究主要贸易伙伴对进口农产品的技术标准和技术贸易壁垒情况，及时向农业生产者和出口企业发布贸易伙伴国技术性贸易壁垒的最新动态，以及国外动物疫病疫情、检验检疫标准等动态信息，以使我国农业企业按农产品技术标准组织农产品生产。建立预警和检测体系，积极防御国外农产品的技术性要求。

3. 汇率波动的风险提示

农业企业由于对贸易伙伴国汇率变动和金融信息了解不足，对风险认识不足，从而给我国出口企业带来重大损失的事件，因此，政府应密切跟踪主要货币的波动情况并及时发布预警信息，企业应培养精通经济和金融知识的人才，以便快速应对市场变化，选择有利的结汇币种，以降低出口成本，化解农产品出口过程中因汇率变动而带来的经济损失。

（三）培育壮大农业龙头企业，加强农产品品牌建设

随着各国经济发展水平提高和贸易竞争的加剧，世界主要国家对进口农产品的要求不再仅限于价格，而更关注质量、服务与品牌知名度。要迎合国际市场这一变化，势必要支持培育、扩大各种形式的农业龙头企业，发展国内大型农业跨国企业，以加强出口农产品质量控制、拓展仓储运输流通体系、加大农产品生产运输研发能力、完善农产品出口一体化程度，提高出口农产品产业集中度，强化我国农产品在国际市场上的竞争能力和抗风险能力。

要持续扩大农产品出口，就必须积极进行技术创新、质量管控，发展区域特色、绿色、有机健康食品；实施出口农产品品牌化经营之路，以塑造中国农产品在国际消费者心目中的良好形象；各农业龙头企业应根据其农产品特色和受众群体选准目标市场，发挥我国农产品生产优势；打造国际知名自主品牌，提高农产品竞争力；通过积极参加国际农产品贸易交流会等机会，发挥龙头企业专业化、规模化、集约化优势，带动国内农产品出口全面快速发展。

（四）建设农产品国际贸易电子商务体系

当前，各行各业都处在“互联网＋”的风口，电子商务将对传统农产品国际贸易带来较大冲击，通过电子商务开展农产品国际贸易将会是未来重要的贸易方式，贸易效率会有较大提升，这种新兴贸易方式是时代的潮流，我国农产品外贸企业要紧抓这一机会，研究突破农产品长距离运输和存储以及鲜活农产品运输的技术难题，加快以冷藏和低温仓储运输为主的农产品冷链系统建设，降低农产品流通成本；积极扶持国内敦煌网、速卖通，国际的eBay等国际电子商务企业，支持其开展农产品国际贸易业务；完善农产品电子商务交易体系，以开辟我国农产品对外贸易新型渠道。

（五）增加农业补贴，完善农产品出口政策性信用保险制度

由于农业是遭受自然风险和市场风险的弱势产业，在国际贸易中也

很容易成为贸易壁垒的牺牲品，促进农产品出口离不开政府政策与财政补贴的支持。遵照国际惯例，主要发达国家都在对农业进行大量补贴，在 WTO 框架下，我国要充分运用“绿箱”政策下农业科研、基础设施建设、病虫害控制、农机培训推广、检验服务等措施，继续增加政府对出口农产品的支持力度，对农业生产者提供符合乌拉圭回合协议的直接现金补贴。

在增加财政补贴基础上，我国还应充分运用 WTO“黄箱”政策，加大对农产品出口贸易的支持与补贴力度。因为农产品相对于其他工业品有易腐、附加值低等特点，国家应探索建立出口农产品贸易的农业保险制度，财政对出口农产品给予一定比例的保险补贴，以保障我国农产品出口可持续，减轻农产品出口商业风险。

（六）支持健全农产品质量安全体系

近些年，国际经济不景气，各国贸易中非关税壁垒种类花样迭出，贸易保护主义不断升级，建立健全我国农产品质量安全体系，保障农产品出口迫在眉睫。要依据国际标准建立严格的出口农产品质量标准和技术规范；加强动植物产品的重大疫病快速测报和扑灭机制，严格控制我国各类优势农产品的质量标准，加强农产品质量、绿色食品和环境管理体系的培训和认证，全面提高农产品的质量以及安全水平，突破我国出口技术壁垒障碍。同时，我国商务部门要做好农产品国际贸易争端的处理程序，大多数农业生产者或贸易企业面对贸易争端会显得束手无策。如 2015 年春节前夕，“中国大蒜之乡”山东省兰陵县出口到韩国的 2200 吨大蒜被认定为质量不合格，最终被退回，给蒜农带来了巨大损失，事后查明主要是两方面的原因：一是韩国大蒜代理公司没有将韩国政府的检验程序及方法完整告诉蒜农，导致检测部门检测方法不同；二是我国蒜农没有外贸经验，不熟悉外贸流程，缺乏风险防范意识。这种质量和程序上的问题，恰恰是我国商务部门应及时介入，对农业生产和销售企业进行培训管理的地方，靠单个蒜农自己去了解外贸方面的知识，只能遭受更多损失。

第十章

农村生态文明建设

生态文明建设是国家继物质文明、精神文明、政治文明之后提出的在新时期建设和发展中国特色社会主义的文明执政理念，党的十六大确立了全面建设小康社会的生态目标，即可持续发展能力不断增强，生态环境得到改善，资源利用效率显著提高，促进人与自然和谐，推动整个社会走上生产发展、生活富裕、生态良好的文明发展道路。2007 年 11 月，党的十七大报告首次提出了建设社会主义生态文明的战略目标，突出了生态文明建设的地位。党的十八大提出要更加积极地保护生态，努力走向社会主义生态文明新时代。农村生态文明建设是可持续发展战略下实现全国生态文明建设的一个重要方面，只有建设好农村生态文明，才能更好地解决“三农”问题；只有改善农村生态环境，推进农村政治、经济、文化和社会可持续协调发展，才能统筹推进城乡一体化发展，实现全面建成小康社会和社会进步的奋斗目标，使全体人民共享社会主义改革和发展成果，最终实现人与自然和谐共处。

第一节　农村生态文明建设的现状

一　农村生态文明建设的概念及内涵

（一）生态文明的概念

文明是人类社会发展中优秀成分的累积以及社会生存方式中物质成果和精神成果的反映。生态文明是指人类在适应自然、改造自然环境的过程中，通过正确地处理人与自然环境的关系，优化和改善自然环境，减少人类生产生活过程中存在的破坏性行为，增加生态效益和环境效益，由此促进人与自然、人与社会和谐发展，生态环境可持续良性发展等一系列制度、物质等多方面的综合成果，包括生态环境、生态意识和生态制度等。[①] 生态文明的本质在于发挥人的主观能动性的同时必须遵循客观规律，实现人与自然和谐发展。

农村生态文明是基于可持续发展战略和农村生态系统理论，并以农业产业和农村自然社会环境为基础，协调人与自然的关系，优化美化农村自然社会环境，通过改善和优化农业产业结构，并转变农村经济发展方式，以实现农村经济可持续发展的战略选择。农村生态文明包括生态文明农业产业、生态文明居住环境、和谐社会关系、农村自然社会环境和农村生态文化五个方面的内涵。

（二）农村生态文明建设的内容

1. 优化和布局农业产业结构

农村生态文明建设水平体现为农业产业优化组合产生的经济效益和生态效益的统一。[②] 生态文明注重以人为本，实现人与自然的和谐发展，在发展农业产业的过程中，既需要注重提高农业产出的经济效益，又需要优化农业产业结构，追求生态环境效益、社会效益。农业产业结构优化调整是根据因地制宜和投入产出最优原则，合理布局农、林、牧、副、渔种植生产，实现农产品生产始端与消费终端的一体化供应链衔接。发展生态农业需引入第三产业发展模式，即更多地选择发展生态观光农业、农业服务业、农业旅游业、无公害绿色农业，实现农业产业的商业化运作，只有通过不断优化调整，才能充分发挥农业基础产业的优势，带动农业剩余劳动力就业，为实现统筹城乡一体化发展提供基础。

2. 建设优美且符合生态原则的文明居住条件

社会主义新农村建设是农村生态文明建设的有益尝试，是符合生态文明原则，优化农村空间格局和改善农民居住条件的合理选择。新农村建设要求优化人居环境，实现农村街道规划整齐有序、布局合理，完善农村公共基础设施，方便农村居民发展农业生产和居住。

---

① 阮文彪：《科学发展观与农业可持续发展》，中国经济出版社 2005 年版，第 87 页。

② 阮文彪：《科学发展观与农业可持续发展》，中国经济出版社 2005 年版，第 88 页。

3. 美化农村自然环境

良好的自然生态环境是农民生产生活和农村社会和谐发展的物质基础，包括生态环境、生物环境和地下资源环境。美化自然环境在于杜绝环境污染和生态破坏，防止水土流失和生态退化，消除土壤和水体污染，优化土地资源，保护生态物种的多样性，节约利用自然资源和土地，实施退耕还林还草，开展土地荒漠化治理，发展生态立体化农业。设立动植物自然生态公园和保护区也是美化农村自然环境的合理选择。优美的自然环境不仅适应于当代人长久生存，更有益于子孙后代的繁衍生息。人与自然和谐关系的建设也是正确处理人与人之间社会关系，倡导和践行社会主义核心价值观，尊重自然，适应自然，保护自然，形成人与自然和谐共处局面的综合性过程。这个过程也包括乡村公共文化、公共安全、老年人事业、儿童福利等多方面的建设及和谐发展。

二　农村生态文明建设的要求

（一）科学发展观的要求

科学发展观是坚持和发展中国特色社会主义经济、政治、文化、社会、生态五位一体，使其协调可持续进步的重要战略方针，这一战略的指导思想要求在发展经济的过程中，要注重保护自然环境、维护生态安全、保持社会安定有序健康发展，实现人的全面自由以及人与自然、人与人的和谐共处。生态文明建设是与科学发展观相衔接的中国特色社会主义建设的必然选择，推进农村生态文明建设需要实现乡村社会建设和自然生态环境的综合统一，正确处理自然环境和乡村经济发展的辩证关系。

（二）新农村建设的要求

社会主义新农村建设是农民生存状态、农业生产条件、农村环境格局三个方面的综合统一，新农村建设是为了改善乡村人居生存环境，推动农业生产发展，从根本上解决制约农村发展的“瓶颈”难题，推动农村可持续发展的过程。农业产业的可持续发展不仅要求降低农业生产投入成本以提高农业产出收益，优化农业生产结构以调整农民收入结构来源，而且要求注重环境整体生态系统效益和自然资源优化开发利用，应用现代农业科学技术实现农业可持续发展；也要求优化国土资源空间布局结构，节约稀缺耕地土壤资源。农村人居环境大幅度优化在于解决当前农村居住卫生环境状况的“脏、乱、差”问题，通过“净化、绿化、美化、亮化、硬化”来改善人居环境，使农村自然环境适宜于农村居民生产生活。农村人居环境也需要引导农民摒弃传统、落后的生产方式，以现代科技提高农业产出，实现由传统的粗放浪费型农业产出增长方式向现代的资源节约型农业产出增长方式根本性转变。

（三）和谐社会建设的要求

和谐社会建设是农村生态文明建设的又一要求，体现了乡村发展与农村生态环境的相互依存、相互依赖的辩证关系，在适应和改造自然环境过程中，需要协调生产生活与自然环境之间的关系，做到既推动农业生产发展，又保护农村自然生态环境。[①] 当前我国农村生态环境面临严重生态危机，农村自然生态环境的脆弱性要求农村居民合理利用资源、控制和消除环境污染、保护生态环境。构建社会主义和谐社会是基于尊重自然和保护生态环境为前提条件的，解决社会民生问题，使全体人民共享社会主义改革和发展的成果，增加社会福利，完善就业、医疗、教育、财政补贴、金融服务、社会保障、住房保障等与人民生活息息相关的社会生活领域的建设，实现城乡协调发展，才能够更好地推动和谐社会建设，进而统筹推进农村生态文明建设。

三　农村生态文明建设的现状

改革开放以来，国家一直重视农村生态治理，取得了一定成绩，但是，依然存在较多问题，有必要分析我国农村生态文明建设的现状。

（一）农业科技投入不够

我国城乡二元结构使农村经济发展方式落后，呈现出粗放式增长，农村经济发展滞后于城市经济发展。农业科技进步是促进农村经济转型的重要环节，但是，我国农业科研资金投入不足造成农业科技力量薄弱，高等大专院校和科研院所农业科研成果无法有效转换为现实生产力，严重制约着农业产出增加。从国际经验来看，农业科技开发、应用、转化三个阶段投入的比例一般为1∶10∶100，但是，我国在这三个方面的投入比例较低，特别是在农业科技转换方面的投入，远远低于国际水平。以我国上海地区为例，这三个阶段的投入比例为1∶5∶26，由

---

① 林德宏：《改造自然和保护自然》，《哲学研究》1993年第10期。

此可见，较低的农业科研投入不利于我国农业可持续发展。①

（二）农村生态破坏和环境污染问题严重

农村地区生态破坏和环境污染问题已经日益严重，环境污染主要集中在水污染、土壤污染、农业污染、化肥污染、地膜污染以及生活污染等方面。生态破坏表现为水土流失严重，森林资源过度开发，草场退化、耕地荒漠化严重以及生物种类多样性减少等。水污染问题与化工、印染、电镀等污染企业直接相关，这类企业从城市转移至乡村，大量排放污染物加剧了农村地区水体污染，危及农村居民生命健康。在农村，有相当比例的农村饮用水水源地没有得到有效保护，原因在于乡镇企业污染治理不力，政府相关部门监测监管能力薄弱。土地荒漠化与农村地区居民过度开采森林、过度放牧等不良行为直接相关。统计数据显示，我国土地荒漠化主要集中在西部和中部地区，两区域土地荒漠化的面积占到了土地荒漠化总面积的45%，我国北方地区土地荒漠化总面积约为1758万平方千米②，土地荒漠化形势极为严峻，农村生态文明建设任重道远。

（三）农村生态文化建设滞后

提高农民生态文明意识更多依赖于促进农民综合素质的提升。农村生态文化建设中最为重要的是倡导绿色发展观念，使农民发挥主观能动性，自觉遵循自然规律，保护生态环境。农村生态文化涵盖物质层面、制度层面和行为层面三个方面。

城乡二元结构下，农村生态文化建设的物质层面，基层环保部门对农村环境保护重视程度低，环保基础设施建设资金投入不足。目前，世界上大多数国家的环保费用占本国GDP的0.5%—2.0%，其中发达国家为1%—2%，发展中国家为0.5%—1%。然而，数据显示，在“七五”和“八五”期间，我国实际环境保护投资总额占国内生产总值的比例均低于0.86%，远远低于发达国家的投资水平。③

农村生态文化建设制度层面涉及环境保护法的贯彻落实，我国农村地区环境保护法制建设滞后，农村地区环境资源产权不明，邻里纠纷极

① 贾敬敦：《新农村建设与农村科技发展战略》，中国农业出版社2007年版，第76页。

② 万晔：《我国水土流失区域分布宏观特征、规律和水土保持生态建设方略探讨》，《资源环境与发展》2007年第2期。

③ 龚玉荣、沈颂东：《环保投资现状及问题的研究》，《工业技术经济》2002年第2期。

为普遍。从农村生态文化行为层面来看，经济利益因素影响了政府的环保管理行动，也影响了农民选择先进无污染的现代农业生产方式。片面追求经济发展，破坏生态环境让我们付出了极大代价。

四 农村生态环境治理的成就

1. 新农村建设和生活环境污染治理的成效

近年来，国家开展了新农村建设，治理农村柴草乱堆、粪土乱堆、垃圾乱倒、禽畜排泄乱排放等问题；加强了垃圾、污水、粪便等生活废弃物的收集、清理、运输、处理和综合利用等工作。1999 年，我国全面开展退耕还林、还草修复工程，防止水土流失和土地荒漠化；2010 年国务院几个部委出台了《关于加强生活垃圾处理和污染综合治理工作的意见》，其中第八条规定提出加大农村生活垃圾综合治理力度，把沼气建设、有机垃圾发酵池建设和农村改厕结合起来，处理农村生活垃圾。“十一五”以来，中央累计投入农村沼气建设资金达 212 亿元，沼气建设有利于将菜叶、菜根和谷皮果壳等有机物转化成清洁能源。

2. 水资源保护成就

（1）实施农村饮水安全工程。水是生命之源，农村地区水源安全直接关系到农村居民的生命安全。“十一五”期间，我国解决了 1 亿农村人口饮用高氟水、高砷水、苦咸水、污染水和血吸虫病区、微生物超标等水质不达标以及局部地区严重缺水问题；“十二五”期间，建设农村饮水安全工程是社会主义新农村建设的关键内容之一，我国解决了 2.98 亿农村人口、11.4 万所农村学校师生的饮水安全问题；这 10 年，就农村饮水工程而言，我国资金投入约为 1786 亿元，解决了 3.26 亿人口的饮水安全问题，其中，农村地区的居民和学校师生受益最为显著，受益人口比例为 38%，2004 年农村集中供水工程受益人口比例为 38%，2011 年，这一比例增加至 63%①，至此，我国在解决农村地区饮水安全问题上迈出了重要一步。

（2）实施节水及水生态保护治理。2014 年、2015 年、2016 年中央一号文件提出严格水资源管理制度，控制水资源消耗，大力推广农业节

① 文静、李睿：《“十二五”期间我国将解决约 3 亿农村居民饮水安全问题》，新华网，http：//news.163.com，2012 年 10 月 29 日。

水技术，分区域大规模推进高效节水灌溉。2017年中央一号文件提出大规模建设滴灌、水肥一体化等现代化农业节水灌溉工程，建立节水标准体系；严格限制生态脆弱地区抽取地下水灌溉；实施第三次全国水资源调查，全面推进农业水价综合改革，形成节水价格激励机制；开展县域节水达标考核，推行用水定额管理。

2015年中央一号文件提出建立国家水资源督察制度和水资源建设项目论证制度。加大水污染防治，增强水生生物资源增殖保护，保护水生态，建设重要水源地生态清洁小流域重点工程。为严格落实水资源管理制度，控制用水总量和强度，2015年、2016年中央一号文件提出对河湖水域岸线用水实行管制。

国家为使农业资源得到休养生息，2014年中央一号文件提出编制突出农业环境问题治理总体规划。2015年、2016年中央一号文件提出综合治理地下水漏斗区、超采区，监测地下水量。2014年、2017年中央一号文件提出综合治理华北地下水超采区。实施水土保持重点建设工程，建设生态清洁小流域。

2014年中央一号文件提出综合整治江河湖泊，严格控制渔业捕捞强度，继续实施增殖放流，修复水产养殖生态环境。2016年、2017年中央一号文件提出编制山水林田湖休养生息规划，实施生态保护、治理修复。2016年中央一号文件提出综合治理重点区域水土流失，试点跨地区跨流域水生态保护补偿，开展连通江河湖库水系工程；2017年中央一号文件提出启动长江经济带生态修复工程；2017年国家全面推行河长制，建立省市县乡四级河长体系。

五　退耕还林政策

1997年，中央决定实施西部大开发战略，该战略包括了生态建设等一系列措施，努力再造一个山川秀美的西北地区。1999年，我国全面开展农村地区退耕还林、还草修复工程。

退耕还林政策是党中央、国务院在21世纪做出的重大战略决策，既是实现可持续发展战略的重大举措，也是西部大开发建设的重要内容和根本切入点，是一项政策性强、任务重、工期长、涉及面广的生态建设工程。退耕还林主要解决重点地区的水土流失问题，实施退耕还林是控制长江、黄河流域水土流失，缓解生态危机，减少土地荒漠化，减轻北方地区风沙危害，提高土地生产能力，促进西部地区经济发展和生态可持续发展的重大选择。①

（一）退耕还林政策实施的背景

1. 退耕还林的宏观政策背景

1999 年，朱镕基总理提出“退耕还林、封山绿化”，四川、陕西和甘肃三省开展了退耕还林试点工程。2000 年，国家林业局等部门发布通知，在长江上游、黄河上中游地区进行退耕还林（草）试点示范，国务院发布了《关于进一步做好退耕还林还草试点工作的若干意见》，至此，中央对退耕还林的认识提升到了空前高度，强化对退耕还林的制度供给，并投入巨额资金和实物保障政策有效施行。2001 年，退耕还林试点完成 1743. 6 万亩的退耕还林还草任务和 1501. 8 万亩的荒山荒地造林任务，投入资金达 76. 8 亿元。2002 年 4 月，国务院发布了《关于进一步完善退耕还林政策措施的若干意见》，同年 12 月，国务院颁布《退耕还林条例》，退耕还林工程在全国 25 个省（区、市）全面开启。2003 年年底，退耕还林工程覆盖了 30 个省区市，1600 个县。2004 年，国家对退耕户由补助粮食改为补助现金。2007 年的退耕还林补助标准为黄河流域及北方地区每亩每年补助退耕户 70 元，长江流域及南方地区每亩每年补助退耕户 105 元，补助期为还经济林 5 年，还草 2 年，还生态林 8 年，退耕户承担管护责任。②

2. 退耕还林政策实施的自然背景

20 世纪末期，我国水土流失面积 356 万平方千米，占国土面积的 37. 1%，水力侵蚀面积 165 万平方千米，风流侵蚀面积 191 万平方千米。③ 水土流失面积主要分布在退耕还林地区，加上人为不合理地过度开垦土地，过度采伐植被资源，使水土流失现象越发严重。水土流失导致土地退化、生态环境恶化，长江流域和黄河流域面临重大生态环境问题。土地荒漠化和沙化是我国面临的另一大生态环境危机，全国共有 8 大沙漠、4 大沙地，1300 多万公顷农田和 1 亿公顷草场受到风沙危害，

---

① 孔凡斌：《中国退耕还林工程政策》，中国环境科学出版社 2006 年版，第 11 页。

② 宋洪远：《中国“三农”重要政策执行情况及实施机制研究》，科学出版社 2016 年版，第 39 页。

③ 孔凡斌：《中国退耕还林工程政策》，中国环境科学出版社 2006 年版，第 2 页。

且都集中在退耕还林区。从土地荒漠化和沙化的行政区域来看，主要分布在新疆、内蒙古、西藏、甘肃、青海、陕西、宁夏、河北8个省份，占全国荒漠化面积的98.45%。[①] 因此，土地荒漠化和沙化是生态功能退化的表现，加快生态环境建设十分迫切。

（二）退耕还林政策的基本内容、重点思路及措施

1. 退耕还林政策的基本界定

中央规定凡是粮食产量低和水土流失严重的坡耕地、沙化耕地，应根据国家批准的规划实施退耕还林。《退耕还林工程总体规划》（国家林业局，2003）指出，从2000—2010年，我国在长江、黄河中上游地区以及其他生态位置异常重要的地方全面开展退耕还林工程。

退耕还林工程所要“退”的林地类型主要分为四类，即荒山、荒地（包括草坡、灌木坡、竹丛地和荒地），农耕地、四旁地和撂荒地；采伐地和火烧迹地；已局部更新的迹地、次生林地及林冠下造林地。退耕地认定一般应是坡度为25度以上的耕地、植被指数值在0.2以下的坡耕地、生态质量等级在4级以下的坡耕地。退耕要有重点，分步实施，优先安排25度以上陡坡地，石质地、山脉顶脊地带，然后再安排15度到25度之间的生态脆弱地带的坡耕地。[②]

从“还”的角度来讲，主要设计“还”的对象和“还”的方式，即还林还是还草，还生态林还是还经济林，《退耕还林条例》中规定要坚持“生态优先”原则，“营造生态面积不得低于县退耕还林土地面积的80%”。[③] “还”的方式涉及地形，即是在退耕地上还是在宜林宜荒地上还林还草。造林方式是对植树造林、播种造林、分植造林三种人工造林方式的选择[④]，这三种方式各具不同特点，因此，要选择适宜的方式进行人工造林。

2. 退耕还林政策的补偿保障体系

退耕还林补偿保障是以财政为核心的经济保障体系以及稳定的政策制度供给保障体系，退耕还林补偿采取的是组合补偿方式，既补助生产

① 孔凡斌：《中国退耕还林工程政策》，中国环境科学出版社2006年版，第3页。

② 陈健生：《退耕还林与西部可持续发展》，西南财经大学出版社2006年版，第88页。

③ 国务院《退耕还林条例》，中国林业出版社2003年版，第8页。

④ 陈健生：《退耕还林与西部可持续发展》，西南财经大学出版社2006年版，第90页。

也补助生活，既补实物又补现金，如对长江上游地区提供150千克/亩、黄河中上游地区100千克/亩的粮食补助，又提供每年20元/亩的现金补助。[①] 此外，退耕还林明确地界定了工程实施后的管理职责和权限，降低了政策实施的管理维护成本。

3. 退耕还林政策的林权问题

退耕还林政策实施以来，始终坚持“谁退耕，谁造林，谁经营，谁受益”的基本原则[②]，由此确定土地所有权和使用权；农民承包的耕地、宜林、荒山、荒地造林等土地类型，承包期限予以延长，并且赋予合法土地流转权，实现土地资源的价值增值和价值转移。从退耕还林的落实形式来看，这一工程采取多种形式推进退耕还林，鼓励在有条件的地区实行集中连片造林，鼓励个人兴办家庭林场，实行多种经营。从农民的角度来看，退耕还林中的“管”是指退耕还林农户对新造林地的管护，是一种狭义的森林管护，森林管护是由林木生态与生长规律所决定的，在个人承包、分户经营的前提下，管护以家庭为基础，但个人或家庭管护能力存在问题。[③] 林权是界定退耕还林收益如何分配的关键，即退耕还林政策积累形成的经济效益、社会效益、生态效益以及农业产出收入如何在退耕还林中的政府、企事业单位、社会团体、农业造林专业户、农民个人等参与主体之间进行利益分配，这需要健全退耕还林政策体系、利益分配体系和成本分摊机制，进而形成更好的激励约束机制。

（三）退耕还林政策对解决“三农”问题的作用及影响

1. 退耕还林政策对农民收入的影响

（1）退耕还林政策增加了农民收入。退耕还林工程的实施有利于增加农民收入，激励农民积极从事农业生产经营活动。从2008年国家林业局抽样调查的结果来看，1998年，样本县农民人均纯收入仅有894元，是全国农民人均纯收入水平的41.39%，与全国相差1266元；2007年，样本县农民人均纯收入达到4139元，与全国农民人均纯收入相差仅1元，是同期全国农民人均纯收入的99.98%。退耕还林政策实

① 陈健生：《退耕还林与西部可持续发展》，西南财经大学出版社2006年版，第91页。

② 国务院《退耕还林条例》，中国林业出版社2003年版，第2页。

③ 陈健生：《退耕还林与西部可持续发展》，西南财经大学出版社2006年版，第93—94页。

施10年间使农民人均纯收入水平提高了58.59个百分点，政策效果十分显著（见表10－1）。

表10－1　样本县退耕还林实施前后农民人均纯收入与全国比较①　单位：元

农民人均纯收入＼年份	1998	2004	2005	2006	2007
全国	2160	2936	3255	3587	4140
样本户	894	2215	2942	3360	4139

（2）退耕还林补贴政策效益显著。2012年，国家林业局退耕还林工程社会经济效益监测项目组继续对100个退耕还林工程县的1156户退耕农户连续跟踪监测。从2011年和2012年对样本农户的调查来看，中央加大转移支付力度，2011年为2746.00元，2012年达到2904.00元，2012年较2011年增加了5.87%；特别是退耕还林补助政策，直接增加农民收入，2011年为1450.00元，2012年为1254.00元；农业补贴增幅很大，有利于增加农民收入。2011年为475.00元，2012年增加到532.00元，2011年比2012年增加了12.00%（见表10－2）。

表10－2　样本农户转移支付收入②　单位：元

	项目	1998年	2011年	2012年	2012年比2011年增加（%）
转移性收入	总计	0.00	2743.00	2904.00	5.87
	退耕还林补助	0.00	1450.00	1254.00	－13.52
	其他转移性支付	0.00	818.00	1333.00	62.96
	农业直补	0.00	475.00	532.00	12.00

（3）农民收入来源多元化。农业产业结构的调整有利于释放农业

① 根据国家林业局经济发展研究中心、国家林业局发展计划与资金管理局《国家林业重点工程社会经济效益检测报告（2008）》整理而得。

② 国家林业局经济发展研究中心、国家林业局发展计划与资金管理局：《国家林业重点工程社会经济效益检测报告（2013）》，中国林业出版社2013年版，第112页。

剩余劳动力，可以间接地增加农民收入。退耕还林政策的实施使农业产业结构得以调整，从而间接促进农民各项收入不断增加。以国家林业重点工程样本县为例，农业产业结构调整使种植业收入连年下降，农民有更多机会参与其他产业生产，带动农民就业，从而增加农民收入。1998年农民林业收入仅有316元，2011年增加至4724元；外出务工收入从1998年的956元增加至2012年的10717元，增加了9761元；工副业收入增加最为显著，从1998年的431元增加到2012年的5706，增加5275元，增速极快（见表10－4）。

表10－3　　国家林业重点工程样本户收入结构比①　　单位：%

项目＼年份	1998	2011	2012
种植业收入	62.76	27.89	26.40
养殖业收入	15.94	19.53	14.64
林业收入	3.95	13.08	12.53
工副业收入	5.39	14.43	13.71
劳务收入	11.95	27.21	25.75
转移性收入	0.00	7.59	6.98
财产性收入	0.00	4.69	3.20

表10－4　　样本农户收入来源统计②　　单位：元

项目		1998年	2011年	2012年
种植业收入	总计	5019	10076	10988
	粮食作物	2542	5370	5824
	经济作物	2477	4706	5164
养殖业收入		1275	7056	6095
林业收入		316	4724	5215

① 资料来源：根据国家林业局经济发展研究中心、国家林业局发展计划与资金管理局《国家林业重点工程社会经济效益检测报告（2013）》计算而得。

② 资料来源：根据国家林业局经济发展研究中心、国家林业局发展计划与资金管理局《国家林业重点工程社会经济效益检测报告（2013）》计算而得。

续表

项目	1998年	2011年	2012年
工副业收入	431	5211	5706
劳务收入	956	9829	10717
转移性收入	0	2743	2904
财产性收入	0	1694	1333
收入总计	7997	36122	41625

农业产业结构的调整释放出更多农业劳动力，农民外出务工的机会也相应增加，从而带动农民流动，加强与外界交流，更新思想观念。1998年，样本县外出务工人员劳务收入956元，2012年，样本县外出务工人数958.94万人，外出务工人数占乡村人口的比例为25.65%，占乡村从业人员的比例为45.06%，劳务收入10717元。2012年和2011年相比，样本县外出务工人数减少了3.08万人，下降0.32%①，外出务工收入增加了888元。

2. 退耕还林政策对生态环境建设的影响

退耕还林政策的实施改善了农村生态环境。退耕还林各工程项目取得了良好成绩，森林覆盖率不断提高。从2001年到2007年，退耕还林年度退耕地造林面积、造林面积总计、用材林、经济林、防护林、薪炭林以及特种用途林总计分别为6725433公顷、18658940公顷、2319975公顷、1459107公顷、37436629公顷、117417公顷、24539公顷；其中2004年各项工程完成造林面积最大，各项工程累计完成29374042公顷，2001—2007年各项工程累计完成造林面积66742040公顷（见表10－5）。

表10－5　　2001—2007年全国退耕还林工程造林情况②　　单位：公顷

年份	年度退耕地造林面积	造林面积总计	用材林	经济林	防护林	薪炭林	特种用途林	合计
2001	405442	890292	78330	96889	713178	1774	121	2186026
2002	2039768	4423607	384107	429402	3578892	24826	6380	10886982

① 资料来源：根据国家林业局经济发展研究中心、国家林业局发展计划与资金管理局《国家林业重点工程社会经济效益检测报告（2013）》计算而得。

② 资料来源：根据国家林业局《2002—2008年全国林业统计》数据整理而得。

续表

年份	年度退耕地造林面积	造林面积总计	用材林	经济林	防护林	薪炭林	特种用途林	合计
2003	3085926	6196128	702147	486591	4950884	46000	10506	15478182
2004	248958	3217542	461084	207686	25214155	21035	3582	29374042
2005	667390	1898360	328321	109916	1444216	14506	1402	4464111
2006	218492	976991	146405	66020	757959	5135	1468	2172470
2007	59457	1056020	219581	62603	777345	4141	1080	2180227
合计	6725433	18658940	2319975	1459107	37436629	117417	24539	66742040

退耕还林政策使生态环境得到明显改善，农作物受灾面积逐年减小；水土流失面积逐年减小，1999—2007 年，水土流失面积降低了 6.01 个百分点，水土流失问题得到有效治理；扬沙次数减少，土地沙化问题得到有效解决；土地结构得以优化（见表 10 -6）。

表 10 -6　　1999—2007 年样本县生态环境效益①

年份	1999	2000	2001	2002	2003	2004	2005	2006	2007
森林覆盖率（%）	20.87	21.22	21.59	22.91	22.57	26.23	26.98	30.08	30.21
农作物受灾面积（万公顷）	287.2	238.4	159.5	121.5	109.3	104.7	166.9	154.3	160.3
水土流失面积与行政区面积比（%）	39.73	38.60	37.62	36.36	35.31	34.41	33.81	34.86	33.72
沙化面积（公顷）	526	563	550	469	359	401	197	392	286
扬沙次数（次）	526	563	550	469	359	401	297	392	286
25 度以上坡度耕地面积占总耕地面积的比重（%）	19.43	18.73	18.33	17.09	14.74	13.99	13.08	13.22	13.25
15 度—25 度坡度耕地面积占总面积的比重（%）	24.37	24.52	24.28	23.98	23.73	23.22	23.71	23.27	24.04

① 资料来源：根据国家林业局经济发展研究中心、国家林业局发展计划与资金管理局《国家林业重点工程社会经济效益检测报告（2008）》整理计算而得。

从样本县退耕还林政策实施的结果来看，1998—2006年，样本县生态效益明显提高，土壤侵蚀模数减少了26.59%，水土流失面积减少了19.61%，扬沙次数减少了26.59%，土壤侵蚀面积减少了36.08%；黄河流域和长江流域生态环境得到了有效的改善（见表10－7）。

表10－7　1998—2006年样本县主要生态指标变化[①]　单位：%

增减	全部样本县	长江流域样本县	黄河流域样本县
水土流失面积	－19.61	－21.79	－14.91
土壤侵蚀模数	－26.59	－9.47	－11.61
土壤侵蚀面积	－36.08	17.68	－37.37
扬沙次数	－26.59	－47.06	－24.34

3. 退耕还林政策对农业生产的影响

（1）农作物种植结构。土地是农业生产的基础，也是维持农民生计的根本保障。从2012年样本村的农作物种植结构来看，样本村完成林果茶叶、种植业等农业产业面积2.15万亩，比2011年减少了2459.09亩，下降了10.28%，其中，茶叶、毛竹和油茶种植面积有所增加，中药材、工业原料林等种植面积有所减少。2008—2012年样本村累计完成7.50万亩林果等农业产业种植[②]（见表10－8、图10－1）。

表10－8　2012年样本县农作物种植比例构成[③]　单位：%

中药材	果业	工业原料林	蔬菜	茶叶	油茶	毛竹	其他
19.37	19.00	10.36	8.71	4.32	3.09	1.39	33.76

① 资料来源：根据国家林业局经济发展研究中心、国家林业局发展计划与资金管理局《国家林业重点工程社会经济效益检测报告（2008）》整理计算而得。

② 国家林业局经济发展研究中心、国家林业局发展计划与资金管理局：《国家林业重点工程社会经济效益检测报告（2013）》，中国林业出版社2013年版，第102—103页。

③ 国家林业局经济发展研究中心、国家林业局发展计划与资金管理局：《国家林业重点工程社会经济效益检测报告（2013）》，中国林业出版社2013年版，第102页。

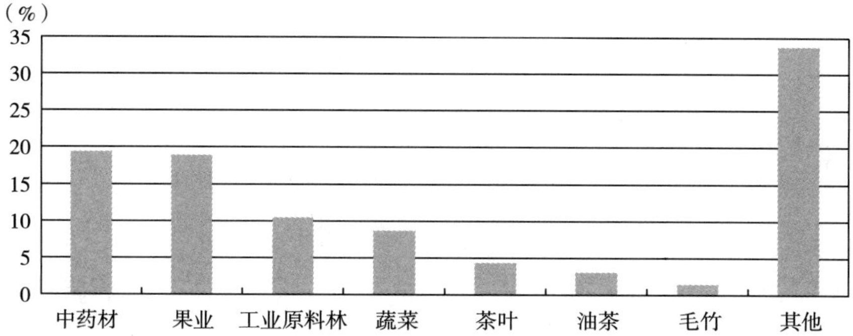

图 9－1　2012 年样本县农作物种植比例

（2）粮食生产。农业是国民经济的基础，土地是粮食作物生产的有力保障，保障粮食安全是发展农业的重要目标。从样本县调查来看，自退耕还林政策实施以来，1998—2012 年，样本县人均耕地面积呈现减少趋势，2012 年比 1998 年减少了 1.79 亩；人均粮食产量减少了 124 斤（见表 10－9）。粮食问题涉及国家安全，从样本县来看，粮食产量总体下降趋势容易产生粮食危机。

表 10－9　　样本农户人均耕地及粮食产量①

项目＼年份	1998	2004	2007	2010	2012
人均粮食产量（斤/人）	1317	791	933	1025	1193
人均耕地面积（亩/人）	4.02	2.01	2.09	2.11	2.23

4. 退耕还林政策的总结

从以上三方面的分析可知，退耕还林政策无论是从扩展农民收入来源来增加农民收入，还是改善农村生态环境、优化土地资源利用等方面，均取得了良好的效果。尽管如此，退耕还林政策的实施必须注意以下三个问题。

① 资料来源：根据国家林业局经济发展研究中心、国家林业局发展计划与资金管理局《国家林业重点工程社会经济效益检测报告（2013）》整理计算而得。

（1）政策的依赖性。从退耕还林政策实施效果来看，政策补贴力度加大，扩宽了农民的收入来源，一定程度上增加了农民的收入，但是，长期的政策补贴容易产生“政策惯性”，农民容易过分依赖政策补贴来维持生计，而不是积极从事农业生产，这就会使退耕还林政策违背了初衷。

（2）劳动力转移问题。退耕还林优化了农业生产经营方式，释放了农村剩余劳动力，外出务工人员不断增加，从而加强了农村与外界的交流，有利于更新 农民的思想观念，提高农民素质，但过多的劳动力转移会减少农业生产的劳动力资源，造成农业生产滞后。近年来，农村青壮年富余劳动力转移速度加快，农村地区仅剩下老人、儿童，“空巢老人”“留守儿童”现象严重，农村劳动力过分转移造成农村地区劳动力严重不足，造成无人耕作、土地资源闲置、撂荒现象突出，从而降低了农业产出水平。

（3）粮食安全问题。“民以食为天，食以粮为源”，粮食是关乎我国人民生存的根本性问题，从短期来看，退耕还林的实施使可耕种土地面积减少，粮食产量发生短期波动，如2003年我国粮食产量急剧下降，但退耕还林政策的实施并不是造成这一现象的首要原因。尽管人们担心因耕地面积用于造林，粮食生产的耕地面积会减少，粮食总产量也会减少，然而，退耕还林对于生态环境的改善和保护会使粮食生产有良好的环境基础，从客观上来说，这是保护粮食生产的做法，粮食生产与生态环境保护在一个良性互动关系下将会实现可持续生产供给。①

因此，考虑到地区发展的差异性，退耕还林政策的效果还需继续深入研究，特别是要具体分析每项政策产生的实际效益，并对存在的问题进行分析，才能够使政策更加完善。

六 生态治理及保护实践

（一）退牧还草及草原生态治理

为恢复退化草场，2002年，国家在西部11个省份开始实行退牧还草工程，采取禁牧、半禁牧、季节性禁牧（3个月）三种形式。补助方式为国家向退牧还草的农牧民补助粮食、现金、草种费。同时，还补助

① 李育材：《退耕还林工作回顾与总体思路》，《林业经济》2001年第9期。

饲料粮，补助期限为5年，其标准见表10－10。

表10－10　　饲料粮补助标准　　单位：千克①

区域	全年禁牧（每亩每年）	季节性禁牧（每亩每年）
西部蒙甘宁荒漠草原、内蒙古东部退化草原、新疆北部退化草原	5.5	1.38
青藏高原东部江河源草原	2.75	0.69

2004年，国家将饲料粮补助改为现金补助，折合每千克0.9元。2005年，国家全面启动草原围栏建设，每亩16.5元，其中地方和个人承担30%，国家补助70%。为调动牧民保护草原的积极性，国务院下发意见决定从2011年起，建立草原生态保护奖励机制，对严重退化、不宜放牧的草原禁牧封育，禁牧补助为每亩每年6元，同时，对可利用草原核定合理载畜量，对未超载牧民给予每亩每年1.5元的草畜平衡奖励，2011年，中央财政安排136亿元用于禁牧补助和草畜平衡奖励。②

2013年、2015年、2016年中央一号文件提出继续实施草原生态保护补助奖励政策，适当提高补助奖励标准，同时对沙化土地封禁保护。2014年、2015年中央一号文件提出加大实施天然草原退牧还草，启动南方草地开发利用，启动草原自然保护区建设。支持饲草料基地的品种改良、水利建设、鼠虫害和毒草防治。

2015年、2017年中央一号文件提出治理农牧交错带已垦草原生态环境，实施牧区防灾减灾工程。

（二）退耕还湿

自2013年以来，中央均在每年一号文件中提出实施退耕还林、退牧还草政策以及湿地修复保护工程。2013年，中央要求增加投入，保护湿地，对因为进行湿地生态治理而降低收入水平的农民进行财政奖

① 宋洪远：《二十一世纪以来的中国“三农”重要政策措施》，科学出版社2016年版，第39页。

② 宋洪远：《二十一世纪以来的中国“三农”重要政策措施》，科学出版社2016年版，第40页。

补，调整农业生产结构。2014年要求在重要水源地、陡坡耕地和严重沙化耕地实施退耕还林还草。同时提出采取生态效益补偿措施，试点湿地退耕还湿。2015年中央一号文件提出继续实施湿地生态效益补偿、湿地保护奖励，试点沙化土地封禁保护区补贴政策。2016年除了要求退耕还湿，恢复和保护湿地，还要求扩大退耕退牧，还林还草实施规模。2017年中央一号文件提出退耕还林补助政策期满后，符合条件的退耕还生态林分别纳入中央和地方森林生态效益补偿范围。

（三）海洋生态保护

2014年、2016年中央一号文件提出保护海洋生态，加强海岛基础设施建设。严格执行休渔禁渔退养还滩制度，试点实行近海限额捕捞，控制渔业捕捞强度，实施补助政策，完善海洋渔业资源总量管理。

（四）耕地保护

2014年中央一号文件提出最严格保护耕地，节约集约用地。实行机械化深松整地，秸秆还田，实施提升土壤有机质补贴项目。2017年中央一号文件提出支持地方重点开展设施农业土壤改良，增加土壤有机质。

2013—2017年，历年中央一号文件均提出土地荒漠化、石漠化整治，试点封禁保护沙化土地区，修复治理沙化土地。2015年、2016年、2017年中央一号文件提出试点保护东北黑土地，开展测土配方施肥。2016年、2017年中央一号文件提出试点探索耕地轮作休耕制度，设定补助标准。2016年，为保护耕地数量，中央一号文件提出完善耕地保护补偿机制，全面划定永久基本农田；评价、监测耕地质量，为加强农业资源保护和利用，实行整治农村土地，改造盐碱地，提高土地质量；加强历史遗留工矿废弃和自然灾害损毁土地复垦利用；严禁毁林开垦。中央还要求基本形成相关改善农业环境的政策法规制度和技术路径，实施全国水土保持规划。

（五）建立农业可持续发展长效机制

2014年中央一号文件提出划定生态保护红线，加大生态保护建设力度。2015年2月8日，中共中央、国务院印发了《关于加快推进生态文明建设的意见》和《生态文明体制改革总体方案》。2016年中央一号文件提出发展绿色农业，有效保护农业资源，建立高效利用的农业技术支撑体系，推动建立农业可持续发展运营管理机制。2017 年中央一号文件提出创建国家农业可持续发展试验示范区，实施渤海粮仓科技示范工程。

（六）防护林、天然林保护

植树造林是重要的生态修复手段，2013 年中央一号文件提出实施三北防护林工程和木材战略储备基地，加强林区基础设施建设。提高国家级公益林财政补偿标准。2013 年、2014 年国家均要求对林木良种、造林、森林抚育完善补贴政策。2014 年、2015 年、2016 年中央一号文件提出继续实施防护林、天然林保护重点工程、治理京津风沙源工程。2014 年要求试点停止东北、内蒙古重点国有林区的商业性采伐，推进恢复矿区植被，建设森林防火设施。

2015 年中央一号文件提出提高天然林保护补助和森林生态效益补偿标准。2015 年、2016 年中央一号文件提出扩大停止天然林商业性采伐试点，建设营造林。2016 年、2017 年中央一号文件提出开展大规模绿化，重点实施三北、长江、珠江、沿海防护林生态修复工程，全面停止天然林商业性采伐，并实施补助政策。到 2020 年森林覆盖率提高到 23% 以上，湿地面积不低于 8 亿亩，全面停止商业性天然林采伐。

2015 年中央一号文件提出发展林产业和特色经济林。推进京津冀、丝绸之路经济带、长江经济带生态保护与修复。

2017 年中央一号文件提出建设国家储备林基地、国家公园和自然保护区，构建国家生态安全屏障。

（七）综合治理农业污染

自 2014 年以来，历年中央一号文件提出总体规划治理农业环境污染突出问题，推广生物有机肥和低毒低残留农药使用，详查土壤污染状况，开展修复重金属污染耕地项目；对规模化畜养殖实行环境影响评价制度；财税政策支持实施秸秆、养殖场畜禽粪便等种养业废弃物资源化利用，支持回收、无害化处理农田残膜等区域性示范建设，大力发展生态循环农业模式。2014 年中央一号文件提出支持开展病虫害绿色防控，对病死畜禽无害化处理。2017 年中央一号文件提出试点县级农业废弃物资源化利用，畜禽粪便集中处理；试点综合治理农业面源污染，严格化肥、农药等行业准入管理，建立生产监管及产品追溯系统。

（八）保护濒危野生动植物

2016年、2017年中央一号文件提出强制保护重要、珍稀物种资源，抢救保护濒危野生动植物，建设濒危物种救护繁育中心和基因库。严厉打击濒危物种及其制品的非法交易。

第二节　农业生态补偿机制

农业是国民经济的基础，农业生态环境是整个人类赖以生存的物质基础，伴随着经济社会发展，生态平衡却遭到严重破坏，研究农业生态补偿机制是健全我国农业生态环境补偿制度，以实现农业可持续发展，促进整个社会经济可持续发展的重要环节。

一　生态补偿机制和农业生态补偿机制

（一）生态补偿机制

学者们对生态补偿的研究相当丰富，从不同角度研究生态补偿机制。现代生态补偿是指“因人类的生产活动自然环境受到破坏，针对自然资源破坏和生态环境污染而进行补偿、恢复、综合治理等一系列改善生态环境活动的总称”。[①] 学者们研究寻找不同的补偿措施（如法律保护、财政补贴等），来解决日益严重的生态环境问题，生态补偿是生态效益和社会经济效益的统一。生态补偿可分为直接补偿生态环境本身的损失和间接补偿为保护生态环境做出贡献的人的损失两种方式。长期以来，只注重经济效益而不重视生态效益的发展方式造成了生态环境破坏严重、生态系统可持续发展功能严重退化以及生态建设严重滞后的问题。生态环境治理属于公共产品范畴，加强生态补偿是实现生态可持续发展的重要环节。

当前，我国的生态补偿实践是补偿生态环境本身、界定生态补偿费、补偿机会成本以及保护性投入的综合统一。其一，补偿生态环境本身，改善生态环境，提高生态环境的自我净化能力，实现生态环境的可持续良性运行，这主要体现为：因项目开发建设占用了生态用地，需要

① 吕忠梅：《超越与保守：可持续发展视野下的环境法创新》，法律出版社2003年版，第355页。

对生态环境进行相应的补偿。其二，生态环境补偿费的确定在于矫正和转变经济主体的经济行为，使用经济手段减少经济主体行为负的外部效应，控制破坏生态行为。其三，机会成本补偿是对个人或者区域因保护生态环境而产生的损失予以补偿，主要通过政策干预或者政策优惠予以实现，集中体现了激励约束机制的双重作用，实现生态效益与经济效益的激励相容。其四，保护性投入是针对特殊性对象或者特殊性区域而设立的生态补偿，主要内容表现为对于森林、重要生态保护区等的生态补偿。①

（二）农业生态补偿机制

农业生态资源作为资源的一种自然存在形态是有价值的，能够产生价值增值，从而促进农业生产总值的增加，从投入产出关系来讲，使用农业生态资源应该给予相应的成本费用补偿。农业生态补偿是对包括农业生产者、企业组织等在内的多个对象，弥补他们为保护生态做出贡献而产生的经济损失，通常以资金或者实物形式补偿。这一界定强调农业生态补偿机制通过制度机制设计激励农业产业主体积极从事农业生产活动，将农业生产外部形成的成本予以内部转换，由此促进农业生产活动的良性运行，调节农业参与主体之间的利益分配和利益矛盾，实现农业生产效益的公平配置。② 农业生态补偿的最终目标在于解决农业生态环境问题，提高农业生态系统的可持续发展能力，恢复和提升农业生态系统的生态功能，补偿方式包括资金、实物、政策、技术等多样化手段，并通过制度安排的形式予以强制实行，最终通过利益协调推进经济社会与环境保护的综合统一。③

二　农业生态补偿机制的意义

（一）实现农业可持续发展

通过建设农业生态补偿机制，有利于推进农业可持续发展。建立资源节约型、环境友好型农业生产体系，构建和谐的农业生态环境，实现农业生态文明，是加快农业产业化发展经营的必然要求，也是可持续发

① 万军等：《中国生态补偿政策评估与框架初探》，《环境科学研究》2005 年第 2 期。

② 金京淑：《中国农业生态补偿研究》，博士学位论文，吉林大学，2010 年。

③ 霍飞：《我国农业生态环境补偿制度研究》，硕士学位论文，南京农业大学，2010 年。

展基本目标的有益选择。农业是国民经济的基础，农业的发展为工业和其他产业的发展提供基础原料，坚持农业在国民经济和社会发展中的基础地位是实现工业和第三产业发展的基础条件。长期以来，因农业基础设施建设，加上近年来自然环境恶化，生态破坏以及耕地荒漠化造成农业产出水平较低，因此，建立健全农业生态补偿机制有利于实现农业可持续发展。

（二）社会主义新农村建设的需要

社会主义新农村建设是改善农村居民生存条件的重要选择和建设美丽乡村的有益尝试。农业生态补偿机制的建立有利于减轻农民农业生产成本，从而更好地建设社会主义新农村。

（三）生态文明建设的有益尝试

2012 年，党的十八大提出将生态文明建设纳入我国未来发展战略总布局，这标志着生态文明上升为国家战略，正因如此，建立健全农业生态补偿机制，是保证农业生态文明建设的有益尝试，将有利于我国农业生态环境的优化和保护，实现社会公平公正，也将是提高农产品质量安全水平的重要举措。

三　农业生态补偿机制的内容和经验

建立健全农业生态补偿机制是为了实现我国农业生产经营可持续发展，从我国农业生态补偿政策实践来看，自 2005 年以来，我国陆续出台了一系列推进农业可持续发展的政策文件，其中要求建立生态补偿机制的政策文件如表 10－11 所示。

表 10－11　　我国要求建立生态补偿机制的政策文件①

时间	政策文件	主要内容	生态保护对象
2005 年	《中共中央关于制定国民经济和社会发展第十一个五年规划的建议》	加快生态补偿机制	—
2005 年	《国务院 2005 年工作要点》	资源开发利用补偿机制和生态环境恢复机制	矿产资源

① 靳乐山、魏同洋：《生态补偿在生态文明建设中的作用》，《探索》2013 年第 3 期。

续表

时间	政策文件	主要内容	生态保护对象
2006 年	《国务院 2006 年工作要点》	抓紧建立生态补偿机制，健全环评体系	—
2006 年	《中国国民经济和社会发展第十一个五年规划纲要》	建立生态补偿机制	—
2007 年	十七大报告	加快建立生态补偿机制	涵养水源、保持水土、防风固沙、生物多样性
2008 年	《国务院 2008 年工作要点》	建立健全资源有偿使用和生态环境补奖机制	欠发达地区、大气、流域
2009 年	《关于深化经济体制改革工作的意见》	推进跨省流域生态补偿机制试点，扩大排污权交易试点	矿产资源
2010 年	《关于 2010 年深化经济体制改革重点工作的意见》	出台资源税改革方案，研究开征环境税方案	—
2011 年	《中国国民经济和社会发展第十二个五年规划纲要》	设立国家生态补偿专项资金，探索市场化生态补偿机制	上游地区、生态保护区
2012 年	《关于 2012 年深化经济体制改革重点工作意见》	建立健全生态补偿机制	环保体制改革、碳排放、排污权交易试点
2012 年	十八大报告	建立体现生态价值和代际补偿的生态补偿制度	资源产品价税改革、碳排放权、排污权、水权交易

从农业补偿机制的研究成果来看，我国农业生态补偿机制应该包括：补偿资金在国家、社会与区域三者之间合理分摊；中央对地方的专项补偿、省内的相关补助和省际间的补偿；农业补偿标准、补偿组合方式；公共财政预算资金、培育和发展生态资本市场、生态建设补偿基金发行环保生态彩票的融资方式。[①] 农业生态补偿机制内容涵盖 7 个方面：确定具体的农业补偿主体，划分农业生态补偿的范围，农业生态补

① 王欧、宋洪远：《建立农业生态补偿机制的探讨》，《农业经济问题》2005 年第 6 期。

偿的客体选择，选择灵活多样的补偿方式，确定农业生态补偿的具体执行标准，农业生态补偿的期限界定，农业生态补偿模式的选择与运行。

首先，基于有关农业生态补偿机制的中央政策文件和学者的研究成果，可以看出，加快农业生态补偿机制是完善农业产业配套政策，实现农业可持续发展的必然要求。建立农业生态补偿机制首先要完善农业生态补偿制度法律体系和基础配套政策措施，保证农业补偿机制在执行过程中有法可依和有明确的发展方向。

其次，完善农业生态补偿机制内容建设，要正确处理好人与自然和谐发展关系、经济发展和生态可持续发展的关系，实现对农业产业的补偿和整个农业生态系统的补偿，以及对农业生产做出贡献的微观企业和个人从事其他社会生产的机会成本进行补偿，从而实现农业产业人力资本投入、生产技术投入与农业总产值相协调的投入产出结构，推动农业可持续发展。

最后，保证农业补偿机制有力执行，加强农业补偿机制管理是完善农业补偿机制内容体系的反馈机制。补偿机制的实施必须要加强监督管理，设立奖惩机制，奖励正当行为，惩戒不良行为，树立良好的农业文明风尚，从而加快农业生态文明建设。

中央历来重视生态建设，出台了一系列政策支持生态环境保护，2012年中央一号文件要求搞好生态建设，在江河源头、湖区、库区等重点生态功能区适当扩大退耕还林规模，支持草原围栏、改良重度退化草原项目，强化水土保持管理，推进农村清洁能源，引导农民合理使用化肥农药，加快农业污染治理。增加中央财政专项补助资金，坚持加强农田、牧区水利建设，完善税收优惠政策。落实农业灌排工程运行管理费用由财政适当补助政策。

从2013年开始，国家对生态环境强调保护，不主张大开发。2014年中央一号文件提出完善生态补偿制度，补偿范围包括公益林、草原、湿地、重要水生态修复治理区、江河源头区、重要水源地、蓄滞洪区，国家为这些重要生态区域建立生态补偿机制，改善了经济发展所带来的环境污染状况。同时，国家支持地方政府开展农村耕地保护补偿政策。2017年中央一号文件重点提出扩大湿地生态补偿实施范围，完善林业补贴政策，继续开展补助奖励草原生态保护政策。

四　农村人居环境建设及实践

2006年，农村小康环保行动计划开始实施。在宁夏、成都等地启动试点；在辽宁、上海、浙江、湖北等地安排农村环境综合整治、生态示范建设、自然保护专项资金；在青海、西藏加强了农村牧区生态环境保护工作；在四川、福建加大了农村集中式饮用水水源保护区环境综合整治。2006年，国家"十一五"规划中提出发展循环经济和建设资源节约型、环境友好型社会，节约资源成为国家基本国策。2007年，党的十七大明确把生态文明建设作为全面建设小康社会主要目标，把建设资源节约型、环境友好型社会写入党章，作为基本国策进入国家政治经济领域。党的十七大明确要求加强水、大气、土壤等污染防治，加强水利、草原建设，加强荒漠化治理，促进生态修复。2008年，国务院召开全国农村环境保护工作电视电话会议，做出"以奖促治"决策，调动农民积极主动投入农村环境保护。随后，中央财政投入农村环保专项资金启动"连片整治"示范工作，支持2160多个村开展环境综合整治和生态示范建设，农村的村容村貌得以明显改善。

2008年年末，中央在贵州试点支持省级危房改造项目。2009年，中央财政拨付40亿元农村危房改造资金，试点扩大到约占全国1/2的县（市），住房和城乡建设部编制了农村危房改造规划，推进农房建筑节能示范。2010年，住房和城乡建设部村镇建设司的工作要点指出，当年要在东部地区率先完成农村危房改造，基本解决中西部农村贫困户的住房安全问题。2011年，中央出台农村危房改造补助资金管理办法，要求及时拨付到位，优先解决农村"五保户"、低保户以及贫困户的危房改造申请，根据危房的不同等级补贴给予不同金额标准的补助金，最高2万元，最低2000元，同时对试点农户建立档案信息管理系统。此后每年中央财政预算农村危房改造资金，拨付解决农村危房改造。

2012年中央一号文件提出改善农村人居环境。2013年中央一号文件提出加强农村生态建设，建设美丽乡村，发展乡村旅游和休闲农业。2016年、2017年中央一号文件提出开展农村人居环境整治行动，建设美丽宜居乡村。2016年中央一号文件提出科学规划乡村和村庄建设，保留乡村风貌。加强建设规划许可管理，提升民居设计水平，开展田园建筑设计示范。2016年、2017年中央一号文件提出对农村环境进行综合整治，治理农村生活污水和改厕，普遍建立村庄保洁制度，专项治理农村生活垃圾，推进垃圾分类和资源化利用，以奖促治，扩大连片整治要求范围。全面启动村庄绿化工程，建设绿色建材的节能农房，开展生态乡村建设；开展农村水环境建设，提升农村饮水安全。清洁农村河道，建设生态清洁型小流域；开展生态文明示范村镇建设，探索各地美丽宜居乡村建设模式。同时，将农村环境整治支出逐步纳入地方财政预算，改善村内公共设施和环境。加强保护传统村落、民居和历史文化名村名镇。2017年中央一号文件提出发展农村电力、燃气、大型沼气、光伏发电等农村新能源。探索建立可持续的农业清洁生产模式，创建宜居村镇综合技术集成示范。

2017年中央一号文件提出培育特色村镇，通过农业综合改革、开发等财政经费支持开展试点示范。相比“一村一品”，特色村镇除了以农民合作社为依托发展特色产业，还要求建设基础设施，改善生态环境，提升公共服务。特色村镇也是田园综合体，可以重点发展循环农业、创意农业、农事体验，试点农村产业融合发展，为农村产业发展开辟新途径。

参考文献

中共中央党史研究室：《中国共产党历史大事记》，人民出版社2011年版。

中共中央党史研究室：《党的十八大以来大事记》，人民出版社2017年版。

武力、郑有贵：《中国共产党“三农”思想政策史》，中国时代经济出版社2013年版。

童星、林闽钢：《中国农村社会保障》，人民出版社2011年版。

人民出版社编：《中共中央国务院关于“三农”工作的一号文件汇编》，人民出版社2010年版。

胡映兰：《改革开放以来党的农村经济政策发展研究》，中央文献出版社2005年版。

国务院扶贫开发领导小组办公室：《中国农村扶贫开发纲要（2010—2020年）干部辅导读本》，中国时代经济出版社2012年版。

严俊：《中国农村社会保障政策研究》，人民出版社2009年版。

张磊：《中国扶贫开发政策演变（1949—2005年）》，中国时代经济出版社2007年版。

陈锡文、赵阳、陈剑波、罗丹：《中国农村制度变迁60年》，人民出版社2009年版。

韩长赋：《改革创新促发展兴农富民稳供给——农村经济十年发展的辉煌成就（2002—2012）》，人民出版社2012年版。

中华人民共和国国务院新闻办公室：《中国农村扶贫开发的新进展》，人民出版社2011年版。

张新华、岳林：《新中国探索“三农”问题的历史经验》，中共党史出版社 2007 年版。

陈锡文、韩俊：《中国特色“三农”发展道路研究》，清华大学出版社 2014 年版。

陈锡文、赵阳、罗丹：《中国农村改革 30 年回顾与展望》，人民出版社 2008 年版。

吴继轩、蔡乾和、金烨：《中国共产党解决“三农”问题的理论与实践》，甘肃文化出版社 2015 年版。

李明：《中国共产党三代领导集体与“三农”》，知识产权出版社 2010 年版。

周建群：《十六大以来党的“三农”思想创新研究》，经济科学出版社 2011 年版。

尹蔚民：《民生为本　人才优先——人力资源社会保障事业十年发展（2002—2012）》，人民出版社、中国劳动社会保障出版社 2012 年版。

国务院发展研究中心农村经济研究部课题组：《稳定与完善农村基本经营制度研究》，中国发展出版社 2013 年版。

中国农村金融学会：《中国农村金融改革发展》，中国金融出版社 2008 年版。

郑有贵、李成贵：《一号文件与中国农村改革》，安徽人民出版社 2008 年版。

韩俊：《破解“三农”难题——30 年农村改革与发展》，中国发展出版社 2008 年版。

蔡昉、王德文、都阳：《中国农村改革与变迁 30 年历程和经验分析》，格致出版社、上海人民出版社 2008 年版。

梁荣：《对 1997—2005 年化解中国“三农”问题的思考》，《探索》2006 年第 4 期。

十六大报告编写组：《十六大报告新思想新论断新举措专题读本》，研究出版社 2002 年版。

人民出版社编：《中国共产党第十七次全国代表大会文件汇编》，人民出版社 2007 年版。

十八大报告文件起草组：《党的十八大报告辅导读本》，人民出版社 2012 年版。

阮文彪：《科学发展观与农业可持续发展》，中国经济出版社 2005 年版。

余永跃：《当代中国西部大开发的制度创新》，中国社会科学出版社 2005 年版。

王松霈：《西部大开发的绿色经济道路》，经济管理出版社 2007 年版。

唐浩、蒋永穆、贺刚：《西部大开发特色优势产业发展研究》，四川大学出版社 2008 年版。

刘志文：《西部大开发中生态经济与农业可持续发展》，中国环境科学出版社 2005 年版。

王洛林、魏后凯：《中国西部大开发政策》，经济管理出版社 2003 年版。

国家发展计划委员会政策法规司编：《西部大开发战略研究》，中国物价出版社 2002 年版。

国家发展和改革委员会编：《国家专项规划汇编（2003—2007）》（下册），中国经济出版社 2008 年版。

陈国林：《西部民族地区特色产业发展研究》，云南科技出版社 2009 年版。

陈健生：《退耕还林与西部可持续发展》，西南财经大学出版社 2006 年版。

孔凡斌：《中国退耕还林政策》，中国环境科学出版社 2006 年版。

李育材：《中国的退耕还林工程》，中国林业出版社 2005 年版。

杨明洪：《退耕还林（草）工程的持续推进：农户补偿、自我发展与政府支持》，巴蜀书社 2007 年版。

中国环境与发展国际合作委员会林草问题课题组编：《退耕还林和天然林资源保护工程的社会经济影响》，中国林业出版社 2004 年版。

陈祖海：《西部生态补偿机制研究》，民族出版社 2008 年版。

刘尊梅：《中国农业生态补偿机制的路径选择与制度保障研究》，中国农业出版社 2012 年版。

赵武军：《退耕还林政策对农户收入影响的实证研究——基于对陕西省米脂县463户村民的调查》，硕士学位论文，西北农林科技大学，2008年。

聂森：《退耕还林工程社会效益研究》，博士学位论文，北京林业大学，2011年。

袁境欣：《我国农业生态补偿发展制度的完善》，硕士学位论文，东北林业大学，2012年。

陈启明：《生态文明视野下的农村环境问题探析》，《农村经济》2009年第9期。

胡浩民、马步广：《生态文明视角下的新农村建设》，《社会科学研究》2009年第4期。

苏李、臧日宏：《中国农产品加工业竞争力实证分析——基于国家和民族视角》，《国际经贸探索》2010年第26卷。

王建兵：《城镇化建设是统筹城乡关系的有效途径》，《甘肃社会科学》2004年第3期。

王文军：《退耕还林政策对川西农民收入的影响》，《科技视界》2014年第3期。

徐晋涛、陶然、徐志刚：《退耕还林：成本有效性、结构调整效应与经济可持续性——基于西部三省农户调查的实证分析》，《经济学》2004年第1期。

支玲、李怒云、王娟：《西部退耕还林经济补偿机制研究》，《林业科学》2004年第2期。

杨乃芬：《城镇化是解决三农的根本途径》，《北京农业》2010年第1期。

国务院《中共中央关于完善社会主义市场经济体制若干问题的决定》，《中华人民共和国国务院公报》2003年。

孙新章、谢高地、张其仔：《中国生态补偿的实践及其政策取向》，《资源科学》2006年第4期。

于驰前、黄海光：《当代中国的乡镇企业》，当代中国出版社1991年版。

汤鹏主：《中国乡镇企业兴衰变迁（1978—2002）》，北京理工大学出版社 2013 年版。

中国乡镇企业年鉴编辑部：《中国乡镇企业（及农产品加工业）》，中国农业出版社 2011 年版。

钱克明：《我国主要农产品供求形势与市场调控的对策建议》，《农业经济问题》2012 年第 1 期。

熊晶白：《我国取消农业税的政策背景与效应》，《税收经济研究》2011 年第 4 期。

贾康、赵全厚：《中国财政通史》（当代卷），中国财政经济出版社 2006 年版。

徐全红：《转型期“三农”公共财政政策》，社会科学文献出版社 2010 年版。

谷小勇：《人丁为本农税研究》，中国农业出版社 2012 年版。

孙培青：《中国教育史》，华东师范大学出版社 2002 年版。

姚立新：《农村义务教育的现状与对策》，硕士学位论文，海南师范大学，2007 年。

李晓多：《我国农村义务教育财政体制问题研究》，博士学位论文，沈阳农业大学，2007 年。

杨远来、余孟辉：《近二十年来我国农村义务教育政策的缺陷分析与改革创新》，《河北师范大学学报》（教育科学版）2007 年第 11 期。

薛海平、丁延庆：《我国农村义务教育经费保障机制改革的成效、问题与对策》，《教育科学》2009 年第 4 期。

虢佳花：《制度环境、路径选择与经济绩效——基于中国农产品流通市场化进程中制度变迁的理论与实证分析》，《当代经济管理》2007 年第 6 期。

马玉立：《农产品市场化对农业经济的发展作用探析》，《农业经济》2010 年第 6 期。

熊启泉：《中国农产品对外贸易失衡：结构与态势》，《华中农业大学学报》（社会科学版）2014 年第 1 期。

赵晓飞：《金融危机背景下扩大我国农产品出口的对策研究》，《经济界》2009 年第 6 期。

陈锡文：《农产品流通：从统购统销到市场化》，《农经》2009 年第8期。

许经勇：《中国计划经济体制的引擎：粮食等主要农产品统购统销》，《厦门特区党校学报》2009年第3期。

徐大兵：《新中国成立六十年来农产品流通体制改革回顾与前瞻》，《商业研究》2009年第7期。

王丹莉：《统购统销研究述评》，《当代中国史研究》2008年第1期。

许经勇：《我国农业市场化改革的回顾与思考》，《财经问题研究》2008年第7期。

徐宏峰：《我国农产品出口面临的制约因素及发展对策》，《安徽农业科学》2007年第10期。

姚涛：《当前我国农产品贸易的地区与产品结构研究》，《邢台学院学报》2010年第12期。

董桂才：《我国农产品出口市场结构及依赖性研究》，《国际贸易问题》2008年第7期。

屈小博、霍学喜：《我国农产品出口结构与竞争力的实证分析》，《国际贸易问题》2007年第3期。

熊启泉、邓家琼：《中国农产品对外贸易失衡：结构与态势》，《华中农业大学学报》（社会科学版）2014年第1期。

张琳、李慧、孙东升：《入世10年中国农产品国际贸易回顾与展望》，《农业展望》2012年第5期。

王玉芳：《中国农产品贸易问题研究》，硕士学位论文，西北农林科技大学，2009年。

王曙光：《现代农村金融制度的内涵与未来农村金融改革趋势》，《中共中央党校学报》2008年第6期。

徐文：《中国农村剩余劳动力转移问题研究》，博士学位论文，吉林大学，2009年。

殷雅卓：《户籍制度对我国农村劳动力资源配置的影响》，《华章》2014年第1期。

李奋生、袁彬：《城市化进程中我国户籍制度改革研究》，《农业经济》2013年第3期。

蔡昉：《户籍制度改革可兼得效率与公平》，《领导文萃》2013 年第 4 期。

邵晓琰：《我国现行户籍制度改革刍议》，《经济视角》2009 年第 22 期。

蓝海涛：《我国城乡二元结构演变的制度分析》，《宏观经济管理》2005 年第 3 期。

白永秀：《城乡二元结构的中国视角：形成、拓展、路径》，《学术月刊》2012 年第 5 期。

易远宏：《我国农村剩余劳动力流动的制度障碍》，《重庆科技学院学报》（社会科学版）2011 年第 6 期。

张秋、何立胜：《城乡统筹制度安排的国际经验与启示》，《经济问题探索》2010 年第 5 期。

徐宏：《统筹城乡产业发展是城乡协调发展的基础》，《农业经济》2004 年第 6 期。

曾万明：《我国统筹城乡经济发展的理论与实践》，博士学位论文，西南财经大学，2011 年。

孙明涛：《产业结构升级与农村剩余劳动力转移研究》，硕士学位论文，山东大学，2012 年。

后 记

“三农”问题是当前我国进一步发展面临的现实“短板”。从1978年12月开始，中国走上对内改革、对外开放的道路。改革开放以来，中国共产党始终把农业、农村与农民问题放在首位，不断分析研究制约农业农村进一步发展的因素，每年连续出台一系列解决“三农”问题的政策，总结农业、农村发展的政策历程和实践，不断调整政策，在发展中积极探索解决“三农”问题的有效途径。中国共产党探索农村基本经营制度；消除贫困，发展社会保障、教育等社会事业；统筹城乡经济社会协调发展；发展乡镇企业；建立农业保护和补贴政策；推进农业市场化改革；增加农民收入；完善村民自治制度；坚持生态文明建设，走可持续发展道路，中国取得了举世公认的巨大发展成就。研究改革开放40余年以来中国的“三农”政策，在实践基础上总结解决“三农”问题的中国特色发展道路和经验，树立道路自信、理论自信、制度自信和文化自信，为中国现代化建设提炼发展经验，为中华民族伟大复兴记录“中国模式”是本研究的意义所在。

本书是在作者司睿的国家社科基金项目“中国共产党解决‘三农’问题的实践与经验研究”（批注号：13XDJ001）的最终研究成果基础上修改而成，部分章节的初稿由以下课题组成员完成，最后由作者司睿进行修改统稿。

甘肃农业大学管理学院陈海生老师：第四章《破解城乡“二元结构”与统筹城乡发展》、第八章《农产品市场化改革》。

甘肃农业大学马克思主义学院薛小东老师：第五章《农业支持保护制度变迁》、第六章《乡镇企业的发展历程》。

甘肃农业大学管理学院吕蕾莉老师：第七章《农村治理体系的变革与发展》。

甘肃农业大学管理学院陈思明老师：第九章《农村生态文明建设》。

在研究过程中，我们参考了大量国内相关文献，并在文中对引用和参考部分一一注出，在此对所有参阅文献的作者表示诚挚的谢意。

由于人力、物力、财力限制，也由于研究者的能力和学识局限，研究深度仍然不够。本书可能存在以下不足：

1. 如何在浩如烟海的史料中恰当收集筛选与主题相关的材料。

2. 鉴于研究主题的时间段，如何将新中国成立后中国共产党解决“三农”问题的实践与政策和1978年后的政策实践有效衔接。

3. 如何在纷繁复杂的史实中选取“三农”主题的重点研究内容。

4. 选取的研究内容是否全面反映了中国共产党解决“三农”问题的实践事实。

本书不足之处，敬请各位专家学者和同人批评指正。

最后，由衷感谢本书编辑中国社会科学出版社刘晓红女士为本书出版付出的努力和心血。

司 睿

2021年4月